El trabajo ya no es lo que era

El trabajo ya no es lo que era

Nuevas formas de trabajar,
otras maneras de vivir

ALBERT CAÑIGUERAL

conecta

Papel certificado por el Forest Stewardship Council®

MIXTO
Papel procedente de
fuentes responsables
FSC
www.fsc.org
FSC® C117695

Primera edición: octubre de 2020

© 2020, Albert Cañigueral Bagó
© 2020, Penguin Random House Grupo Editorial, S. A. U.
Travessera de Gràcia, 47-49. 08021 Barcelona

Printed in Spain — Impreso en España

ISBN: 978-84-16883-92-9
Depósito legal: B-11.585-2020

Compuesto en M. I. Maquetación, S. L.

Impreso en Black Print CPI Ibérica
Sant Andreu de la Barca (Barcelona)

CN 8 3 9 2 9

Penguin
Random House
Grupo Editorial

Índice

Prólogo

Como tantas cosas en la vida, este libro es fruto de las casualidades. Fui un domingo al cine con mi compañera Laia a ver *La espía roja*. En la cola me encontré con Carlos Martínez, la persona que me ayudó a escribir mi primer libro, *Vivir mejor con menos*. En los minutos que compartimos en la cola le comenté mis intereses sobre el futuro del trabajo y al día siguiente le mandé el informe que había escrito sobre este tema para la Fundación COTEC a mediados de 2019. Carlos sumó a su compañero Joan Riambau a las conversaciones, que, tras un par o tres de encuentros, derivaron en la escritura del libro que tienes entre tus manos.

Los plazos de escritura y entrega eran cortos y mi agenda, una pequeña locura que me dificultaba poder concentrarme en desarrollar el texto. No sabía si podría cumplir con los plazos acordados cuando, una nueva casualidad, la llegada del COVID-19 a España lo paralizó todo. Se anularon casi todas mis formaciones y conferencias desde mediados de marzo en adelante. Otros proyectos quedaron en suspenso. Se abrió una oportunidad única para escribir y asegurar la entrega del texto.

Al mismo tiempo dudé. Dudé acerca de la conveniencia y la prioridad del libro. Incluso sobre la temática del futuro del trabajo y las personas trabajadoras frente a la emergencia y la incertidumbre del COVID-19.

Otra casualidad, la lectura de un tuit del 20 de marzo de mi amigo Genís Roca me ayudó a decidir seguir para adelante con el libro.

@genisroca: El verdadero motor de los cambios reales son las crisis. Cuanto más profunda y estructural es una crisis, más cambio. Quizá ahora sí que cambiarán cosas...

Le di a retuit.

Con este ensayo quiero contribuir, de manera modesta, a la construcción de nuevas narrativas acerca del trabajo en la sociedad post-COVID-19; a plantear nuevos futuros deseables alejados de las distopías nuestras de cada día y, sobre todo, a explorar cuáles son las preguntas adecuadas que debemos hacernos. Escribo no porque sepa mucho, sino porque es la mejor manera de seguir aprendiendo. Con una mirada fresca sobre el sistema laboral, deliberadamente ignorante en algunos aspectos. Sin olvidar de dónde venimos, pero sin que el pasado sea un elemento limitante para imaginar otras realidades.

El coronavirus, además de catapultar el trabajo en remoto, ha evidenciado fallos integrales del sistema de protección social frente a nuevos modelos de empleo que, por otro lado, son los que más crecen desde hace años.

¿Cómo aprovechar la oportunidad para avanzar de manera estratégica y decidida hacia un sistema laboral y una sociedad más justos, inclusivos y resilientes gracias al empujón que el virus nos ha dado hacia el futuro?

¿Te animas a explorarlo?

1

Y tú, ¿qué querías ser de mayor?

Todo fluye, todo cambia y nada permanece.

HERÁCLITO DE ÉFESO

Una de las preguntas que más a menudo escuchamos durante nuestra infancia es: «Y tú, ¿qué quieres ser de mayor?». ¿Qué contestabas? ¿Te acuerdas?

Tu respuesta estaba muy condicionada por el entorno próximo. En mi caso, un padre profesor, una madre logopeda, unos abuelos maternos tenderos tras dejar atrás la masovería, un tío operario en una fábrica de cemento y una tía encargada de un supermercado. Los padres y madres de mis mejores amigos y amigas también tenían trabajos bastante normales. En este contexto mi respuesta era que quería ser cartero o maquinista de tren. Mi interés por los trenes hacía que, durante las visitas a la abuela materna, fuéramos a la estación de ferrocarril de Girona a ver pasar largos convoyes de mercancías y talgos que no circulaban por la línea de Mataró, mi ciudad natal.

Entre finales de los setenta e inicios de los ochenta, la vida parecía estar bastante trazada. Una etapa de educación: infantil, EGB, secundaria y universidad hasta los veintipocos años. Empezar a trabajar en los últimos cursos de la carrera como becario, conseguir un buen trabajo para toda la vida o bien pensar en saltar a uno mejor si aparecía la oportunidad. Por el camino, encontrar pareja y comprarse un coche y una casa en propiedad. Mediante ascensos laborales ir tomando mayores responsabilidades (y negociar un mejor salario) hasta el momento de jubilarse y disfrutar de la vejez. Cuando yo nací, en 1977, la esperanza de vida en España era de unos setenta y cuatro años.

Demos un salto al presente. Año 2020. Muchas cosas ya no son lo que eran en la década de los ochenta; el trabajo y la manera de estructurar la vida, tampoco. Sin ir más lejos, mi amigo Josep, cuando le comenté que estaba escribiendo este libro, me contó que hasta el final de la temporada de esquí estaría viviendo con su pareja en la Cerdanya. Trabaja, como autónomo y en remoto, en proyectos de marketing digital. Josep se apoya en un reducido grupo de colaboradores de confianza (programadores, diseñadores, redactores, etc.) ubicados en España y otros países. Además, es monitor particular de esquí y colabora puntualmente en una revista de montaña haciendo fotos de las estaciones de esquí. Su vida de autónomo empezó cuando dejó atrás, por aburrimiento y falta de motivaciones, la vida de consultor SAP que había llevado durante más de ocho años. Hay mucha más gente como Josep de la que podemos llegar a imaginar. La globalización y el avance tecnológico han hecho que se desintegren algunas de las certezas sobre las que hemos construido nuestra vida laboral y nuestra sociedad a lo largo de los últimos ciento cincuenta años. Vamos muy rápido y nadie sabe exactamente hacia dónde vamos.

Se estima que más de la mitad de los empleos que habrá en 2030 no existen en la actualidad. ¿Qué deberían cursar entonces nuestros jóvenes? ¿Es realmente importante lo que estudien? Algunos informes indican que, ya con fecha de hoy, solo una de cada tres personas se dedica a aquello que ha estudiado. Además se espera que los jóvenes del presente tendrán diecisiete empleos en cinco industrias diferentes a lo largo de su carrera laboral y, por lo tanto, la necesidad de estar formándose constantemente. Y ¿tendremos trabajo o nos lo quitarán los robots? Las estadísticas más alarmistas llegan a afirmar que cerca del 50% del empleo total estará en alto riesgo de automatización en una o dos décadas.

En este contexto, las típicas preguntas de «¿Qué quieres ser de mayor?», «¿Qué has estudiado?» o «¿A qué te dedicas?» son cada vez más difíciles de responder, más irrelevantes e incluso tienen un punto de absurdas.

Para comprender los impactos de todos estos cambios en nuestras vidas y nuestra sociedad debemos tener la osadía de hacernos mejores preguntas. Preguntas acerca del futuro del trabajo, del futuro de las personas trabajadoras, de las propias organizaciones y de nuestra sociedad en general, tan centrada y diseñada alrededor del empleo tradicional.

Para tener nuevas perspectivas debemos cuestionar el legado de los actuales mitos y narrativas acerca del trabajo e intentar comprender de primera mano qué está pasando con este en el siglo XXI. Explorar los retos y las oportunidades de las nuevas formas de trabajar que nos abren hacia otras maneras de vivir. La gran pregunta es: «¿Cómo se puede, desde lo personal y lo colectivo, garantizar que los avances tecnológicos también generen progresos sociales para todo el mundo?».

Cuando yo nací, España era aún un Estado con una religión oficial. El único concepto de familia aceptado socialmente y reconocido de manera legal era el de la familia tradicional con un padre y una madre; había un 97 % de estas parejas casadas por la Iglesia «hasta que la muerte nos separe» y con varios hijos e hijas, siempre oficialmente dentro del matrimonio. Cualquier otra combinación familiar era rara, muchas veces acompañada de un tabú social y un vacío o incluso una represión legislativa. Hasta finales de diciembre de 1978 estuvo vigente, por ejemplo, la Ley de peligrosidad social, que declaraba a los homosexuales «en estado peligroso» e instaba a aplicarles «medidas de seguridad y de rehabilitación».

Hoy en día el concepto de familia ha experimentado una evolución extraordinaria, con una diversidad que puede llegar a ser abrumadora: parejas sin hijos, parejas con hijos adoptados, familias monoparentales, familias homoparentales, familias separadas o divorciadas (legalmente desde 1981), familias compuestas (con mezcla de miembros de dos parejas separadas o divorciadas), familias extendidas, grupos de personas que viven juntas como si fueran una familia y relaciones poliamorosas, y todo ello complementado por una creciente variedad en lo relativo a la identidad sexual, la identidad de género y la orientación sexual de las personas.

¿Quién iba a decir, en plena Transición española, a la entonces

casta sociedad que cuarenta años después casi la mitad de los naci-
dos iban a ser hijos de madres solteras? ¿Y que los homosexuales,
desde 2005, se casarían y criarían a sus hijos como las parejas hetero?
¿O que los hogares más numerosos no serían los conformados por
esas tradicionales unidades familiares, sino por otras compuestas
solo de dos personas debido al aumento de parejas que no quieren
tener hijos?

La sociedad española ha experimentado una gran transformación en los últimos años. La Encuesta Mundial de Valores señaló
que España es el país que ha vivido el cambio social más rápido de
los ochenta y uno analizados. Esta encuesta refleja una sociedad
secularizada y tolerante en la que los cambios de mentalidad han
sido muy profundos, y que ha modificado las maneras de pensar y
los comportamientos en materias religiosas, sexuales y familiares.
Toda esta evolución se ha dado en un marco de absoluta normalidad,
tolerancia y desarrollo del propio entorno social, ideológico y moral.

Y ¿por qué cuento todo esto acerca de las familias? Porque con
el trabajo, su futuro, y el de los trabajadores, está ocurriendo exactamente lo mismo. Hasta no hace mucho, para la mayoría de la
población «ir a trabajar» era sinónimo de acudir a un mismo sitio
ocho horas al día durante veinte, treinta o cuarenta años. Es por ello
que seguimos anclados a la idea de que las únicas relaciones laborales válidas y deseables son las tradicionales: contratos fijos por
cuenta ajena. Un empleo «hasta que la jubilación nos separe». Hoy
en día seguir pensando solo en los términos tradicionales del trabajo ignora a millones de personas, como mi amigo Josep, que combinan diferentes fuentes de ingresos y conforman su vida a través de
una amplia variedad de relaciones laborales no convencionales. La
realidad del trabajo es mucho más dispar de lo que nos pintan los
informes y las estadísticas oficiales. No hace falta aguardar al futuro,
el concepto de empleo ya explotó hace tiempo atomizándose en
numerosos modelos. Para darte cuenta de ello simplemente observa
la diversidad en tu entorno más próximo de amistades y familiares.

Esta diversidad de relaciones laborales debe ser reconocida, medida y acompañada desde lo social y desde lo legislativo. Necesita-

mos de nuevas narrativas y normativas, que equiparen los derechos y deberes de las diversas formas de trabajo existentes en el año 2020. Borja Adsuara escribe en el suplemento «Retina» del diario *El País*:

> No entiendo bien la obsesión de algunos de reconducir todas las relaciones laborales a contratos fijos por cuenta ajena. Es como reconducir todas las relaciones sentimentales al matrimonio canónico. Pareciera que la relación ideal es el trabajo por cuenta ajena (o el matrimonio) y que los trabajadores autónomos (o las uniones de hecho) no son una opción.
>
> Igual que ha habido una evolución histórica en la que se han ido reconociendo derechos fundamentales a todas las parejas y todos los hijos, con independencia de su estado civil y su filiación, porque son ciudadanos y seres humanos iguales, quizá, en vez de empeñarnos en que todos los trabajadores deben encajar en una figura determinada, tendríamos que reconocer más derechos a otras figuras.

Tom Malone, profesor de la Sloan School of Management del MIT, lo resume diciendo:

> Mi padre tuvo un solo trabajo toda su vida, yo tendré siete trabajos diferentes a lo largo de mi vida, mis hijos van a tener siete trabajos a la vez.

Frente a este tipo de afirmaciones, que pueden generarnos cierta ansiedad, cabe recordar que la aparición de nuevas formas laborales no hace que la opción del trabajo tradicional desaparezca, del mismo modo que la familia tradicional no ha desaparecido ni lo hará por haber legalizado el matrimonio entre personas del mismo sexo. Planteo en todo momento la coexistencia de varios modelos laborales. No se trata de lo tradicional O lo nuevo, se trata de la coexistencia de lo tradicional Y lo nuevo.

Para bien y para mal, las relaciones de antes ya no serán las mayoritarias; tampoco las sentimentales ni las laborales. Lo normal ahora no es que vivas toda tu vida con la misma persona, ni que trabajes y te jubiles en una sola empresa. Tenemos que acostumbrarnos a una mayor movilidad sentimental y profesional.

Algunos datos que te sorprenderán

En el imaginario colectivo laboral seguimos anclados al trabajo tradicional (por cuenta ajena, con contrato indefinido y a tiempo completo) como la forma mayoritaria y predominante de empleo. Esta idea de trabajo tradicional la ligamos a su vez a las grandes empresas y al funcionariado como los mayores empleadores de nuestro país. Un breve repaso a datos recientes echa por tierra ambas asunciones. Agárrate que vienen curvas.

En España, según datos de Eurostat y Staffing Industry Analysts, el 46 % de las personas en edad de trabajar NO disponen de un contrato típico. Este porcentaje de la población española trabaja a tiempo parcial con un contrato indefinido o temporal, está bajo un contrato por obra y servicio, o de sustitución o interinidad, un contrato eventual por circunstancias de la producción, un contrato de formación o prácticas, un contrato por horas o incluso de cero horas, son autónomos, trabaja a través de empresas de trabajo temporal o mediante plataformas digitales laborales o alguna combinación de todo lo anterior. Este 46 % de la población ya forma parte de la creciente fuerza de trabajo eventual, con vidas laborales fragmentadas e ingresos fluctuantes. Considerarlos ciudadanos de segunda por no tener un trabajo típico nos genera, y hablo aquí en primera persona, graves desigualdades sociales.

Más allá de cualquier estudio teórico, el parón de la actividad económica durante el confinamiento evidenció la cantidad de personas con relaciones laborales atípicas en nuestro país. Estas personas trabajadoras, comparadas con las que sufrieron un ERTE o un ERE, se enfrentaron a retos adicionales para poder acceder a las coberturas de emergencia que se implantaron. Por ejemplo, no fue hasta dos meses después del inicio del confinamiento que las empleadas del hogar pudieron solicitar el subsidio extraordinario por cese de actividad. ¿Crees que esas personas tienen ahorros para sobrevivir ese tiempo sin cobrar?

Si dejamos de mirar el conjunto de la fuerza laboral y nos centramos en el nuevo empleo, el que se creó en 2019, los datos no dejan margen a la duda. Según la Encuesta de Población Activa (EPA), vemos que una de las tendencias más claras es la hiperflexibilidad, con una rotación laboral que marca máximos históricos. En España, durante 2019, se firmaron 22,5 millones de contratos laborales. Solo el 10% fueron indefinidos. Dicho de otro modo, el 90% de los contratos firmados a lo largo del 2019 fueron de carácter temporal, con una duración media que ha caído hasta los cuarenta y nueve días, con una duración media que ha caído hasta los cuarenta y nueve días. Tres de cada diez contratos que se firmaron en España en 2019 duraron menos de una semana. Dentro de los países desarrollados España encabeza las estadísticas de temporalidad.

Pero las grandes empresas y el empleo público, garantes del trabajo tradicional, nos salvarán, ¿no? No.

Las grandes empresas tradicionales (banca, industria, tecnología, etc.) acumularon un reguero de expedientes de regulación de empleo (ERE) que marcó laboralmente el 2019. La gran mayoría de ellos vinieron cortados por un mismo denominador común: pactar salidas para los trabajadores de más edad de cara a abordar la reconversión tecnológica. El anuncio del cierre de la planta de Nissan en Barcelona para finales de 2021. Algo más de tres mil personas perderán su empleo. El impacto en el tejido industrial, con casi quinientas empresas proveedoras de la segunda mayor fábrica de Cataluña, se estima que podría llegar a los veinte mil empleos.

Los dos millones y medio de funcionarios representan en España solo el 13% de la población ocupada. Además, en las grandes empresas estatales como Correos, por poner un ejemplo, casi un tercio de la plantilla trabaja con un contrato eventual. A inicios de 2020, al poco de la formación del nuevo gobierno, miles de trabajadores interinos del sector público protestaron en Madrid contra la precariedad, el fraude y el abuso de temporalidad. Durante la crisis sanitaria por el COVID-19, las noticias sobre los contratos temporales en los hospitales públicos fueron constantes.

Así pues, ¿quién crea empleo en España? Son los autónomos y las pymes, que constituyen nada menos que el 99,8% del tejido empresarial español, quienes crearon más del 65% de los puestos de trabajo en 2019. En 2020, aún con todos los ERTE y ceses de actividad experimentados, es probable que los autónomos y las pymes sigan siendo la mayor fuente de empleo en España.

El aumento de formas de trabajo no convencionales no es, ni mucho menos, una exclusiva de España.

Pongamos donde pongamos el ojo, los datos apuntan en la misma dirección. A nivel europeo, lo no convencional podría ser la forma mayoritaria de empleo en 2030. En el Reino Unido, casi la mitad del empleo es no estándar y se ha producido un incremento récord de freelance y de *zero hours contracts* en 2019. En Estados Unidos la fuerza laboral alternativa se ha triplicado desde 2017 y un 35% de los trabajadores ya realizan algún tipo de trabajo independiente, aunque para la mayoría es algo a tiempo parcial o como un complemento.

Si tomamos una perspectiva realmente planetaria, el trabajo informal y las relaciones laborales atípicas representan buena parte del empleo en muchos países del mundo donde el contrato de trabajo típico es la excepción y no la regla. Este hecho debe hacernos conscientes de nuestra perspectiva eurocéntrica y occidental, y, por ende, de nuestra parcialidad cuando abordamos debates y reflexiones acerca del futuro del trabajo y de los trabajadores. Seguro que podremos aprender mucho observando de cerca países con mercados laborales diferentes.

Hay tres puntos en los que todos estos informes parecen estar de acuerdo:

1) La complejidad de definir y medir con precisión el empleo no convencional y su evolución. Lo tenemos muy claro con el empleo tradicional y nada claro para el resto.

2) Sea como sea, el número de trabajadores en relaciones laborales no tradicionales crece y lo hace rápidamente en todo el

mundo y en una amplia diversidad de sectores y ocupaciones. Se puede afirmar que, más pronto que tarde, lo no estándar pasará a ser lo estándar. En la recuperación de la actividad económica tras el impacto del COVID-19, mucho del trabajo que se generará será atípico.

3) Lo no estándar tiene dificultades de acceso a las protecciones sociales. Los empleados temporales no llegan a acumular períodos mínimos de contribución para acceder a tales protecciones sociales. Los trabajadores independientes muchas veces están cubiertos solo por los beneficios más básicos. A medida que el mercado laboral evoluciona, los sistemas de protección social también necesitan reformas para que nuestro modelo social sea adecuado a su propósito y asegure que nadie se quede atrás.

Quitémonos la venda de los ojos. La naturaleza de las relaciones laborales ya está cambiando y el COVID-19 acelerará aún más muchas de estas tendencias. Seguir pensando a estas alturas en organizar nuestra vida y nuestra sociedad alrededor del trabajo tradicional nos acerca bastante a la ciencia ficción o al *wishful thinking*.

Cómo lo ven (y lo viven) los más jóvenes

¿Cómo gestionan esta realidad laboral no tradicional los jóvenes que se están incorporando ahora al mercado de trabajo? Son personas que, en muchos casos, no han conocido la estabilidad. Han crecido en una crisis económica casi permanente, con disrupciones tecnológicas constantes y una creciente sensación de crisis climática, de desigualdades e inseguridad en un contexto global. Y el COVID-19 ha vuelto a poner a muchos en la casilla de salida.

Por si todo esto fuera poco, las tendencias de trabajo atípico que hemos descrito inciden de manera muy acentuada en los jóvenes: casi tres de cada cuatro personas de entre dieciséis y veinticuatro años en España tienen un empleo temporal. Más de la mitad de los menores de veinticuatro años en España pretenden cambiar de trabajo a corto plazo, sobre todo en busca de un mejor salario y unas condiciones laborales más flexibles para compaginar la vida personal y la profesional. «La tinderización del mercado de trabajo», como rezan algunos editoriales.

La Encuesta Millennial 2019 de la consultora Deloitte aporta una mirada más global y datos similares. La gig economy o trabajo por proyectos se perfila como una alternativa laboral realista para el colectivo de milenials y centenials. Aunque solo el 6% de los encuestados generan todos sus ingresos a través de esta modalidad, la mitad afirman considerarla como una alternativa profesional y seis de cada diez estarían dispuestos a trabajar por proyectos como complemento a su empleo actual.

En Estados Unidos, el 53% de la generación Z participó en algún tipo de trabajo independiente en los últimos doce meses. La posibilidad de ganar más dinero, la flexibilidad horaria y el hecho de poder conseguir un mejor equilibrio entre la vida personal y profesional son los principales motivos para decantarse por esta alternativa laboral. Lo que les frena más, y les genera más estrés, es la estacionalidad de los proyectos y los ingresos.

Además, cuando los milenials y centenials son los que están al cargo del liderazgo de los equipos, tienden mucho más a buscar talento freelance, se sienten muy cómodos con los trabajadores en remoto e incorporan todo tipo de tecnología para la gestión del talento en general.

Sea por necesidad, por convencimiento, o por una mezcla de ambos, el futuro de la fuerza laboral parece tener claro que lo tradicional no tiene por qué ser la única ni la mejor opción para ellos ni para las empresas. El trabajo post-COVID-19 para estas personas no será con un contrato fijo de cuarenta horas a la semana. Las relaciones de trabajo no tradicionales se están normalizando mucho y muy rápido para la fuerza laboral que viene.

Un compañero de viaje para tiempos incómodos

Según el autor y humorista Douglas Adams, nuestra reacción frente a las nuevas tecnologías y los nuevos inventos a lo largo de la vida sigue este patrón:

a) Cualquier cosa que existe cuando nosotros nacemos nos parece normal, ordinaria y es una parte natural de cómo funciona el mundo.

b) Todo lo que se inventa entre nuestros quince y treinta y cinco años lo vemos como algo nuevo, emocionante y revolucionario. Incluso podemos desarrollar nuestra carrera profesional centrada en esas innovaciones.

c) Cualquier cosa que se inventa después de que cumplamos los treinta y cinco años está en contra del orden natural de las cosas.

Aun siendo muy tecnófilo, me siento bastante reflejado en este esquema. A mis cuarenta y tres años, el TikTok o las interfaces de voz me parecen inventos innecesarios.

A muchas personas los cambios actuales en las formas de trabajo les van a parecer innecesarios y que están en contra del orden natural de las cosas. Cuestionar dogmas en un tema tan central de nuestras vidas como el trabajo nos produce reacciones viscerales. Tenemos la sensación de estar atacando el sentido común, y nuestras identidades personales y colectivas, a la vez que varios de los pilares de nuestra sociedad.

No va a ser un camino cómodo. Vamos a experimentar miedo: miedo al cambio, a perder lo que conocemos. Como escribe John Hagel:

> El riesgo es que si permitimos que el miedo domine nuestras emociones, corremos el peligro de desatar un círculo vicioso que puede conducir a un mundo cada vez más disfuncional. El miedo cultiva un conjunto de sesgos cognitivos. Primero, tendemos a ser más reacios al

riesgo: enfatizamos el riesgo de acción y descontamos las recompensas que pueden venir de la acción. A medida que nos volvemos más reacios al riesgo, tendemos a reducir nuestros horizontes temporales. Solo nos centramos en lo que podemos hacer a corto plazo porque hay más riesgos en el futuro. [...] Si solo nos enfocamos en el día de hoy, hay un conjunto de recursos determinado y la única pregunta es quién los obtendrá: ¿tú o yo? Es una visión del mundo de ganar-perder.

Habrá que buscar la manera de superar ese miedo para construir futuros deseables con una mirada colectiva.

Otro de los grandes retos al hablar acerca del futuro del trabajo es la competencia entre narrativas. Desde las tecnoutopías donde todos seremos creativos con ingresos vitales garantizados hasta las distopías donde seremos esclavos al servicio de robots y algoritmos malignos. Es difícil discernir la verdad de la ficción y aclararse con tantas narrativas y datos contradictorios acerca de cómo evolucionará el mercado laboral.

Para aprender sobre algo lo mejor es escribir y ordenar las ideas. Es por eso que decidí escribir este libro como un explorador (¡no como un experto!) y con una mirada sistémica sobre las relaciones laborales en su conjunto. Siendo siempre consciente de que el punto de vista propio (hombre, europeo, privilegiado, etc.) es el primer limitante para conocer la realidad de una manera más amplia y completa.

Este ensayo quiere ser un compañero de viaje, una brújula, un mapa (aunque aún pueda ser incompleto) acerca de estas nuevas realidades laborales. Un texto que no pretende aportar grandes respuestas, pero que sí plantea muchas preguntas, invita a la reflexión y lanza propuestas interesantes.

No pretendo tener la razón ni defiendo un modelo concreto y único acerca del futuro del trabajo y los trabajadores. Simplemente pretendo explorar, con los menores sesgos y apriorismos posibles, nuevas formas de trabajar y otras maneras de vivir.

La ambición es ayudar a reflexionar de manera colectiva, crítica y constructiva alrededor de estos fenómenos y sus impactos en nuestras vidas y en nuestra sociedad.

Aunque no llegué nunca a ser ni cartero ni maquinista de tren, sí que cumplí con parte del camino trazado. Me gradué como ingeniero multimedia y trabajé en Televisió de Catalunya, donde entré como becario para terminar liderando un equipo de desarrollo. Estuve a punto de irme a vivir a Londres para trabajar con Samsung, aunque al final acabé por integrarme en ADB Global, una multinacional proveedora de soluciones tecnológicas de televisión digital, y trabajé a caballo entre España, Italia, Suiza, Polonia y varios países de Asia durante seis o siete años.

A partir de 2011 empecé a cansarme de permanecer en la misma industria tantos años y de las limitaciones del trabajo jerárquico en una multinacional de tamaño medio. Abrí la mirada al mundo e, inspirado por ejemplos similares en Estados Unidos y Francia, fundé el blog de Consumo Colaborativo. Gracias a algunos ahorros y a poder cobrar el paro durante unos meses, inicié mi carrera como explorador, consultor y divulgador independiente en el ámbito de las plataformas digitales. Por el camino he ayudado a construir la comunidad-red Ouishare, mi principal tribu, mis compañeros de viaje tanto en lo laboral como en lo vital.

A lo largo de este recorrido he podido experimentar en primera persona la vida laboral como empleado en el sector público en Cataluña y en el sector privado internacional y, desde 2012, como trabajador autónomo en España con clientes nacionales e internacionales.

También he visto la evolución constante de las herramientas y la cultura de trabajo, de las capacidades propias y de mis compañeros de trabajo, así como las motivaciones profesionales y vitales con el paso de los años. Ahora trabajo desde el teléfono en cualquier sitio y mi oficina está allá donde pueda plantar el ordenador: espacios de trabajo compartido (coworkings), bibliotecas, cafeterías, bares y trenes de alta velocidad con conexión wifi. Mis compañeros de trabajo se encuentran dispersos en varias zonas horarias y a menudo no se ni dónde están. Mi horario no es de nueve a cinco, ni de lunes a viernes (para bien y para mal), sino que depende de lo que tenga sentido ese día.

Además de mis experiencias personales, durante los últimos años he disfrutado del lujo de poder conocer los puntos de vista de muchas personas e instituciones respecto al futuro del trabajo y las plataformas digitales. Ya en 2016 leí el libro *The Sharing Economy: The End of Employment and the Rise of Crowd-Based Capitalism*, del amigo y profesor de la NYU Arun Sundararajan. En 2017, dentro del Ouishare Fest Barcelona, lideré la organización de la sesión «Tu jefe será un algoritmo: la plataformización del trabajo y sus impactos sociales» con representantes de plataformas digitales, trabajadores, sindicatos, la Administración pública, la academia, etc. En ese punto quedé totalmente enganchado por la complejidad y el impacto social de la temática. Ya en 2018, gracias al apoyo de la Fundación COTEC y del Banco Interamericano de Desarrollo, pude estudiar al detalle las plataformas digitales laborales, el futuro del trabajo y de los trabajadores. En 2019 colideré la organización del evento regional Reshaping Work Barcelona con el lema «Futuro(s), Trabajo(s) y un nuevo contrato social».

Este libro quiere ser un ejercicio de condensación de estas experiencias personales y profesionales con el ánimo de seguir indagando y aprendiendo todos juntos.

Cómo leer este libro

El libro está pensado y estructurado para una lectura lineal. Aun así, el texto también se ha preparado para que cada capítulo se pueda leer de manera individual sin necesidad expresa de haber leído el resto de los apartados.

Es necesario ser conscientes de los muchos sesgos existentes en nuestra manera de enfocar la temática del trabajo antes de poder observar la realidad y encauzar los futuros posibles con una mirada más neutra. En el segundo capítulo repaso de manera breve algunos de los mitos y narrativas más establecidos alrededor del trabajo. ¿Por qué trabajamos y cómo lo hacemos? ¿Es el empleo asalariado el mejor invento de la humanidad? ¿Los robots nos van a quitar el trabajo?

En el tercer capítulo describo que el mayor impacto de la tecnología en el trabajo del siglo XXI es la fragmentación de las relaciones laborales. La tendencia a la externalización no es nueva, pero con la llegada de las plataformas digitales, la escala y la velocidad de esta fragmentación laboral alcanza nuevas cotas y genera otros retos. Además, más allá de Glovo y de Uber, desgrano la amplia diversidad de plataformas digitales laborales y la heterogeneidad de sus trabajadores.

Sigo en el cuarto capítulo exponiendo cómo las personas trabajadoras, las organizaciones y muchos otros elementos del sistema laboral (pensiones, educación, sindicatos, reguladores, etc.) están reaccionando ante estos nuevos paradigmas laborales. Todas las piezas del tablero se mueven y la adaptabilidad es y será la principal virtud.

El quinto capítulo arranca de manera medio pesimista, analizando algunos de los fallos más obvios del sistema actual que nos obligan a revisar los acuerdos sociales alrededor del trabajo. Para compensar, el capítulo cierra con siete utopías para realistas acerca de los futuros del trabajo que no te dejarán indiferente. En el cierre se sugiere cómo seguir aprendiendo juntos sobre nuevas formas de trabajar y otras maneras de vivir.

2

Los mitos acerca del trabajo

Trabajar es resolver problemas de otras personas.

Esko Kilpi

Yuval Noah Harari, en su libro *Sapiens*, describe a la perfección cómo nuestra capacidad para crear mitos y contar relatos nos ha puesto por delante del resto de los animales y a la vez ha dado forma a nuestra civilización a lo largo de la historia (imperios, Estados, religiones, empresas, propiedad, dinero, etc.). Lo que hace funcionar a nuestras sociedades es el hecho de que dentro de cada una de ellas todos creen en el mismo conjunto de principios subyacentes imaginados. Piensa en cómo se organizan las comunidades de los amish o en los kibbutz, por mencionar dos ejemplos. Somos las historias que nos contamos. Las que nos contamos sobre el mundo, las que nos contamos sobre los demás y las que nos contamos sobre nosotros mismos.

El trabajo es uno de estos mitos que organiza nuestras sociedades. Las concepciones alrededor de este y del empleo no son más que acuerdos sociales entre grupos de humanos. Lo que la sociedad entiende como trabajo, la diferencia entre si es voluntario o es empleo remunerado, los derechos de las personas trabajadoras y las empleadas, la distribución y organización del trabajo, quién, dónde, cómo y cuándo se trabaja, etc., es muy diferente en función del momento histórico que analicemos y en qué parte del mundo nos ubiquemos. Un breve repaso a los libros de historia y/o una revisión a cómo el trabajo se organiza hoy en día en otras culturas (musulmana, india, china, etc.) nos ayudará a ser conscientes del mito de la concepción del trabajo en nuestra sociedad, de nuestros sesgos personales al analizarlo, de cómo ha evolucionado a lo largo de los siglos y cómo, seguramente, deberá seguir haciéndolo. El último ejemplo de la evolución del trabajo lo hemos vivido con los debates acerca del teletrabajo durante el confinamiento por el COVID-19. No sabemos exactamente cómo será el trabajo post-COVID-19, pero sí que será diferente.

Déjame recordar de nuevo lo que decía Douglas Adams: «Cualquier cosa que existe cuando nosotros nacemos nos parece normal, ordinaria y es una parte natural de cómo funciona el mundo». El trabajo y la manera de organizarlo nos parece lo más normal del mundo, pero esa aceptación del contexto actual no debería limitar nuestra capacidad para tomar una cierta distancia sobre lo que es normal y evaluar otras opciones posibles a la hora de trabajar y organizar nuestras vidas.

¿Te acuerdas de la metáfora de las familias que he mencionado en el capítulo anterior? ¿Te imaginas defender en los años ochenta el matrimonio homosexual y la adopción para este tipo de parejas? No es fácil ir en contra de lo normal en cada momento en la historia. Parece que, según la neurocientífica Tali Sharot, estamos mal preparados para llevarnos la contraria a nosotros mismos y/o aceptar alternativas: nuestro cerebro tiende a descartar información perfectamente válida cuando esta no se ajusta a nuestra visión del mundo.

El primer paso para abrir nuestro marco de pensamiento a otras opciones es ser conscientes de algunos de los mitos y de las narrativas que hemos construido alrededor del trabajo.

El trabajo nuestro de cada día

«El trabajo es el cordón umbilical que nos conecta a todos con la sociedad», escribe la socióloga Danièle Linhart. El trabajo es el mecanismo de integración social a todos los niveles. Por eso hablar del futuro del trabajo es hacerlo del futuro de la sociedad.

Aunque sea trabajando desde un cubículo solitario o desde casa sabemos que formamos parte de una interdependencia que es la base de nuestra sociedad. De un modo simbólico, como nos pagan por nuestro trabajo, sabemos que tenemos un valor. Estar desocupados nos genera mucha infelicidad. No es casual que aquellas personas que no trabajan cuando podrían hacerlo son rápidamente sospechosas de ser parásitos sociales, de no ser buenas para nada. Si quieres vivir en sociedad necesitas un empleo, pues este es el mecanismo mayoritario para obtener dinero y pagar aquello que necesitas para vivir.

El amigo y consultor Genís Roca lo resume así:

> El contrato social del siglo XX se ha construido alrededor del trabajo: si tienes un empleo cobras dinero, si tienes un empleo estás asegurado, si tienes un empleo tienes derecho a ponerte enfermo, si tienes un empleo podríamos concederte un crédito… si tienes un empleo estás dentro del contrato social y eres un ciudadano con derechos. Y si no tienes un empleo vas directo a la beneficencia. Quien no tiene un empleo tiene un problema y necesita ayuda. Quien no tiene un empleo está enfermo, o es demasiado viejo, o no sabe hacer nada demasiado bien. El trabajo como mecanismo de posicionamiento social, como indicador cualitativo de quien eres y cómo te van las cosas.

Roca destaca también que hoy en día

> se ha roto el contrato social: el empleo ya no es garantía de poder vivir en sociedad. El sueldo que te dan por trabajar ya no es suficiente para pagar la vivienda, la energía, la comida y el ocio. Tenemos segmentos importantes de la población en condiciones de pobreza pese a tener un empleo.

Déjame que añada al análisis de Genís que la mayoría de estos trabajadores pobres tienen formas de trabajo atípicas. Podíamos intuir que algo estamos haciendo mal en este frente, y el parón de actividad económica por el COVID-19 lo ha evidenciado.

Más allá de la generación de ingresos, el trabajo también es importante por muchas otras razones. A la mayor parte de nosotros nos ayuda a crear una identidad, así como a establecer conexiones sociales. Como iremos viendo a lo largo del libro, las nuevas formas de trabajo presentan beneficios interesantes a la vez que presentan retos mayúsculos en lo relativo a la conexión social y la identidad laboral:

- Por muy molestos que nos puedan parecer nuestros compañeros de trabajo, es importante tenerlos a mano. Algunos expertos dicen que la vivencia de soledad subjetiva tiene el mismo efecto en la salud que fumar quince cigarrillos al día. En algunas de las nuevas formas laborales no es obvio cómo conectar con nuestros compañeros de trabajo y esto es un problema grave.

- Por otro lado, parece que lo de tener nuestra identidad ligada a una única carrera y a un único trabajo va a ser cada vez menos común. Será como aquello de tener una sola pareja durante toda la vida, que suele ser menos habitual. Aprenderemos a normalizar y a configurar nuestra identidad laboral como la suma de varias actividades en paralelo. Destacar que diversificar nuestra identidad laboral y nuestras fuentes de ingresos nos ayudará a ser más resilientes en una época de cambios constantes. Una unidad familiar o una persona con varias fuentes de ingresos siempre será más estable frente a los cambios que si dispone solo de una única fuente de ingresos.

El trabajo es donde pasamos más de un tercio de nuestras vidas. También ayuda a estructurar el tiempo de las personas. ¿Qué es el tiempo libre sino el tiempo libre de trabajo? El concepto de fin de semana, los días de fiesta y las vacaciones existen en contraposición al hecho de trabajar. Si nos falta el trabajo nos cuesta mucho tener una estructura temporal en nuestros días y en nuestras vidas en general.

Desde el ámbito personal, las narrativas y percepciones acerca del trabajo son variadas. Algunos lo perciben como una maldición bíblica: «Te ganarás el pan con el sudor de tu frente». Para otros es una fuente de desarrollo, crecimiento personal y expresión humana. Y hay gente que lo ve como un servicio a otros (sea a un dios, a una comunidad o a un Estado).

Del lado de las organizaciones y las empresas, la narrativa alrededor del trabajo ha perdido la dimensión socializadora y cívica que era habitual en las compañías familiares de antaño. Durante las últimas décadas hemos sido testigos de una individualización sistemática de la gestión de empleados y de la organización del trabajo. Para muchas empresas los gastos de personal son una categoría de costes operacionales y que por lo tanto deben reducirse al máximo. El trabajo forma parte de la cadena de suministros y se ha mercantilizado. Hay excepciones en el ámbito de la economía social y solidaria, las cooperativas, las empresas con propósito social, etc., donde el trabajo sigue teniendo esa dimensión cívica y de desarrollo personal.

Para un repaso completo podríamos entrar en el análisis semántico del significado actual e histórico de verbos como «hacer», «trabajar» y «emplear», así como los conceptos de trabajador, salario, asalariado, empleo, empleado, desempleo, capital, beneficios o el mercado. Resulta interesante observar cómo existen diferencias significativas en algunas de estas palabras entre idiomas próximos como pueden ser el castellano (trabajo/empleo), el francés (*travail/emploi*) o el inglés (*work/labor*). Con ello se añade una capa de complejidad semántica a los debates transnacionales acerca del futuro del trabajo y del empleo. Esta revisión semántica excede el objetivo de este libro a la hora de la exploración del futuro del trabajo. Si te interesa profundizar en el ámbito semántico, recomiendo el documental *Travail, salaire, profit* del canal ARTE.

De todas las definiciones acerca del trabajo me quedo con la que nos regaló el sociólogo finlandés, recientemente fallecido, Esko Kilpi: «Trabajar es resolver problemas de otras personas». Con esta definición podemos estar seguros de que habrá trabajo en el futuro, pues la gente seguirá teniendo problemas de todo tipo. En el futuro del trabajo lo que cambiará es la manera en que definimos los problemas y cómo los resolvemos.

Este breve repaso revela las amplias y profundas implicaciones sociales y políticas de aquello que describimos como trabajo.

Así, cuando las nuevas formas de relación y organización laborales están empezando a cuestionar algunos de estos mitos y narrativas alrededor del trabajo, debemos darnos cuenta de que a la vez estamos cambiando muchos otros aspectos de nuestras vidas y nuestra sociedad.

¿Es el trabajo asalariado el mejor invento de la humanidad?

«Voy a trabajar» es una frase que casi todos decimos a diario, pero la idea de que el trabajo sea un lugar es bastante reciente. Las empresas tal como las conocemos hoy en día comenzaron a existir menos de doscientos años atrás, y cuando surgieron, fueron una idea revolucionaria. A partir de ahí nos hemos acostumbrado a un modelo de relación laboral estándar en el que se trabaja a tiempo completo para un solo empleador durante muchos años. A cambio de estar subordinados unas ocho horas al día a los intereses de la empresa y de asumir ciertos riesgos laborales, nos pagan y obtenemos una serie de beneficios sociales adicionales regulados mediante el derecho laboral, la seguridad social y convenios colectivos.

En las últimas décadas, con la aparición de las formas atípicas de trabajo, esta ecuación del paquete fordista (subordinación y riesgos a cambio de protección y estabilidad) se ha ido fracturando.

Este apartado recorre una breve perspectiva histórica para saber cómo hemos llegado hasta aquí.

Las personas siempre han trabajado a lo largo de la historia. Algunas de estas modalidades fueron el esclavismo, la servidumbre, los gremios medievales con jornaleros, etc. El modelo del lugar de trabajo moderno, en el que una gran empresa emplea a muchos trabajadores, es un fenómeno bastante reciente en la historia de la humanidad.

A partir de la invención de la máquina de vapor se inicia la primera Revolución industrial (1760-1840). La primera fábrica conocida se desarrolló posiblemente en 1768 en Cromford, Inglaterra, cuando un hombre llamado Richard Arkwright inventó un marco giratorio que podía producir múltiples hilos a la vez. Fue algo revolucionario: una máquina textil que podía producir tela a una escala que no se había visto anteriormente.

El modelo laboral dominante hasta el momento (contratar a personas que hacían el trabajo en sus propios hogares con sus hilanderas y tejedoras) dejó de ser el más eficiente. Las grandes máquinas requerían de una ubicación central. Eran necesarias las fábricas para albergar tanto la maquinaria como a un creciente número de operarios. Aun así, se siguió externalizando los trabajos que las máquinas no eran capaces de hacer (poner botones, planchar, etc.) a mujeres que los realizaban en sus casas. Ya tenemos aquí un primer esquema que separa a los empleados de los autónomos.

Esta primera Revolución industrial generó cambios demográficos (éxodo del campo a la ciudad), sociales (nacimiento de la clase trabajadora) y económicos (producción en masa y aumento del comercio).

En esos momentos las condiciones laborales en las fábricas eran precarias, no había controles de seguridad, salubridad ni, por supuesto, derechos laborales. En la industria textil, por ejemplo, el trabajo infantil era la norma, con muchos niños trabajando doce horas al día en condiciones terribles. La alianza profesional y la huelga eran delitos y los empleadores no estaban obligados a cubrir los gastos producidos por las enfermedades o los accidentes de trabajo. En este contexto surgen los sistemas iniciales de protección entre trabajadores tales como las asociaciones de socorro mutuo, que aportaron seguros de enfermedad, orfandad y viudedad.

Fue la segunda Revolución industrial (1870-1914), conocida por la introducción de la producción en serie, las líneas de montaje y la energía eléctrica, la que marcó el nacimiento de la regulación laboral que conocemos hoy.

Algunos años antes, en 1825, Inglaterra había derogado las leyes antiasociativas, lo que propició la creación de los primeros movimientos de carácter sindical, centrados al principio en el sector textil aunque rápidamente llegaron a otros sectores; incluso se crearon algunos sindicatos transversales con más de medio millón de afiliados. Los países del entorno como Francia y Alemania no tardaron en seguir los mismos pasos. En España, la Asociación de Tejedores de Barcelona en 1840 está considerada el primer sindicato.

La historia sindical destaca que en 1888 las cerilleras (*match girls* o *match women*) montaron una huelga en la fábrica de Bryant and May en Londres como protesta por los bajos salarios, las largas jornadas, las multas y los problemas de salud derivados del uso de fósforo blanco en los procesos de producción de las cerillas. Cuando la activista Annie Besant expuso las condiciones de trabajo en la fábrica en su periódico local con el artículo titulado «Esclavismo blanco en Londres», la dirección intentó que las trabajadoras firmaran un documento donde negasen esas informaciones. Al no conseguirlo quisieron despedir a una de las obreras alegando otros motivos, lo que generó una huelga de más de mil cuatrocientas mujeres. Estas crearon su propio comité para conducir la huelga y consiguieron que la fábrica mejorase sus condiciones laborales. Así se formó la mayor organización sindical femenina, que la historiadora Louise Raw define como «la madre de todo el movimiento sindical moderno».

El éxito de las *match girls* inspiró al año siguiente movimientos similares en los trabajadores del gas y en los muelles de Londres, donde más de cien mil obreros fueron a la huelga cuando se les redujo el plus laboral por descargar un barco a toda velocidad. Todos estos movimientos no eliminaron del todo las malas condiciones laborales, pero demostraron que los trabajadores podían organizarse y supusieron el arranque del sindicalismo de masas.

Pese a todos estos avances y al ver que los sistemas iniciales de protección resultaban incapaces de dar una solución integral a los riesgos laborales de la segunda Revolución industrial, surgió la figura del seguro social obligatorio. Los seguros sociales establecidos en Alemania constituyen el nacimiento de este modelo de previsión que se fue implantando a finales del siglo XIX y principios del XX en otras partes del mundo.

Podemos ubicar la aparición del contrato social actual en el desarrollo de la legislación del New Deal Labor en los años treinta del siglo xx en Estados Unidos. Como dice el profesor Thomas A. Kochan, de la Sloan School del MIT, el contrato social podemos entenderlo como «las expectativas y obligaciones mutuas entre trabajadores, empleadores, y sus comunidades y sociedades en lo que respecta a las relaciones laborales».

La legislación laboral del New Deal formalizó el seguro de desempleo, las pensiones de jubilación e invalidez de la seguridad social, los salarios mínimos, las cuarenta horas semanales y el concepto de fin de semana, así como las horas extra. También se permitió a los trabajadores estadounidenses asociarse y sostener sindicatos y se creó un conjunto de políticas para resolver disputas laborales. La ley constituyó el primer paso, pero fueron una serie de acciones posteriores por parte de los trabajadores, empleadores y sindicatos lo que acabó de consolidar estos avances durante y después de la Segunda Guerra Mundial. El sector de los fabricantes de automóviles y el Tratado de Detroit desempeñaron un papel crucial.

Este contrato social de posguerra funcionó bien para la mayoría de los trabajadores (aunque peor para las mujeres y las minorías que para los hombres) durante varias décadas, un período que en retrospectiva se define como la edad de oro de los trabajadores. El modelo de trabajo predominante era el de empleo a tiempo completo, con una larga permanencia en la empresa y beneficios.

También es alrededor del New Deal que se genera una distinción entre trabajo dependiente (asalariado a tiempo completo en la fábrica) y autónomo (fuera de la fábrica, auxiliar y del que no depende la producción). La regulación se enfocó en proteger a los trabajadores dependientes, que se encontraban en una relación desigual de poder con el empleador. La conocida como Wagner Act no cubría a los trabajadores de sectores como la agricultura o el servicio doméstico.

Finalmente quiero destacar que, al término de la segunda Revolución industrial, el modelo de organización del trabajo dentro de las fábricas cambió radicalmente con la llegada del taylorismo. El obrero fue individualizado y tenía acceso solo a los elementos que necesitaba para su trabajo. La implantación de los nuevos sistemas generó importantes problemas de índole social pues llevaban consigo la deshumanización alienante del espacio laboral. El trabajo intelectual (organizar, impartir directrices y supervisar) y el manual se separaron.

Las fábricas de automóviles de Henry Ford aplicaron con éxito estos principios a la producción industrial en serie (fordismo) optimizando los procesos de producción, abaratando el coste final de los productos y permitiendo el acceso a las mismas a un creciente número de consumidores. El obrero se transformó así en consumidor.

Aunque la burocracia y las tareas administrativas existen, como mínimo, desde la época de los romanos, fue también la segunda Revolución industrial la que originó la creación de las oficinas tal y como las conocemos hoy. El nacimiento de las corporaciones, que permitieron separar la propiedad y la gestión de las empresas; la aparición del ferrocarril y el telégrafo, que permitieron crear sedes remotas; el crecimiento de una capa de mandos intermedia para poder organizar todo el volumen de producción de las fábricas, el papeleo y la contabilidad que se requería, etc., llevaron a la popularización de las oficinas. Inicialmente, estos espacios se parecían mucho a las fábricas con filas y filas de trabajadores: mecanógrafas, archiveras y operadoras de centralitas. Cada vez más personas dejaron de trabajar con sus manos y empezaron a hacerlo con sus cabezas. Se trata de los trabajadores de cuello blanco, en oposición a los trabajadores de cuello azul (obreros manuales de las fábricas).

En paralelo a la llegada de nuevas tecnologías (máquinas de escribir eléctricas, fax, ordenadores, portátiles, teléfonos móviles, etc.) y a los cambios sociales propios de cada época, el diseño de los espacios, la vestimenta y la composición de la fuerza laboral en las oficinas han ido evolucionando hasta llegar a las oficinas del siglo XXI. La última vuelta de tuerca en las formas y espacios laborales es el trabajo en remoto, que mucha gente ha experimentado con mayor o menor fortuna por primera vez durante el confinamiento.

La conclusión de este breve repaso histórico es que las formas, los tiempos y los espacios de trabajo siempre han ido evolucionando. Junto a estos cambios se han ido articulando, mediante luchas colectivas y nuevas regulaciones, sistemas de protección de los trabajadores. Con las tecnologías digitales, las formas, los tiempos y los espacios de trabajo siguen evolucionando y del mismo modo deberán hacerlo los sistemas de protección.

Si tanta gente odia los lunes, algo estamos haciendo mal

El actor galaico-catalán Pepe Rubianes hablaba del trabajo en uno de sus espectáculos: «El trabajo dignifica, te honra, te realiza, te luce, te abrillanta y te da esplendor. Hasta te pone cachondo. Es la hostia. Hay que ver lo cachonda que va la gente a trabajar a las seis, las siete y las ocho de la mañana»…, ¿verdad?.

«Si tanta gente odia los lunes, algo estamos haciendo mal», dijo una vez el activista Charles Eisenstein. Mi perra Lola, así como el resto de los animales en general, no odia los lunes.

¿Dispones de unos minutos para jugar a un breve videojuego acerca de la alienación laboral? Accede al juego gratuito *Everyday the same dream*, del colectivo italiano MolleIndustria y… ¡disfruta!

Pregúntale a la gente qué tal les va en el trabajo. Desplegarán un amplio vocabulario para hablar de su descontento en su empleo actual. La gente se siente estresada, quemada (*burn out*), aburrida (*bore out*) o simplemente desmotivada (*brown-out*) ejecutando «trabajos de mierda». David Graeber, autor del libro *Trabajos de mierda*, dice que estos no sirven para nada y en ellos están atrapados muchos asalariados. «A menudo los que tienen trabajos de mierda son los que disfrutan de un mayor reconocimiento y prestigio; se les respeta, están bien pagados […], pero en realidad son conscientes de que no hacen nada útil […] y saben que todo es una gran mentira.» Según algunas encuestas, un tercio largo de los profesionales consideran que su empleo no aporta nada a la sociedad. Un ser humano incapaz de tener un impacto significativo sobre el mundo, en el fondo, deja de existir.

Algunos datos reveladores: el 70% de los empleados españoles con contrato fijo no se sienten felices en su trabajo. Además, el 80 % tienen aversión a los lunes y el 60 % no recomendarían su propia empresa a ningún amigo. Son datos del informe «Excelencia y valores. Claves para la sostenibilidad social y empresarial», elaborado por IESE y la empresa de recursos humanos Eurofirms, que evalúa los niveles de satisfacción, identificación y compromiso de los trabajadores españoles con sus empresas.

El 47 % de los trabajadores se sienten desmotivados en su empresa actual, según el informe «Guía del mercado laboral 2019» de la consultora Hays. La desmotivación ha crecido cinco puntos respecto al año 2018. Intuyo que el confinamiento habrá hecho subir más este porcentaje.

¿Y qué espera y desea la gente para estar más contenta y motivada en el trabajo? Para empezar, un salario digno (tanto por los ingresos como por el reconocimiento que representa por parte de la empresa); motivación, aprendizaje y planes de carrera (las personas trabajan para realizarse y para desarrollar nuevas capacidades); entornos laborales saludables (hacer las cosas con tiempo y con menor estrés, conciliación, desconexión, etc.); identificación con el propósito y la misión de la empresa (sintonizar con sus decisiones, políticas y valores), y una contribución a la sociedad (las nuevas generaciones se muestran especialmente sensibles en este punto).

Como resume Daniel H. Pink, autor de *La sorprendente verdad sobre qué nos motiva*, buscamos autonomía (capacidad para dirigirnos a nosotros mismos), maestría (puesta en marcha de capacidades, talentos y fortalezas) y propósito (la realización de cosas que tienen un significado para nosotros).

Visto lo visto, no es sorprendente que más de la mitad de los profesionales con empleo confiesen estar buscando trabajo de forma activa. Pero la inestabilidad del mercado laboral (¿recuerdas que solo el 5 % de los contratos en 2019 fueron indefinidos a tiempo completo?) hace que menos gente realmente se atreva a cambiar de empresa o a considerar la opción del trabajo independiente. Por la mayor inseguridad del mercado laboral post-COVID menos gente se planteará dar el paso.

Los empleados se aferran a su puesto actual, aunque estén descontentos porque su contrato les ofrece una cierta estabilidad de ingresos y acceso a beneficios sociales.

Como contrapunto interesante, hay que mencionar que aquellos que eligen de manera consciente y libre organizar su vida laboral alrededor de relaciones de empleo no tradicionales presentan mejor salud mental, mayor confianza, menor estrés y estilos de vida generalmente más saludables que sus iguales en el trabajo asalariado a tiempo completo.

HEMOS ROTO EL PAQUETE FORDISTA

Laetitia Vitaud, autora del libro *Du labeur à l'ouvrage*, resume acertadamente la situación:

> En el siglo xx, el modelo de trabajo dominante era el del paquete fordista. A cambio de la división del trabajo y la subordinación, a cada trabajador se le ofrecía un paquete de beneficios: ingresos constantes, seguro médico, vacaciones pagadas, pensión para la jubilación, acceso al crédito bancario y a la vivienda, la promesa de mejores ganancias futuras gracias al poder de negociación de sindicatos influyentes, una identidad social y política, un conjunto de conexiones y más. El paquete hizo que la enajenación de los trabajos industriales fuera bastante aceptable. Dio a los trabajadores dignidad, seguridad económica y un cierto sentido de agencia.
>
> Pero durante aproximadamente las últimas cuatro décadas hemos experimentado una fragmentación del empleo. La globalización, la desindustrialización, el declive de los sindicatos, la financiarización de la economía y la revolución digital han desempeñado un papel importante en ello.

Además, la narrativa mercantilista del trabajo se ha ido imponiendo en empresas y todo tipo de organizaciones. Los empleados y el acceso al talento son un coste a minimizar, una fila dentro de la hoja de cálculo de los resultados financieros de la empresa.

Ante esta mirada mercantilista de la fuerza laboral es conveniente recuperar la teoría económica de los costes de transacción. En 1937 el economista Ronald Coase, quien finalmente ganó un Premio Nobel por su trabajo, publicó un artículo llamado «La naturaleza de la empresa», cuyo principio central defendía que las empresas existen porque ofrecen una forma de operación más barata que tener que acceder continuamente al mercado en busca de recursos. Por ejemplo, si necesito un trabajador para realizar una tarea, lo ideal sería poner esta a licitación y luego obtener el precio más ajustado a cambio del trabajo. Pero hacer eso una y otra vez cuando necesitas a esa persona continuamente no tiene sentido; de hecho, significa incurrir en costes de transacción considerables cada vez que se necesita encontrar a esos trabajadores. Así que es más simple para las empresas contratarlos y aceptar pagarles un salario siempre que se presenten a su puesto y puedan realizar el trabajo. Coase concluyó que las empresas existen porque los costes de transacción existen.

Lo que ha pasado desde entonces es que, a partir de los años ochenta, con el desarrollo de las tecnologías de la información, unos procesos logísticos más avanzados y las sucesivas reformas laborales, estos costes de transacción se han reducido de manera drástica. Además de la deslocalización de la producción a países con menores costes, las empresas vienen externalizando desde hace décadas servicios de limpieza, seguridad, reprografía, informática, etc. Si a todo esto le añadimos las plataformas digitales, estos procesos de externalización pueden llegar a casi cualquier ámbito de la actividad de la organización. ¿Para qué contratar en plantilla a una diseñadora si la puedo conseguir en unos pocos clics cuando la necesito? ¿Para qué contratar a un gestor de eventos si solo hago tres al año? ¿Para qué contratar a un experto financiero si el cierre contable y la planificación se pueden concentrar en dos o tres meses?

A medida que nos dirigimos a la tercera década del siglo XXI, estamos llegando a un punto en el que las empresas pueden elegir cuánto de su trabajo desean que lo realicen los empleados tradicionales y qué parte quieren que se lleve a cabo por otros medios:

desde trabajadores no tradicionales o robots hasta otras formas de tecnología. Si una empresa se queda con trabajadores humanos, puede elegir que estos lo sean a tiempo completo o parcial, por contrato, en el sitio o en remoto, o cualquier combinación de todo esto. Cada vez tiene más sentido que las empresas busquen modelos diversos en la contratación. Los datos de la temporalidad en el empleo se leen de otra manera bajo esta lógica econométrica y mecanicista de las organizaciones.

Nos guste más o menos, lo veamos como una oportunidad o como una amenaza, el resultado de todo esto es que la naturaleza de la empresa y las organizaciones está cambiando y con ello también la naturaleza de las relaciones laborales.

Hemos fracturado, hemos roto, el paquete fordista que nos describe Laetitia Vitaud. Hoy en día, a los trabajadores se les ofrece un acuerdo que implica aceptar la subordinación y la alienación sin la antigua compensación (p. ej., contratos de pocas semanas). El resultado son malos trabajos, horas e ingresos insuficientes, saltos laborales, ausencia de sentido de agencia, aislamiento y carencia de poder de negociación colectiva.

La Organización Internacional del Trabajo (OIT) y muchos otros organismos internacionales alertan sobre el incremento de la precariedad laboral en el mundo. Tener trabajo ya no garantiza tener derechos. El trabajo ya no garantiza una vida digna. Bienvenidos a la era del precariado.

La OIT define el trabajo precario como

un medio utilizado por los empleadores para trasladar los riesgos y las responsabilidades a los trabajadores. Es el trabajo que se realiza en la economía formal e informal y se caracteriza por niveles variables y grados de particularidades objetivas (situación legal) y subjetivas (sensación) de incertidumbre e inseguridad. Si bien un trabajo precario puede tener diversas facetas, se lo suele definir por la incertidumbre que acarrea en cuanto a la duración del empleo, la presencia de varios posibles empleadores, una relación de trabajo encubierta o ambigua, la imposibilidad de gozar de la protección social y los beneficios que por lo general se asocian con el empleo, un salario bajo y obstáculos considerables tanto legales como prácticos para afiliarse a un sindicato y negociar colectivamente.

De nuevo la perspectiva histórica nos enseña que los cambios tecnológicos tienen un gran impacto en el mercado del trabajo y que la organización de los trabajadores y la regulación laboral han ido surgiendo de forma reactiva, a menudo con varios años (a veces incluso décadas) de rezago, intentando dar respuesta a la nueva realidad. La escala y la velocidad de los cambios tecnológicos actuales no tienen precedentes y el virus ha sido un catalizador de muchos de los impactos que ya venían desarrollándose. A lo largo del libro veremos cómo las personas, las empresas y la sociedad han empezado ya a reaccionar frente a los retos que todo ello plantea.

Esperando a los robots y a la inteligencia artificial

No cabe la menor duda. Por supuesto que a tu jefe le encantaría cambiarte por un robot o un sistema de inteligencia artificial. Ni los robots ni los algoritmos se quejan nunca de sus evaluaciones de trabajo, ni tampoco de sus compañeros. Ninguno bebe demasiado en la cena de Navidad, ni actuará de manera inapropiada ni formará parte de un piquete, exigiendo salarios más altos. A ningún robot o empleado virtual se le ocurrirá preguntar si sería posible ajustar su horario para poder equilibrar el trabajo y la familia. Bajo este punto de vista, la carrera contra los robots y la inteligencia artificial ya está perdida.

Así que la pregunta más bien sería: ¿cuándo va a robarte el trabajo un robot o una inteligencia artificial? La verdad, después de ver y estudiar varios informes y estadísticas, mi humilde conclusión es que nadie tiene ni idea. Yo tampoco. Si te apetece jugar un poco, visita la web willrobotstakemyjob.com que te permita debatir con los amigos.

En cualquier caso, en este bloque repasaré los diversos puntos de vista y comentaré dónde los robots, y sobre todo los algoritmos y la inteligencia artificial, están realmente teniendo impacto.

ESTUDIOS Y DATOS PARA TODOS LOS GUSTOS

Como suele decirse, si torturas los datos lo suficiente, acabarán por confesar lo que quieras. Bajo este principio existen titulares (y datos que los sustentan) para todos los gustos, desde «Los robots van a robarte tu trabajo. Prepárate antes de que sea demasiado tarde» a «Los robots van a crear el doble de los trabajos que van a destruir».

La primera estimación sistemática sobre el impacto de la automatización en los empleos la propusieron en 2013 Carl Frey y Michael Osborne, señalando que, para Estados Unidos, el porcentaje de empleos con riesgo de automatización alcanzaría el 47% del total en un horizonte de veinte años. Utilizando su metodología, diferentes estudios han estimado para España un potencial de automatización de su empleo cercano al 45% de su población activa. Aunque al cabo de unos años los propios autores del estudio original dijeron que se pasaron de tecno-optimistas, estos datos pusieron a medio mundo en alerta y han sido el alimento de los discursos de corte apocalíptico.

Investigaciones más recientes centradas en las tareas automatizables más que en el empleo completo reducen ese riesgo de manera significativa. La Organización para la Cooperación y el Desarrollo Económicos (OCDE), en su último informe, lo deja en el 14% para el conjunto de países que la integran y en el 21% para España. Otros estudios se sitúan en un punto intermedio entre estos dos extremos.

Tampoco hay acuerdo respecto a los tipos de trabajos e industrias que se verán más afectados por la automatización. El minidocumental *Mi empleo, mi futuro* (¡muy recomendable!) de la Fundación COTEC describe a la perfección en qué ámbitos los robots y la inteligencia artificial son imbatibles: «tareas especializadas, repetitivas y predecibles. También en la gestión de grandes volúmenes de datos».

Así, tareas como el trabajo físico en un entorno predecible (como un restaurante de comida rápida o una línea de montaje de fábrica o la construcción de un muro) y el procesamiento de datos básicos (como el seguimiento de la contabilidad de la nómina, dentro de los trabajos de cuello blanco) pueden automatizarse fácilmente utilizando los robots y el software de los que ya disponemos ahora. Un 70% de los robots se concentran en las fábricas de equipos electrónicos y de coches, así como en los procesos de las industrias químicas, farmacéuticas y alimentarias.

Nos gusta poner nombres cuquis a los robots: Pepper (un robot humanoide social capaz de reconocer rostros y emociones humanas básicas), Hadrian (un robot constructor), Sophia (la primera humanoide ciudadana de los Emiratos Árabes), Mindar (un robot sacerdote budista en un templo de Kioto) o Marty (un robot de ojos saltones que limpia en supermercados norteamericanos). Unos robots anónimos de la compañía Starship ya te traen la comida cuando la pides por Uber Eats en algunas ciudades de Estados Unidos. Entre las profesiones más automatizables están las de cartero y maquinista de tren, así que vaya puntería la mía cuando de pequeño pensaba dedicarme a una de estas dos cosas…

Por otro lado, hay estudios que demuestran que la inteligencia artificial es mejor que los radiólogos humanos para la detección del cáncer de mama; que las crónicas deportivas escritas por un software o por un periodista no pueden diferenciarse, y que los «roboabogados» se encargan de revisar contratos o de la investigación legal acerca de casos previos. Es probable que ya hayas hablado con alguna inteligencia artificial al llamar a un centro de atención al cliente. Algunos ya lo denominan «robots de cuello blanco».

Mientras tanto, otras tareas como el trabajo físico en un entorno más caótico, la limpieza de un aula de un jardín de infancia o el cuidado de personas mayores pueden resultar más difíciles de automatizar con la tecnología actual. Los robots que se crearon para hacer pizzas o trabajar de baristas han sido fracasos sonados.

La mayoría de estas previsiones a largo plazo, basadas casi exclusivamente en aspectos tecnológicos, no tienen en cuenta que los procesos de automatización dependen también de las dimensiones legales, culturales, de estructura productiva (p. ej., pymes y micropymes son mayoría en España y usan poco o nada estas tecnologías) o financieras. En el otro lado de la balanza existen los fenómenos del tipo cisne negro (es decir, que nadie contemplaba en las previsiones) o elefante negro (un evento muy probable y ampliamente predicho, pero que la gente intenta hacer pasar como un cisne negro cuando al final sucede), como la irrupción del coronavirus, que ha hecho que el despliegue de robots y drones en tareas de control de la población, atención a la gente en cuarentena, entrega de compras por internet o incluso para sacar al perro a pasear se haya normalizado en cuestión de semanas.

Lo dicho, nadie sabe nada con certeza. Mi recomendación es desconfiar de aquellas personas u organizaciones que pretendan tener las respuestas a todas tus preguntas acerca de la automatización y el futuro del trabajo.

Sobre lo que sí existen evidencias es que la automatización contribuye activamente a la polarización del mercado de trabajo, haciendo desaparecer los puestos intermedios para concentrar la creación de empleo en puestos de alta cualificación y productividad, donde la digitalización todavía no ha alcanzado los niveles exigidos, y en los de baja cualificación, donde el coste salarial está por debajo del coste de la automatización. Los empleos de clase media, el hueco que queda entre estos dos polos, son los que más están sufriendo las consecuencias de la automatización.

La robotización en España durante los últimos treinta años ha demostrado que genera ganancias sustanciales en la producción al cabo de pocos años, reduce el coste de mano de obra y conduce a la creación neta de empleos hasta una tasa de un 10%. Los mismos datos indican que en las empresas que no adoptan robots hay una pérdida de trabajo sustancial y que la mano de obra cualificada se desplaza hacia las compañías que sí han incorporado la automatización.

En resumen: el riesgo para el empleo y la competitividad no es la robotización, sino la no robotización.

SUMA DE INTELIGENCIAS: LOS ROBOTS Y LA IA COMO COMPAÑEROS DE TRABAJO

A partir de mi experiencia personal (viendo la aparición de los cajeros automáticos, los sistemas de autopago en los supermercados, los taxistas usando el GPS para conducir por la ciudad, las líneas de metro sin conductor, los robots limpiadores tipo Roomba, los asistentes virtuales con chat o voz, o cómo la gente usa la inteligencia artificial de Instagram para mejorar sus fotos), yo soy de los que se sitúan en un punto intermedio y algo optimista respecto a los impactos de la automatización en el trabajo.

Creo que:

a) El impacto debemos observarlo más a nivel de tarea y menos a nivel de puesto de trabajo, ya que el puesto de trabajo es algo complejo.

b) Bien aplicada, la automatización de tareas mundanas puede mejorar las condiciones laborales en muchos trabajos.

c) La inteligencia artificial (p. ej., navegación por GPS) y/o los robots (p. ej., exoesqueletos) pueden ser buenos compañeros de trabajo (cobots) y aumentar las capacidades que tenemos como trabajadores. Sin ir más lejos, los mejores jugadores de ajedrez en la actualidad no son los 100% humanos, ni los 100% artificiales, sino los que presentan una combinación de ambas inteligencias. Mitad hombre, mitad máquina, se les empieza a llamar «centauros».

Parece que mi opinión personal está bastante alineada con las percepciones de la población en general. Aun con el miedo al riesgo de pérdida de trabajo, podemos leer titulares como «A los españoles nos gustan los robots». De hecho, una mayoría de trabajadores se describen como «excitados» y «optimistas», ya que anticipan que los robots y la IA les facilitarán adquirir nuevas habilidades y disponer de más tiempo libre. Curiosamente, muchos de ellos también dicen que pueden llegar a confiar más en un robot que en sus jefes humanos... Da para pensar.

El gran reto cuando combinamos robots y humanos es mantener la humanidad en el trabajo y evitar simplemente ser la parte no automatizable de un proceso mecanizado.

Trabajadores y clientes de Walmart en Estados Unidos dicen que compartir el trabajo con los robots Auto-C (que limpian los pasillos y avisan de problemas) y Wall-E (a cargo de revisar estantes sin productos) no es del todo fácil. Ver luces de aviso y oír bocinas mientras compras o no poder hablar con ellos cuando se confunden de pasillo… se hace raro. Además, los empleados comentan que con la incorporación de los robots el nivel de monotonía en su trabajo ha aumentado, pero dirigen sus quejas a los jefes y no a los cobots. Aparecen también nuevos trabajos, como los cuidadores de robots, que desde una sala central se encargan de ayudarlos para que no tengan problemas en el cumplimiento de sus tareas.

A los trabajadores de cuello blanco la inteligencia artificial les va a exigir un reajuste de las capacidades y habilidades. Si como hemos visto antes hay sistemas que detectan el cáncer, escriben noticias y hacen investigación legal, como trabajadores del futuro deberemos hablar con estas máquinas, que nos ayudarán en el trabajo, con la misma soltura con la que nos dirigimos a las personas. Como primer paso te recomiendo experimentar pidiendo cosas al asistente virtual de tu teléfono móvil y con el uso de servicios como Calendly, que te ayuda a organizar reuniones sin tener que ir mandando e-mails arriba y abajo hasta encontrar un hueco común en las agendas de los participantes. Cada vez más trabajadores automatizan partes de sus tareas.

Además, puede que este tipo de ayudas permita que un mayor número de gente desarrolle trabajos más avanzados e interesantes. Son conocidos los casos de sistemas de IA que ayudan a enfermeras y enfermeros a completar tareas antes reservadas de manera exclusiva a los médicos. ¿Qué pueden llegar a ser estos «trabajadores aumentados» en otros sectores y profesiones?

Yo confío en que todos estos cambios nos forzarán a cuestionar qué parte del trabajo es mejor para los humanos y cuál lo es para los robots y las inteligencias artificiales. Kevin Kelly lo tiene claro: «La productividad es para los robots. Los humanos sobresalen en perder tiempo, experimentar, jugar, crear y explorar». John Hagel, en la charla «A Future of More Human Work» en la Singularity University, nos anima a pensar: «¿Qué podría ser el trabajo más allá de tareas rutinarias? ¿Cómo repensar la creación de valor para los clientes y los otros participantes en las organizaciones usando las capacidades inherentemente humanas?».

¿Sabremos aprovechar la automatización para redefinir el concepto de trabajo y crear nuevas narrativas? Lo más sensato es evolucionar hacia una cultura de post-eficiencia donde dejemos de competir con las máquinas y los sistemas informáticos en términos de productividad. Pensemos en cómo combinar las competencias tecnológicas y las humanas.

OK, EL ROBOT NO TE QUITARÁ EL TRABAJO, PERO ¿SERÁ TU PRÓXIMO JEFE?

Los robots, como una combinación de algoritmos y sensores, ya están vigilando a las camareras de hotel (las conocidas como «kellys»), diciéndoles qué habitación limpiar y controlando lo rápido que lo hacen. Los robots ya están gestionando a los desarrolladores de software, monitoreando sus clics y scrolls en la pantalla, retrasando incluso el cobro de parte de su salario si trabajan muy lentamente. Los robots escuchan a los trabajadores de los call centers y les indican qué decir y cómo hacerlo, además de mantenerlos ocupados de manera constante. En los casos más tecnológicamente avanzados, los empleados pueden llevar chips subcutáneos y/o estar sujetos a neurovigilancia.

Mientras, como hemos visto antes, muchos de los titulares se centran aún en ese horizonte donde los robots autónomos o los algoritmos van a reemplazar a las personas, los robots ya están aquí en la forma de supervisor, capataz o mando intermedio para muchas personas trabajadoras.

Estos sistemas automatizados pueden detectar ineficiencias que un gerente humano nunca percibiría: un momento de inactividad entre llamadas, el hábito de quedarse en la máquina de café después de terminar una tarea, una nueva ruta que podría permitir repartir algunos paquetes más en un día. Este nivel de optimización hace que los trabajos se vuelvan más intensos, estresantes y peligrosos.

Este crecimiento (y cada vez una mayor normalización) de la gestión algorítmica de las personas trabajadoras recibe varios nombres: *people's analytics*, big data en RRHH, gestión mediante inteligencia artificial, *Robotic Process Automation* (RPA), etc. La adopción de estos sistemas de vigilancia y control aumenta con el tamaño de la compañía, es decir, las grandes empresas son más propensas a trabajar con herramientas sofisticadas porque tienen más recursos y más personal. El banco Barclays generó varios titulares en la prensa por el uso de este tipo de software al estilo Gran Hermano y se ha visto forzado a dejar de utilizarlos. La digitalización de los procesos de recursos humanos tiene también más presencia en empresas con un alto volumen de contratación, alta rotación y bajos salarios para la mano de obra.

Es interesante observar cómo las plataformas digitales laborales de la gig economy (en las que nos centraremos en buena parte del resto del libro) han sido en gran medida las precursoras de la sustitución de varios de los elementos de la gestión tradicional por algoritmos (que son los que te contratan, te organizan los turnos, te evalúan e incluso te despiden) y sensores (p. ej., GPS y acelerómetro en el móvil) para controlar a los trabajadores.

Con o sin plataformas digitales de por medio, todo el ciclo de vida de la gestión de los trabajadores se ha venido digitalizando de manera muy acelerada: desde la incorporación de talento (uso de IA para la revisión de currículos y/o el control de las expresiones faciales y la selección de palabras en las videoentrevistas para tomar la decisión de a quién contratar), pasando por el monitoreo de los empleados en el trabajo y fuera de él (p. ej., una pulsera tipo Fitbit laboral que sirve a las empresas para ofrecer bonus a los trabajadores que duermen ocho horas), la predicción de comportamientos analizando las redes sociales de los empleados (p. ej., para saber quiénes se irán de la empresa), la incorporación del uso de asistentes digitales para los procesos de evaluación y *feedback* a los empleados, hasta llegar al punto de ser despedido por un algoritmo. El programador Ibrahim Diallo, residente en Los Ángeles, ostenta el «honor» de ser el primer hombre despedido por una máquina. El post «The Machine Fired Me», donde contaba su historia, se hizo viral a mediados de 2018.

Si quieres profundizar en el campo del control de los trabajadores, busca información acerca de empresas como Humanyze, que vende credenciales de identificación inteligentes, las cuales permiten rastrear a los trabajadores en la oficina (latidos del corazón, tono de voz, velocidad de pulsaciones en el teclado e incluso saber lo bien que interactúan con sus colegas), y se combinan con datos de los calendarios, correos electrónicos y otros sistemas de comunicación interna para determinar, por ejemplo, si el diseño de una oficina o un almacén favorece el trabajo en equipo o no. Para controlar a los trabajadores remotos, Crossover Worksmart, entre otros, ofrece herramientas para monitorear la actividad del teclado, qué aplicaciones se usan y toma capturas de pantalla periódicas e incluso fotos de los trabajadores con la cámara web para crear lo que la compañía llama una «tarjeta de tiempo digital» cada diez minutos. Algunos jefes, que no confiaban en sus empleados, han implementado este tipo de control durante el teletrabajo debido al confinamiento. Además, el regreso a las oficinas «seguras» implica en muchos casos un mayor nivel de seguimiento y control de los empleados por parte de cámaras, sensores y software.

En los centros logísticos de Amazon, el uso de la gestión automatizada y los robots ha generado muchas historias en los medios de comunicación con titulares como «No soy un robot» o «Tratados como robots… por robots». A inicios de 2020 me uní a una de las visitas guiadas al centro logístico de Amazon en El Prat de Llobregat, algo que recomiendo. Casi todos los aspectos de la administración en los almacenes de la compañía están dirigidos por software, desde los robots autónomos hasta cuándo y dónde trabajan las personas. El trabajo se compone de tareas muy repetitivas y por eso los empleados van rotando entre ellas dentro de su jornada laboral. Las órdenes acerca de cómo realizar el trabajo vienen en gran medida dadas desde un sistema informático centralizado (pantallas, escáneres, botones que pulsar, etc.), dejan poco espacio a la creatividad y maximizan la productividad. Durante la visita nos confirmaron que las personas reciben una alerta si no llegan a unos mínimos de productividad, pero no que las despidan por ello. En el lado positivo, dentro del sector de la logística parece ser que Amazon ofrece muy buenas condiciones a nivel de salario y beneficios (seguro de salud, formación, ayuda para estudios, etc.). Lo dicho, si puedes, únete a una visita a los centros de Barcelona o Madrid.

Más allá de todo lo potencialmente negativo, no podemos pasar por alto los beneficios potenciales de recopilar y utilizar este tipo de datos. Los datos de las personas trabajadoras pueden usarse para cuantificar las prácticas en el lugar de trabajo y mejorar tanto la productividad como el bienestar y la seguridad laboral de los empleados. Muchas tecnologías recopilan datos conjuntos de trabajadores y también proporcionan una visión general del rendimiento a nivel de equipo.

Además, algunos estudios apuntan que una mayoría de trabajadores creen que los «robojefes» son mejores que los jefes humanos en ciertas tareas como mantener horarios de trabajo, proporcionar información imparcial y gestionar un presupuesto. Por el contrario, para ámbitos como el desarrollo de una cultura laboral, el coaching o la comprensión de las emociones, parece que aún nos fiamos más de los supervisores de carne y hueso.

Toda esta gestión algorítmica debe hacer que nos formulemos preguntas acerca de los límites del control, así como sobre el derecho al descanso y a la desconexión por parte de los trabajadores. Sabemos también que los algoritmos generan y se alimentan de datos. Y siempre que hay datos de por medio debemos preguntarnos: a) acerca de la privacidad (p. ej., separar vida privada y profesional cuando llevo un Fitbit laboral), y b) acerca de los sesgos algorítmicos (p. ej., la contratación de más hombres que mujeres o de más personas de una raza u otra). Todos estos problemas no son ficción, sino una realidad, ya que los sistemas automatizados heredan discriminaciones y desigualdades de las personas que los programan. «La IA discrimina, ya que es un amplificador del imaginario social», sentenció la doctora Liliana Arroyo en un evento sobre IA y derechos humanos en Barcelona.

Así que, visto lo visto, puede que los primeros que tengan que preocuparse porque los robots y la inteligencia artificial les quiten el trabajo son los mandos intermedios y no tanto los trabajadores de cuello azul.

Como conclusión, quiero remarcar que los humanos seguimos al cargo de la toma de decisiones acerca del uso de la tecnología. Nunca será un robot o un algoritmo quien de manera completamente autónoma decida el despliegue o no de una solución de base tecnológica en la empresa, sino que siempre habrá una persona sobre la que recaiga la capacidad y la responsabilidad de hacerse las preguntas pertinentes para tomar esas decisiones acerca del futuro del trabajo y los trabajadores. Puede que tengamos algo que aprender de los amish, quienes no adoptan una tecnología sin antes valorar su impacto social.

A lo largo de la introducción y de los dos primeros capítulos hemos querido tirar de la manta, hacer caer algunos mitos ampliamente divulgados acerca del trabajo. Es necesario desaprender para crear el espacio mental necesario a fin de abordar el resto del libro.

Hemos repasado cómo la imaginación colectiva acerca del mercado laboral, la foto de la fábrica tipo de la segunda Revolución industrial y/o la oficina moderna con el empleo para toda la vida distan mucho de la realidad del siglo XXI. Las formas de relación laboral que más crecen son las atípicas y acabarán siendo el modelo prevalente en unos años. Pregúntale a alguna persona joven que tengas cerca sobre el tema por si aún te quedan dudas.

Con todos estos cambios hemos roto el paquete fordista y entramos en una fase de inventar algo mejor, pero aún hay mucho trabajo por hacer. Lo que queda claro es que cada período económico importante ha visto prevalecer una forma diferente de empleo. Ver el trabajo asalariado a tiempo completo como la etapa final y última de las relaciones laborales a nivel mundial por los tiempos de los tiempos parece un absurdo.

Finalmente, hemos querido contextualizar el impacto de los robots y de la inteligencia artificial en el ámbito del trabajo. Por el momento, hay más opciones de que sean tus colegas de trabajo que tu reemplazo directo. A corto plazo será en la gestión algorítmica de todo el ciclo de vida del empleo y de los empleados donde estas tecnologías tendrán una mayor incidencia en tu trabajo.

En el siguiente capítulo veremos cómo el impacto más fuerte de la tecnología digital es en la estructuración y la división del empleo. Las relaciones laborales se han fragmentado y esto no tiene marcha atrás.

3

La fragmentación del trabajo

Mi padre tuvo un solo trabajo toda su vida, yo
tendré siete trabajos diferentes a lo largo de mi
vida, mis hijos van a tener siete trabajos a la vez.

TOM MALONE

Si queremos ver los impactos de la tecnología en el trabajo en el corto plazo debemos centrarnos en cómo, más allá de la creación, destrucción o transformación de los puestos de trabajo, la tecnología cambia la manera en que aquellos disponibles se organizan y se distribuyen.

Con las nuevas tecnologías, más allá de cambiar los trabajos, es decir, qué problemas resolvemos y con qué herramientas lo hacemos, estamos transformando por completo la estructura del mercado laboral, cómo la oferta y la demanda de talento se encuentran y se relacionan a lo largo del tiempo.

En este capítulo expondremos cómo las relaciones laborales se fragmentan a una escala y una velocidad sin precedentes. Este nuevo escenario de vínculos de trabajo discontinuos genera abundantes retos (¡y también muchas oportunidades!) para las personas, las organizaciones y la sociedad en su conjunto.

Cómo han cambiado los trabajos y las carreras

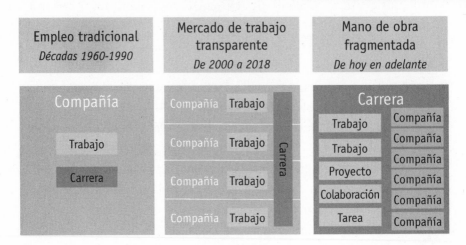

Fuente: <https://joshbersin.com/2019/06/the-pixelated-workforce-a-job-for-almost-everyone/>.

La expansión de la externalización

Cuando eres cliente de un hotel, te montas en el metro, llamas al servicio de atención al cliente de tu operadora de telefonía, vas a comprar a un centro comercial o lees la prensa diaria, estás experimentando en primera persona la forma en que más de la mitad de las empresas externalizan de manera habitual muchas actividades que no consideran el núcleo de su negocio.

Conocer si la persona está o no está empleada por la empresa puede ser misión imposible en algunos casos. ¿Sabrías decirlo con toda certeza en el caso del personal de recepción del hotel o de las chicas que limpian tu habitación, las kellys? ¿De las personas que te atienden en las tiendas de ropa? ¿De los que responden a tu llamada en el servicio de atención al cliente? ¿De los que conducen una furgoneta con el logo de UPS? ¿O de los periodistas que escriben muchos de los artículos de tu periódico favorito? En otros casos puede ser obvio al llevar estas personas una vestimenta diferenciada:

es el caso del personal de seguridad en el metro, el de limpieza en muchas oficinas o fábricas o los revisores de la fibra óptica o la instalación de gas en tu casa.

La ola de *outsourcing* que años atrás trasladó muchos empleos de confección de ropa de vestir a China y las operaciones de soporte al cliente a la India o América Latina se ha normalizado en todo tipo de trabajos locales y de industrias.

Estas personas suelen tener una relación laboral no típica como:

a) Trabajadores temporales a través de agencias de empleo temporal: personas que trabajan para estas agencias, que las asignan a trabajar para otras compañías (llamadas «empresas clientes»). Asempleo es la asociación española que agrupa a ETT y agencias de colocación, como pueden ser Adecco, Randstad, Manpower, Eurofirms, etc. Aunque en España tienen peor prensa que en otros países, en realidad se trata de una actividad regulada y muy controlada desde hace años.

b) Trabajadores de empresas contratadas: personas que trabajan para unas empresas que prestan servicios a otras compañías bajo un contrato (p. ej., servicios de seguridad, paisajismo, mantenimiento de sistemas informáticos).

c) Trabajadores temporales de contratación directa: contratados directamente por empresas para trabajar durante un período de tiempo específico, como sucede en el sector minorista durante la época de Navidad.

d) Contratistas o trabajadores independientes: personas que obtienen clientes por su cuenta para proporcionar un producto o servicio (y pueden o no tener a otros empleados trabajando para ellos). Estos abarcan desde proveedores de guarderías, empresas de construcción y limpiadores de casas hasta agentes inmobiliarios, artistas gráficos y consultores de gestión.

El hecho de que alguien trabaje para ti sin ser tu empleado no es ninguna novedad. Podemos echar la vista atrás para encontrar (aún hoy en día) a los jornaleros de toda la vida o a las costureras en sus casas que hacían el trabajo manual que las máquinas no eran capaces de realizar en las grandes fábricas textiles. En Mataró, ciudad con una fuerte industria textil en su día, muchas madres y abuelas de mis amigos se dedicaban a esto en los años ochenta y noventa.

La diferencia hoy en día es la escala y la velocidad de la externalización. Para dar una idea del fenómeno, en España, la campaña de Navidad de 2019 generó algo más de un millón de contratos. El perfil comercial (promotores, dependientes, gestores del punto de venta, comerciales o gestores telefónicos de ventas) fue el más demandado. Los sectores de alimentación, distribución, comercio, logística y transporte, comercio electrónico, alta perfumería y cosmética, electrónica, juguetería, imagen y sonido, banca o atención al cliente aumentan también su plantilla durante la Navidad. La hostelería y el turismo, así como los principales aeropuertos del país, son otras actividades y lugares que requieren de refuerzos de personal. Estos sectores piden preparadores de pedidos, carretilleros, mozos de almacén, manipuladores de alimentos, camareros y cocineros, operarios especialistas, conductores y repartidores, entre otros.

En Silicon Valley, el modelo de subcontratación es tan frecuente que Alphabet, la empresa matriz de Google, tiene aproximadamente el mismo número de trabajadores subcontratados que de empleados a tiempo completo. Un porcentaje de 50-50%. Los alrededor de setenta mil trabajadores temporales realizan pruebas del coche autónomo de Google, revisan documentos legales, hacen que los productos sean más fáciles y mejores de usar, gestionan proyectos de marketing y datos, además de muchos otros trabajos. Los empleados externos usan identificadores rojos, mientras que los habituales de Alphabet los llevan de color blanco. Una manera muy simple y muy gráfica de recordar que existe un sistema de dos niveles de trabajadores. En las grandes empresas, una externalización del 20-50% de la fuerza laboral es algo habitual. En la industria petrolera, gasista y farmacéutica, los trabajadores externos a veces superan a los empleados en una proporción de dos a uno, según dice Arun Srinivasan, jefe de estrategia y operaciones de clientes en SAP Fieldglass, una división del proveedor de software empresarial SAP, que ayuda a los clientes a administrar su fuerza laboral. El trabajo de limpieza y los servicios de cafetería desaparecieron de la mayoría de las nóminas de las empresas hace mucho mucho tiempo. La misma tendencia a externalizar está llegando para los trabajos de cuello blanco mejor remunerados como los abogados, el científico investigador, el financiero y el contable, o el gerente de operaciones. Algunos CEO han declarado estar sorprendidos por la cantidad de personal no empleado que está involucrado en la creación de sus productos y servicios.

El sector público también lleva años apalancando la externalización. A finales de 2019, más de un cuarto de los trabajadores en las Administraciones españolas eran eventuales, entre dos y cuatro puntos por encima del sector privado. La mitad de los empleados públicos menores de cuarenta años son temporales. La mayoría del personal sanitario movilizado de emergencia por el COVID-19 ha sido con contratos temporales y se ha denunciado que miles de profesionales llevan hasta veinte años encadenando contratos temporales.

En Estados Unidos, desde que el presidente Trump asumió el cargo, el gasto federal en servicios de empleo eventual se ha más que duplicado. Algo más de la mitad del incremento va para el ámbito de la sanidad. El resto se distribuye en áreas como los servicios en edificios públicos, la inspección alimentaria, las aduanas y la protección fronteriza e incluso las fuerzas aéreas y el Departamento de Estado. La ambición de privatizar el sector público, combinada con las nuevas tecnologías, acaba externalizando el gobierno a trabajadores teóricamente temporales.

EL SENTIDO ECONÓMICO DE LA EXTERNALIZACIÓN PARA LAS ORGANIZACIONES

Para las empresas y organizaciones en general, el mayor atractivo de reemplazar a los empleados por trabajadores externos es un mayor control sobre los costes de personal. Los contratistas complementan el personal interno a tiempo completo de las empresas y les aportan flexibilidad para adaptarse a nuevas ideas, cambios en la demanda de productos y servicios o situaciones de alta volatilidad como la pandemia del COVID-19.

Como ya has visto anteriormente, Ronald Coase argumentó en «La naturaleza de la empresa» que el contorno y los límites de una organización deben definirse pensando siempre en los costes de coordinación y transacción, para así decidir cuándo se debe hacer el trabajo dentro o fuera de la empresa. Ha llovido mucho desde que se publicó el texto, pero la premisa principal sigue siendo válida.

En las últimas décadas se han ido desarrollando nuevas formas de diseñar, distribuir y monitorear el trabajo a realizar, dentro y fuera de la empresa. Las nuevas tecnologías que reducen los costes de coordinación y la estandarización de los procesos (logísticos, pagos, contratos, etc.) han allanado el camino a la externalización. Las empresas pueden deshacerse de las actividades que no son su núcleo de negocio y al mismo tiempo garantizar que las compañías subordinadas se adhieren a estándares de calidad y rendimiento que pueden ser controlados de manera casi automática.

Externalizar trabajos no esenciales de una empresa permite dedicar más tiempo y energía a las cosas que mejor hace la organización. Será otra compañía externa la encargada de la mano de obra y de asumir la rutina diaria de programar, contratar y despedir. También se evita así tener que pagar los mismos beneficios que se ofrecen a los empleados más cualificados. Los trabajadores son reemplazados rápidamente si es necesario y la empresa se preocupa sobre todo por el producto final, que se puede desarrollar a precios más bajos. Incluso puede que parte del ahorro en personal se pueda dedicar a la innovación y a nuevas líneas de negocio.

Pero esta reorganización del trabajo también puede tener consecuencias sociales profundas si las empresas que las adoptan no evalúan completamente los costes y las consecuencias de sus acciones más allá de su propia organización..., y ya sabemos, por los temas medioambientales, por ejemplo, que muchas organizaciones no están por la labor de evaluar las externalidades negativas que generan.

Una carrera laboral más difícil

Las personas con relaciones laborales eventuales se enfrentan a muchos retos.

Suelen ser trabajadores con bajos salarios quienes, de manera desproporcionada, se encuentran en este tipo de relaciones laborales.

Esos sueldos, que ya son bajos de partida, pueden reducirse aún más debido a la externalización. Por hacer el mismo tipo de trabajo se paga menos en empresas subcontratadas en relación con lo que habría pagado la compañía cuando estas tareas se realizaban dentro de ella. Por un lado, las empresas de servicios compiten en precio para ganar los contratos, a la vez que se quedan con un margen que les permita subsistir como empresas. Por otro, cuando hay un incremento general de los sueldos de las personas empleadas (por un nuevo convenio colectivo, por un buen resultado anual de la empresa, etc.), estos incrementos no suelen permear hasta el personal externo, y así se incrementa cada vez más la brecha existente.

Al tratarse de personal externo (sin derecho a formación, por ejemplo), desarrollar una carrera dentro de la empresa se hace más complicado o directamente imposible. Cada vez es más raro escuchar las historias del tipo «empezó llevando cafés en una esquina del departamento de mensajería interna y hoy lidera el departamento de marketing». Las funciones de una persona trabajadora externa suelen estar bien delimitadas y no resulta fácil escapar de ese corsé.

Con la fragmentación de la relación laboral, también se acaba haciendo lo mismo con la cadena que debe responder acerca de los riesgos y las responsabilidades del trabajo a acometer. En caso de incidentes, accidentes o de simplemente «querer hablar con el jefe», puede resultar harto complicado saber a quién hay que ir a reclamar si estás en una subcontrata de una subcontrata.

La subcontratación hace que las violaciones de la legislación laboral sean más probables. La ley exige que los trabajadores cobren un salario mínimo, que reciban el pago de horas extra, que tengan acceso a una compensación por lesiones, etc. Pero, en la práctica, los acuerdos de subcontratación a menudo conducen a violaciones de la legislación laboral. Una gran empresa probablemente no correría el riesgo legal de pagarle a un trabajador por debajo del salario mínimo, pero una pequeña dedicada a la limpieza podría estar más dispuesta a asumir este tipo de riesgos, en un mercado de servicios de limpieza extremadamente competitivo y con márgenes de beneficio muy bajos. Pagar menos a los trabajadores puede ser la única forma de obtener beneficios. Y hay tantas pequeñas empresas de limpieza, que es improbable que sea auditada por las autoridades.

No hay marcha atrás. Puedes hablar con quien quieras. La mayoría de las empresas, los economistas y los consultores de recursos humanos no creen que se revierta esta tendencia hacia el outsourcing, más bien todo lo contrario. ¿Te acuerdas de que al inicio del libro hemos dicho que responder a la pregunta de dónde trabajas sería cada vez más complicado?

La lógica de la fisura del puesto de trabajo se ha instalado de manera permanente en cómo piensan las empresas y cómo operan los mercados. Estamos llegando al punto donde contratar a alguien mediante una relación laboral típica es el último recurso a utilizar. Cada vez menos trabajos y trabajadores consiguen superar la carrera de obstáculos organizacionales y legales que les permite llegar a esa meta.

Para conocer en mayor detalle todo este fenómeno recomiendo el libro de David Weil *The Fissured Workplace: Why Work Became So Bad for So Many and What Can Be Done to Improve It*, publicado en 2014.

Plataformas digitales laborales

Ya hace años que las plataformas digitales han venido permeando en más y más ámbitos de nuestras vidas: por ejemplo, BlaBlaCar, Wallapop, Airbnb o Verkami, por mencionar algunas de las más conocidas y usadas en España. Seguro que en tu móvil tienes una o diversas aplicaciones de plataformas digitales.

Conozco bien el fenómeno de las plataformas. Lo he venido observando de cerca desde hace casi una década. En 2011 puse en marcha el blog «Consumo Colaborativo» y en 2014 escribí mi primer libro (*Vivir mejor con menos*) centrado en estos temas. Se podría decir que en algunos casos las he visto crecer mucho y muy rápido, gracias a los llamados efectos de red.

Los estudios sugieren que, en cosa de un par de décadas, las mayores plataformas digitales habrán superado a las corporaciones petroleras, automovilísticas y financieras en capitalización de mercado. «Las plataformas digitales han sustituido a la corporación industrial transnacional como el Leviatán de nuestros tiempos», se lee en el artículo «La corporación inteligente» de *El Salto*. El mismo texto sigue diciendo: «El modelo de plataforma proporciona un marco para las interacciones en el mercado mediante la conexión de sus muchos "nodos" —consumidores, anunciantes, proveedores de servicio, productores, distribuidores e incluso objetos—, que constituyen el ecosistema de la plataforma, cosechando constantemente sus datos y usando algoritmos para optimizar las interacciones entre ellos como un medio de maximizar el beneficio».

Se puede decir que las plataformas digitales son sistemas digitales de gobernanza que median, y en el fondo dictan, relaciones económicas y sociales entre los participantes.

Darte de alta como usuario/a en una de ellas es como hacerte ciudadano de un pequeño país con unas reglas internas de funcionamiento que debes respetar: los términos y condiciones y las funciones permitidas en la interfaz de usuario. Al igual que no hay dos países iguales, no hay tampoco dos plataformas idénticas. Por ejemplo, en el ámbito del alojamiento turístico, no es lo mismo Airbnb (alquilar por dinero), Fairbnb (alquilar por dinero pero mediante una cooperativa que promueve el turismo responsable), Guest to Guest (intercambio de casas mediante un sistema de puntos interno) o Couchsurfing (alojamiento gratuito, intercambio en clave social). Todas resuelven una necesidad de alojamiento, pero lo hacen creando relaciones económicas y sociales de diferente índole entre las personas participantes.

Plataformas digitales laborales para todo lo que se te ocurra

¿Qué ocurre cuando tomamos la eficiencia a la hora de intermediar oferta y demanda de las plataformas digitales y la aplicamos al entorno laboral? Aparecen las plataformas digitales laborales (PDL), que se dedican a intermediar de manera eficiente la oferta y la demanda de talento para cualquier tipo de trabajo. La tecnología les permite digitalizar y escalar todos los procesos asociados a la contratación (búsqueda y evaluación de perfiles, sistemas de reputación, gestión de pagos, etc.). Esto añade más gasolina a la tendencia hacia la externalización que viste en el apartado anterior.

Aunque no existe una definición única de PDL, me inclino por la del gobierno británico, que dice que se trata del «intercambio de trabajo por dinero entre individuos o compañías mediante plataformas digitales que facilitan de manera activa el encuentro entre proveedores y consumidores, con unas tareas y pagos de corto plazo o de alta temporalidad». Es decir, que la plataforma digital pone en contacto la oferta y la demanda, a la vez que gestiona los pagos y, en algunos casos, los precios. En general los trabajadores pueden trabajar cuando quieren y el pago se realiza tras completar una tarea o un proyecto.

Leyendo esta definición estarás pensando enseguida en los trabajadores de Glovo o Deliveroo, sobre todo por su amplia presencia en los medios de comunicación y porque los hemos visto en las calles de muchas ciudades con sus mochilas amarillas y verdes, respectivamente. Es necesario ampliar esa visión limitada del uso de las plataformas digitales laborales. El impacto de esta manera de organizar el trabajo va mucho más allá de lo que te puedas imaginar. Hoy en día ya existen plataformas para acceder con facilidad a todo tipo de talento destinado a cualquier tipo de trabajo que te pueda pasar por la cabeza.

Desde los trabajadores en plataformas de microtareas online como Amazon Mechanical Turk a aquellos bajo demanda mediante plataformas como Glovo, Rover, MyPoppins o TechBuddy. También existen plataformas enfocadas a los trabajadores de cuello azul como

Job Today o MyWorkUp, que ofrecen una alternativa digital a las empresas de trabajo temporal tradicionales. La oferta se completa con soluciones digitales para la contratación de freelance y trabajadores de cuello blanco (diseñadores, traductores, programadores, directores de proyectos, expertos en ciberseguridad, etc.) como UpWork, Freelancer o Malt. Hasta se pueden encontrar perfiles de alta especialización en plataformas como TopTal, Up Counsel o GLG, diseñadas específicamente para este tipo de trabajadores de alta cualificación.

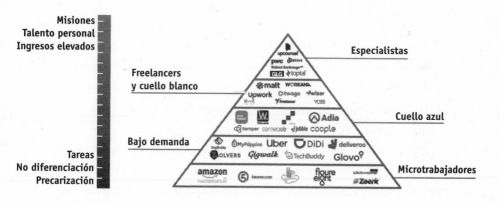

Probablemente digas: «Bueno, bueno…, pero esto a mi trabajo no le va a pasar, ¿no?».

Espero que leyendo el libro veas suficientes ejemplos como para pensar que sí, que las plataformas laborales también llegarán a tu sector y actividad. Con mayor o menor fuerza, creo que van a alcanzar casi todos los sectores. Desde los famosos riders hasta el personal de barras en festivales de música o ferias, pasando por profesores, enfermeras y cuidadoras en general, para llegar también a los ingenieros de pozos petrolíferos y los abogados. Ya existen plataformas para todo y más. Si tienes curiosidad por conocer algunas, repasa este archivo online (http://bit.ly/COTECPlataformasWorker Tech) con centenares de ejemplos o el artículo «150 aplicaciones de la gig economy con las que podrás ganar dinero extra».

Además, estoy seguro de que el cambio general y cultural que implica la fragmentación del trabajo combinado con la aparición de las plataformas laborales te va a afectar, aunque no seas usuario/a. Si algo hemos aprendido con Tinder es que, seas o no usuario/a de la aplicación, esta y otras apps similares ya han cambiado las relaciones personales para la sociedad en su conjunto. Del mismo modo, las plataformas laborales, las uses o no, ya están cambiando las relaciones de trabajo en la sociedad. Resumiendo: de modo directo o indirecto, te verás afectado por la existencia de todas estas apps laborales.

El crecimiento del trabajo en plataformas

La OIT define el crecimiento del trabajo mediante plataformas como «una de las transformaciones más importantes en el mundo del trabajo en la última década». Algunos autores apuntan que para 2025 un tercio de todo el trabajo mundial podría estar gestionado mediante este tipo de plataformas.

Por el momento, la verdad es que el número de personas que encuentran la mayoría de su trabajo mediante las plataformas digitales laborales sigue siendo relativamente marginal, entre el 1-3% de la fuerza laboral mundial. Lo que varios estudios detectan es el uso de estas plataformas como fuente de ingresos adicionales o esporádicos. España se sitúa a la cabeza de Europa en la utilización de plataformas digitales laborales: un 18% de la fuerza laboral ya las ha usado para generar ingresos. En países como Indonesia, China o la India estas cifras superan el 30% y se disparan aún más entre las generaciones más jóvenes.

La verdad sea dicha, se trata de un fenómeno muy difícil de medir. Ni siquiera está bien definido y delimitado ni tampoco forma parte de las estadísticas oficiales de empleo, que normalmente solo incluyen la fuente principal de ingresos. En cualquier caso, sabemos que hoy en día hay varias decenas de millones de personas en el mundo que usan plataformas digitales para encontrar trabajo y que pocos años atrás eran muchas menos.

Cada vez más y más trabajo se organiza mediante estas plataformas que generan relaciones laborales fragmentadas entre las personas trabajadoras y sus empleadores. Estamos en medio de un momento de profunda experimentación en los mecanismos de organización del trabajo y todo lo que ello implica.

Microtrabajadores: las manos invisibles de la economía digital

Lukas Biewald, fundador de CrowdFlower, dijo allá en 2010, en un momento de franqueza sin control: «Antes era muy difícil encontrar a alguien, sentarle durante diez minutos y hacer que trabajase para ti, y despedirlo después de esos diez minutos. Ahora, con la tecnología actual, puedes encontrarlos, pagarles una pequeña cantidad de dinero y luego deshacerte de ellos cuando ya no los necesitas».

Bajo esta premisa han surgido plataformas como Amazon Mechanical Turk (AMT), Appen, CloudFactory, Spare5, etc., donde se agrupan miles de personas que compiten por realizar pequeñas tareas que la inteligencia artificial aún no es capaz de hacer. Actividades como añadir tags o reseguir elementos en imágenes para que los coches autónomos sepan diferenciar un peatón de un camión, identificar qué sentimientos genera una imagen que se usará en publicidad, moderar y filtrar contenidos en las redes sociales, escuchar y determinar si tu conversación con Siri ha tenido sentido o si, por el contrario, la máquina no ha entendido lo que se le pedía, etc.

Todos estos trabajadores entrenan sistemas de IA, validan los resultados de estos últimos o, en algunos casos, pueden llegar a reemplazar un supuesto sistema de IA por un humano. En definitiva, cubren la brecha operativa entre lo que un humano y un ordenador pueden hacer.

La investigadora de Microsoft Research Mary L. Gray describe en su libro *Ghost Work: How to Stop Silicon Valley from Building a New Global Underclass* cómo nuestra obsesión por automatizarlo todo acaba generando estas nuevas necesidades y, con ello, estos nuevos trabajos. Ella lo define como «la paradoja de la última milla de automatización».

Cómo nació Amazon Mechanical Turk (AMT) y el microtrabajo

A inicios de la década de los 2000, Amazon estaba en una situación difícil. Era una joven startup con un e-commerce de libros en rápida expansión. Para crear su web, Amazon extrajo datos sobre centenares de miles de títulos de libros directamente de los catálogos de editores y listados de bibliotecas. El problema fue que gran parte de esos datos contenían errores. Para ofrecer una web completamente funcional, la compañía necesitaba limpiar esos datos: localizar duplicados, corregir errores tipográficos y actualizar imágenes de portadas obsoletas.

Al principio, Amazon contrató a trabajadores temporales para limpiar sus bases de datos tanto en EE.UU. como en la India. A medida que Amazon crecía y añadía más libros y otros productos, se enfrentó al desafío de asegurarse de que cada descripción y foto de producto fueran las correctas. Amazon necesitaba un pequeño ejército de trabajadores para manejar las tareas de verificación y corrección de un catálogo de bienes en constante crecimiento.

En 2005, Amazon dio a conocer el sitio web que había construido para facilitar que cualquier persona con una cuenta verificada pudiera limpiar los listados de productos y revisar los comentarios de los clientes. La compañía lo bautizó como Amazon Mechanical Turk, un nombre que los usuarios acortaron rápidamente a MTurk. Se trataba de un mercado laboral en línea donde los solicitantes podían publicar varias tareas que necesitaban hacer (conocidas como HITS, *Human Intelligence Tasks*) y los trabajadores podían realizarlas a cambio de un pago. La plataforma mantenía una lista de las tareas y las tarifas de pago (tan fácil como publicar un viaje en BlaBlaCar).

Más allá de las necesidades de la propia Amazon, el proyecto MTurk se abrió rápidamente a tareas de otras empresas. Al precio de estos trabajos Amazon le añadía un porcentaje extra a las empresas o personas solicitantes por el mero hecho de facilitarles el acceso a ese grupo de trabajadores. Los solicitantes podían incluso pagar un poco más si querían garantizar que los trabajadores que accedían a sus tareas tuvieran ciertas cualificaciones. Las tarifas para las tareas podían ir desde unos pocos centavos (por agregar palabras clave a una imagen) hasta los veinticinco dólares por hacer una encuesta de marketing si se tenía el perfil adecuado. Aunque las webs de clasificados online (Craigslist, GumTree, MilAnuncios, etc.) siempre habían incluido anuncios de pequeños trabajos que la gente podía hacer desde casa, MTurk representaba algo completamente diferente.

A fecha de hoy, Amazon Mechanical Turk declara contar con quinientos mil usuarios registrados, aunque algunos investigadores dicen que hablar de cien mil o doscientos mil usuarios activos es más correcto. La duración media de un trabajador en la plataforma es de un año o año y medio. La tasa de llegada de nuevos trabajadores equilibra las bajas y mantiene la población general relativamente estable. En cualquier momento hay entre dos mil y cinco mil personas que colectivamente completan millones de tareas cada mes.

Una historia poco conocida es que parte de la explosión de la inteligencia artificial se la debemos a MTurk. En *Ghost Work*, Mary L. Gray cuenta cómo Fei-Fei Li, profesora de Informática y codirectora del Stanford Human-Centered Artificial Intelligence Institute, y sus colegas querían entrenar máquinas para reconocer el objeto principal en una imagen, sin importar qué pudiera ser: un perro, una persona, un automóvil o una montaña. Para poder entrenar el sistema necesitaban un volumen de datos sin precedentes. Tras varios intentos fallidos, en 2007, Li y sus colegas encontraron MTurk. Usaron unos 49.000 trabajadores de 167 países para etiquetar con precisión 3,2 millones de imágenes. Después de dos años y medio de trabajo colectivo se obtuvo el mayor conjunto existente de imágenes de alta resolución con etiquetas muy precisas acerca de los objetos que aparecen en cada una de ellas. Los trabajadores y las trabajadoras de MTurk son héroes anónimos de la revolución de la inteligencia artificial.

El curioso nombre «Mechanical Turk» proviene de 1769. El noble húngaro Wolfgang von Kempelen dejó atónitos a los europeos al crear un autómata mecánico que jugaba al ajedrez y podía vencer a prácticamente cualquier oponente. El autómata, conocido como «Turk», era un maniquí de madera de tamaño real. Para convencer a los escépticos, Kempelen abría las puertas del autómata y mostraba el entramado de mecanismos: las ruedas dentadas y muelles que hacían funcionar su invento. Así persuadía a la gente de que había construido una máquina que tomaba decisiones a través de la inteligencia artificial. Lo que el público no sabía era que detrás de Mechanical Turk se escondía un secreto: un experto en ajedrez bien oculto en su interior. De ahí que Amazon Mechanical Turk tenga un nombre muy apropiado, pues aunque aparentemente se obtienen resultados de máquinas, en realidad son cientos de miles de humanos los que hacen ese trabajo. La propia Amazon promovió el servicio AMT como «Inteligencia artificial artificial» durante años.

Hay quien bromea diciendo que el acrónimo de inteligencia artificial (IA) se refiere en realidad a «indios anónimos» o «inteligencia africana».

Más allá de AMT: las manos invisibles de la economía digital

AMT no es la única plataforma de microtrabajo. Clickworker, Figure Eight, Microworkers, CloudFactory o Spare5 son algunas de las más usadas. La diversidad de tipos de microtareas hace que algunas plataformas lleguen a especializarse. Por ejemplo, Prolific se orienta únicamente a investigadores que necesitan hacer encuestas masivas. En Survey Junkie o E-Polls las personas rellenan encuestas de diversa índole o participan en paneles online.

Los microtrabajos también pueden consistir en pequeñas misiones físicas en plataformas como WinMinute, Street Spotr, BeMyEye o Click and Walk, donde la tarea consiste en validar fotográficamente (con fecha y geolocalización) la presencia o ausencia de un producto en un supermercado o de publicidad en la calle. Por ello te pagan dos o tres euros. Hay gente que busca ejecutar estas misiones de ida o vuelta a su trabajo habitual para complementar su salario con cien, doscientos o trescientos euros adicionales.

Las plataformas de microtrabajo también se pueden orientar al impacto social. Amara (generación de subtítulos; para TED, por ejemplo) o ISA HIT (entrenamiento de sistemas de IA) se crearon para ofrecer oportunidades a colectivos con dificultades de acceso al mercado laboral, garantizando sus derechos y un pago digno por su trabajo. Por su labor han recibido premios y apoyo desde organizaciones multilaterales.

Si te interesa leer sobre el tema del microtrabajo en castellano, te recomiendo el blog «Moneda a Moneda», de Javier Bartolomé. El documental *Les invisibles*, de France TV y disponible en YouTube, también es muy ilustrativo.

Economía bajo demanda: lo que quieras, cuando quieras y donde quieras

Si existe una imagen fetiche del futuro del trabajo, esta es sin duda la de los mensajeros con sus mochilas de colores por las calles de muchas ciudades del mundo, donde ya forman parte del paisaje urbano. Son trabajadores de lo que se denomina «economía bajo demanda».

Dentro de la pirámide de aplicaciones laborales (véase la figura de la pirámide de la página 65) pasamos al segundo nivel. Subimos en la complejidad, duración de las tareas y nivel de pago. Además, a diferencia de la mayoría de los microtrabajos del apartado anterior, estos requieren de una entrega física, es decir que el proveedor y el consumidor del servicio se encuentren en un mismo espacio.

Ya existen plataformas bajo demanda para casi todo lo que se te pueda ocurrir. Estamos hablando por ejemplo de: Uber, Cabify o Didi (transporte urbano); Glovo, Deliveroo, Rappi, Mensakas o La Pájara en Bici (entregas); TaskRabbit o Handy (mantenimiento y otras tareas del hogar); Rover o Gudog (paseo de perros); TechBuddy o Mila (soporte técnico); Care.com, Cuideo o Qida (cuidado de mayores); Nannyfy o Sitly (canguros); MyPoppins, Hogaru o

Zolvers (limpieza y empleo doméstico), o incluso Tryst (escorts).
También hay portales generalistas donde encontrar de todo, como
CronoShare, Trabeja o Taskia. Y, aunque la dinámica del servicio y
la experiencia de los trabajadores es muy diferente, me atrevo a
incluir en este listado iniciativas como Etsy (artesanos), EatWith
(experiencias culinarias) o la oferta de experiencias con guías locales que existe dentro de Airbnb.

Si eres el consumidor/a, con unos pocos clics en la aplicación de
tu móvil tendrás lo que quieras, cuando quieras y donde quieras. Si
eres el trabajador/a, con unos pocos clics te darás de alta y podrás
empezar a generar ingresos de manera bastante flexible.

La mayoría de estas plataformas se orientan al consumidor final
(P2P), aunque cada vez más producen también oferta para el segmento profesional (P2B), ya que les proporciona una generación de
ingresos más estables. La mayoría de las plataformas, por ser ellas
las que generan el mercado y ponen en contacto oferta y demanda,
cobran una comisión (10-25%) añadida al coste del servicio para el
usuario final.

Como hay tantas opciones, ya han aparecido algunas meta-apli-
caciones como la americana GigWorker o la sueca Appjobs para
que los trabajadores puedan tener acceso, y comparar las condiciones laborales, a todas las apps que están operativas en una ciudad.
A su vez, estas llegan a acuerdos con Appjobs para que les facilite
nuevos trabajadores, ya que el nivel de rotación de estos en varias
de estas aplicaciones es muy alto.

TASKRABBIT, UBER Y GLOVO COMO ICONOS DE LA ECONOMÍA
BAJO DEMANDA

Así como Amazon Mechanical Turk inició la categoría del microtrabajo, el origen de la economía bajo demanda es atribuible a Task-
Rabbit.

RunMyErrand era el nombre original de la web en 2008 donde
«los vecinos ayudan a sus vecinos» para una mudanza, un arreglo
de fontanería, ir a hacer la compra, etc. En un primer momento, el

modelo no era tan bajo demanda (había una negociación entre el que pedía las tareas y las personas dispuestas a ejecutarlas) y su éxito fue limitado. A partir de 2014, la aplicación, que había aprendido que los modelos más simples de Uber o Lyft eran más escalables, limitó las tareas posibles, fijó un rango de tarifas y dejó que un algoritmo seleccionara automáticamente a los *taskers* para el cliente. Una de las tareas más solicitadas en TaskRabbit es hacer cola: te pagan por guardar el turno durante horas para adquirir el nuevo iPhone o comprar entradas para un concierto. Otra de las tareas más demandadas ha sido siempre montar muebles de Ikea. Por ello la empresa sueca compró TaskRabbit en 2017. En España, la última vez que lo consulté, solo estaba disponible en Barcelona.

Más allá de TaskRabbit, la empresa que realmente ha tenido más impacto en la definición de esta categoría de trabajo bajo demanda es, sin lugar a dudas, Uber. Fundada en San Francisco el año 2011, es única por:

a) Su escala global, con operaciones en más de setecientas ciudades en más de setenta países.

b) La inversión recibida, más de 24.000 millones de dólares estadounidenses, antes de salir a bolsa en 2019 por un valor de más de 80.000 millones de dólares. Uber vale bastante más del doble que Telefónica, por ejemplo.

c) El uso de la tecnología y el diseño de multitud de servicios y experimentos: Uber Black (servicio profesional y coches de alta gama), Uber X (conductores no profesionales y coches particulares), Uber Pool (viajes compartidos), Uber Moto (para esquivar el tráfico), Uber Eats (entregas de comidas), Uber Jump (bicis y patinetes), Uber Copter (helicópteros), etc.

d) El cambio cultural que ha ejercido en los consumidores. Nuestro nivel de expectativa de servicio y de inmediatez ha cambiado por culpa o gracias a Uber.

No es sorprendente que durante varios años muchas startups se presentaran como el «Uber para X» con tal de atraer el interés tanto de los medios como de los inversores.

Como curiosidad histórica, decir que Cristóbal Gracia y yo mismo, por el trabajo que veníamos haciendo en el blog «Consumo Colaborativo», fuimos los zero rider (los primeros pasajeros) de Uber Pop cuando llegó a Barcelona en abril de 2014.

A la vez, Uber ha sido también el icono de la cultura de compañía tecnológica agresiva, de la cultura «Move Fast and Break Things» («muévete rápido y rompe cosas»). Una empresa más acostumbrada a litigar en los tribunales que a pedir permisos o licencias, o a intentar encajar en las normativas locales de cada ciudad. Una cultura de empresa definida como tóxica, tanto hacia fuera como hacia dentro (con escándalos de todo tipo). La especial personalidad de su fundador, Travis Kalanick, añadía siempre más leña al fuego.

Por si todo esto fuera poco, resulta que es una empresa que nunca ha conseguido ser rentable. Por ejemplo, en 2019 perdió 8.500 millones. Dijeron a los inversores que conseguirían ser rentables en 2020, pero dudo mucho que, con el impacto del COVID-19 sobre sus actividades, lo sean. En mayo de 2020, Uber despidió a 6.700 empleados en todo el mundo, un 25 % del total de su plantilla.

En cualquier caso, debemos agradecer a Uber ser el origen de innumerables debates éticos y jurídicos acerca de los impactos de la tecnología en las ciudades y en el futuro del trabajo. ¿Son los «socios conductores» de Uber empleados o trabajadores independientes? La respuesta difiere en función del tribunal que la responda, lo que ejemplifica que no es una pregunta fácil. ¿Es Uber una empresa de transporte o un simple intermediario digital? La respuesta también cambia en función del tribunal que responda. En Europa se la considera una empresa de transporte desde 2017.

Para conocer a fondo el caso de Uber puedes leer el libro *Uberland: How Algorithms Are Rewriting the Rules of Work* de la etnógrafa tecnológica Alex Rosenblat. También te recomiendo jugar quince minutos al *Uber Game* que en 2018 publicó el *Financial Times*.

Escribiendo desde Barcelona, este bloque de iconos de la economía bajo demanda no se puede cerrar sin mencionar a Glovo.*

Conocí al fundador de Glovo, Óscar Pierre, a finales de diciembre de 2014 gracias a que Toni Mascaró nos presentó por e-mail. Óscar tenía veintidós años en ese momento y Glovo era solo una idea en gestación con un prototipo de aplicación. Óscar conoció al cofundador de la empresa Sacha Michaud en enero de 2015 y sacaron la primera versión pública de la app en febrero.

Saltamos al presente. Cinco años más tarde, Glovo es, en palabras del propio Óscar, «una superaplicación que hace que todo en tu ciudad esté disponible al instante». Sin duda, una de las startups más conocidas de España, con cifras mareantes.

Tiene actividad en más de doscientas cincuenta ciudades de más de veinte países de Europa, América Latina, Oriente Medio y África. Más de siete millones de pedidos al mes que transportan más de cincuenta mil glovers (repartidores) en todas estas ciudades. En España, más de siete mil personas utilizan Glovo como fuente de ingresos de acuerdo con diversas realidades: estudiantes, personas con otros trabajos que generan así ingresos extra, migrantes, desempleados o repartidores profesionales que usan Glovo como un canal más para conseguir más pedidos.

El alto impacto socioeconómico de Glovo hace que, al igual que

---

* Antes de proseguir, y por transparencia, un *disclaimer* (descargo de responsabilidad) acerca de Glovo. Desde inicios de 2020 soy una de las personas que forma parte del Comité de Ética y Sociedad de la empresa. Para mantener la independencia se trata un cargo no remunerado. La participación en este comité nos permite comprender de primera mano la complejidad de las actividades, los retos y las oportunidades de una startup como Glovo. A la vez, desde el comité, con una mirada externa fuera del día a día y las cuentas de resultados, aportamos ideas para que la empresa pueda mejorar en su operativa con riders, comercios y con la sociedad en general. Decidí incorporarme a este comité porque existe un compromiso real de que sea un mecanismo de lobby interno para implementar algunas de estas sugerencias.

Uber, sea el centro de muchos debates, noticias y juicios. El confinamiento por el COVID-19 fue una época movida para Glovo. Por un lado, se mantuvo como uno de los pocos servicios esenciales y siguió operando en todo momento con un número de repartidores estable. Los restaurantes y tiendas que apostaron por la venta vía Glovo incrementaron de manera sustancial sus ingresos, y la empresa demostró ser el canal digital de venta del pequeño comercio. Por otro lado, se aprobó un ERTE para el 30% de la plantilla de Glovo y hubo protestas por parte de sus mensajeros en diversas ciudades del mundo.

También, al igual que Uber, es una empresa que pierde dinero. Aunque consigue ser rentable en España e Italia, los primeros países en los que arrancó, la inversión para expandirse hacia otros países y ciudades hace que esté en números rojos. Aunque, vista desde España, Glovo parezca muy grande, sigue siendo pequeña comparada con sus competidores globales Uber Eats, Deliveroo o JustEat.

LA FUERZA LABORAL BAJO DEMANDA ES MÁS DIVERSA DE LO QUE TE IMAGINAS

Un error habitual es asumir que, como en el caso del trabajo tradicional, estos trabajadores usan las apps para generar la mayoría de sus ingresos. Algunos sí lo hacen, pero la mayoría no.

El trabajador típico de la economía bajo demanda se especializa en un sector de actividad. Bastante a menudo mantiene a la vez perfiles activos en diversas plataformas, aunque siempre hay una aplicación que predomina sobre el resto a nivel de ingresos. El otro día me pasó al lado un mensajero con la chaqueta de Deliveroo y la mochila de Glovo. Lástima que no tuve tiempo de hacerle una foto.

Sigo con el caso de Glovo como ejemplo que conozco de cerca. Para la amplia mayoría de los mensajeros no es el trabajo de su vida, sino que se trata de algo instrumental para un momento vital concreto. Tres de cada diez no están más de seis meses en la plataforma. Más de la mitad dedican menos de veinticinco horas a la semana a Glovo, por lo que se trata de una actividad a tiempo parcial. Saben que de media van a ganar alrededor de diez euros la hora (un par de pedidos). Las quejas de este segmento de trabajadores se centran en la parte operativa del trabajo: no hay suficientes pedidos durante los turnos, los problemas tecnológicos les dificultan el trabajo o tienen problemas de papeleo y de burocracia excesiva para las horas que le dedican. Como es algo de paso, no ponen mucho foco en las demandas laborales más estructurales.

En el otro extremo hay una minoría, en mi opinión sobrerrepresentada en los medios de comunicación y en la investigación académica, que tienen a Glovo como su actividad principal o única. Gustavo, un colombiano afincado en Barcelona, relata en una entrevista en *La Razón*:

> Mi objetivo son los 1.000 euros mensuales, 500 quincenales, aunque normalmente supero los 1.300 con 6 horas al día. El 70% de mis ingresos vienen de Glovo; el otro 30%, de la música. Tengo un quinteto de cuerda y una banda de rock. Sobre todo trabajamos en bodas y eventos. [...] Lo cierto es que soy de los que menos ganan, tengo amigos con ingresos de unos 4.000 euros al mes. ¿Para conseguir esa cifra hay que trabajar a destajo? Para nada, no es cuestión de trabajar más horas, sino de elegir la mejor franja del día y la semana. Lo más rentable es hacerlo el fin de semana por la noche, para las cenas. Y, por supuesto, en moto.

Este perfil de trabajador profesional es el que forma parte de los varios neosindicatos que buscan una mejora estructural de sus condiciones laborales. Hablaré más en detalle de estos neosindicatos en el próximo capítulo.

Queda claro que el uso de una misma plataforma, es decir, de las mismas condiciones de trabajo, tiene impactos muy diferentes en función de la tipología del trabajador (tiempo completo o parcial) y su contexto personal (estudiante, inmigrante con familia al cargo, etc.).

Esta diversidad de perfiles y realidades personales dificulta que los trabajadores bajo demanda puedan organizarse y reclamar mejoras. Dentro de las plataformas existen tensiones entre la minoría de los trabajadores a tiempo completo y la mayoría de los trabajadores a tiempo parcial que solo generan ingresos suplementarios y que en pocos meses ya no estarán en la aplicación. La existencia de una amplia bolsa de trabajadores a tiempo parcial reduce la presión sobre las plataformas para crear oportunidades de ingresos más sostenibles y mejorar las condiciones de trabajo y las coberturas de quienes realmente dependen de la plataforma.

¿Crees que el escenario que he descrito para Glovo es directamente trasladable a los otros sectores y aplicaciones de actividad bajo demanda? Está claro que no. No es lo mismo trabajar bajo demanda en el sector de la mensajería que en el paseo de perros, el soporte técnico a domicilio, el cuidado de mayores, hacer de canguro o la limpieza de casas u oficinas. Cada caso es un mundo en sí mismo y es recomendable evitar la generalizaciones.

PLATAFORMAS BAJO DEMANDA QUE YA VAN UN PASO MÁS ALLÁ

El modelo de servicio bajo demanda no tiene por qué ser sinónimo de trabajo precario, por mucho que algunas personas se empeñen en entrelazar ambos conceptos. De entrada, si un sector de actividad era precario antes, es muy probable que lo siga siendo cuando se añade una plataforma de trabajo bajo demanda. En todo caso, estas también pueden actuar para que el trabajo bajo demanda pueda darse en circunstancias más favorables para las personas trabajadoras.

Existen empresas que contratan al 100% de los trabajadores bajo demanda, como la sevillana Mox (uno de los pilares de su modelo de negocio es contratar a sus repartidores), la barcelonesa Qida (que tiene contratadas a sus centenares de cuidadoras) o la bogotana Hogaru (que contrata formalmente a sus trabajadoras del hogar en colectivos vulnerables dentro de Colombia).

El caso de TechBuddy es de los más interesantes. Tiene un modelo híbrido que mezcla personal contratado a tiempo completo y parcial en las grandes ciudades de España con personal contratado por obra y servicio para cada uno de los servicios técnicos que tiene que realizar como *buddy* en zonas con menor demanda. Todo ello lo consiguen gracias a la integración tecnológica con la seguridad social mediante la plataforma Jobandtalent.

Empresas de limpieza como la danesa Hilfr negociaron con el sindicato 3F un pionero acuerdo colectivo. Gracias a este, las empleadas domésticas, que antes se clasificaban invariablemente como autónomas, se consideran empleadas de plantilla después de completar cien horas de trabajo, a menos que se autoexcluyan explícitamente de esa posibilidad. El acuerdo de empleador único establece un salario mínimo por hora, protección en caso de despido, derechos de protección de datos y un sistema que regula la cancelación de turnos. Este acuerdo inspiró el desarrollo de otros similares en Noruega o Suecia (Foodora) o el Reino Unido (Hermes), por ejemplo.

También existe el modelo de cooperativa laboral digital, donde los trabajadores son propietarios de la empresa y del código. Con ello deciden acerca de la gestión y la evolución de la plataforma. Hay que destacar en este ámbito los proyectos de Mensakas y La Pájara en Bici en el sector de los repartos.

Algunos de estos modelos no facilitan un crecimiento exponencial de las iniciativas como sucede en otros casos. Debemos preguntarnos entonces: ¿es más importante tener impacto en muchos miles de personas o es más recomendable poder proporcionar trabajo digno bajo demanda flexible a una cantidad menor de personas? ¿Puede existir un equilibrio entre ambos extremos?

Las empresas de trabajo temporal del siglo XXI

Subimos otro peldaño en la pirámide para gestionar trabajos que son de mayor duración (varios días, semanas o incluso meses) que los trabajos bajo demanda y donde la relación de empleo tiende a estar más formalizada. Pueden englobarse bajo la etiqueta del cuello azul y, por la orientación al sector servicios de la economía española, estos tienen un peso muy importante en el volumen de los contratos temporales que se firman cada año. ¿Te acuerdas de que comentamos que en 2019 el 90% de los contratos firmados en España fueron temporales? ¿Del millón de contratos por Navidad?

Grandes empresas como McDonald's, Holiday Inn, Desigual, Starbucks, Amazon (centros logísticos), H&M, Banco Santander, Huawei, Telefónica, El Corte Inglés o incluso Cabify (conductores VTC) se nutren de legiones de este tipo de trabajadores. Las empresas se han vuelto adictas a la flexibilidad y buscan el talento en tiempo real cuando tienen picos de productividad o demanda (Navidad, rebajas, día del Padre, etc.). Aquí podemos sumar pymes de todo tipo (restaurantes, tiendas de barrio o supermercados, agencias de eventos, constructoras, inmobiliarias, etc.) que antes, cuando necesitaban personal, daban voces entre los conocidos, colgaban el típico cartel de «Se necesita camarero/a con experiencia» o accedían a los servicios de las empresas de trabajo temporal (ETT) como Adecco, Randstad o Manpower.

Hoy en día, de manera poco visible en los medios, cada vez más porcentaje de esta contratación temporal está ocurriendo mediante nuevas aplicaciones como Job Today, Jobandtalent o MyWorkUp (en España); y Wonolo, Syft, Bacon, Catapult, Gig, Limber, Rota, Shiftgig, WorkIndia, etc., en otros países. ¿Habías oído hablar de ellas? Probablemente no. Se trata de un conjunto de proyectos poco conocidos y subinvestigados por parte de los medios de comunicación y los académicos.

¿Qué tipo de trabajos se ofrecen? De todo un poco: personal para eventos (control de acceso, barras, catering, azafatos y azafatas, etc.), hostelería (camareros, chefs, recepcionistas, etc.), marketing y ventas (dependientes, teleoperadores, comerciales, etc.), logística (mozos de almacén o centrales logísticas, reponedores de supermercado, etc.), industria y construcción, etc. Poco a poco también van llegando profesiones más cercanas al «cuello blanco» (contables, informáticos, etc.) a este tipo de relaciones laborales temporales.

La gran mayoría de estos trabajadores son menores de cuarenta años y están muy habituados al uso de la tecnología. Se trata de gente que pasa más tiempo en su móvil con YouTube, Instagram o Snapchat que viendo la televisión, leyendo la prensa o prestando atención a los carteles colgados en las tiendas y los bares del barrio. Son personas que también usan el móvil para buscar trabajo. Ellos y ellas no van a ir a la oficina de una ETT a rellenar un currículum para luego esperar y responder a varias llamadas en las que les preguntarán qué días y horas libres tienen.

Estas empresas de *staff on demand* como Jobandtalent o My-WorkUp digitalizan todo el proceso de crear un currículum vítae, el *match* con las ofertas (gracias al uso masivo de datos de candidatos y empresas), las entrevistas (por videollamada o mediante sistemas robotizados), la firma digital, las altas y bajas de la seguridad social, los pagos y retenciones de impuestos, etc. Incluso se ficha mediante la aplicación y la geolocalización. En algunos casos se ofrece a los trabajadores la opción de intercambiar turnos o días de trabajo con otros compañeros sin tener que involucrar a los supervisores. Este es un buen ejemplo de flexibilidad bien entendida.

Por el lado de las empresas contratantes es una manera acelerada y bastante simple de digitalizar los procesos de atracción y gestión de talento. Al principio lo usan más para momentos de pico de demanda, pero al cabo del tiempo lo integran en los procesos de contratación a lo largo de todo el año.

Bienvenidos al empleo temporal del siglo XXI.

ETT GENERALISTAS, SOLUCIONES SECTORIALES E INTERMEDIARIOS DIGITALES PUROS

Dentro de este tipo de plataformas de empleo temporal es recomendable hacer un ejercicio de ordenación.

Por un lado tenemos las ETT digitales de carácter generalista o multisectorial como Jobandtalent (España), Wonolo (Estados Unidos), Syft (Reino Unido), ZenJob (Alemania) o GoJob (Francia). Digitalizan los procesos de una ETT tradicional y toman toda la responsabilidad en la contratación de las personas.

Por otro lado hay startups que son ETT digitales como las anteriores y que deciden centrarse en un segmento concreto de mercado. Es el caso de MyWorkUp, que en España se dedica al sector de los eventos culturales y las promociones comerciales, y que he podido conocer de primera mano. Me reencontré con Aleix Ventayol en la boda de un amigo en común y me contó que era el CTO de MyWork-Up. Al cabo de pocos días acudí a su oficina para conocer a Eduardo de la Hoz, el cofundador de la startup. MyWorkUp ha trabajado en los últimos años con grandes eventos musicales como el Sónar o el Cruïlla gestionando el personal de las barras de bebidas, del guardarropa, del acceso e información. Marcas de tabaco o de bebidas o empresas de telecomunicaciones que organizan decenas de eventos promocionales a la vez por toda España también contratan sus servicios. MyWorkUp oferta a estas empresas estudiantes universitarios que trabajan una media de 6-8 horas en cada promoción varias veces al año. Todo está digitalizado (con una reducción del 99% en el uso de papel) y con mecanismos para verificar la asistencia al puesto de trabajo y el cumplimiento de los objetivos mediante grupos de Telegram creados ad hoc para cada ocasión.

Otro vertical es todo el sector de la hostelería. En Estados Unidos, startups como Pared o Instawork son las apps que usan los gerentes de los restaurantes para encontrar al personal (verificado y capacitado) para sus cocinas y para el servicio. Todas estas dinámicas laborales también están alcanzando ámbitos como el de la enfermería y los médicos (Incredible Health, MedWing o CareRev), así como trabajos sobre el terreno en pozos petrolíferos (RigUp) o para el soporte técnico experto (Field Engineer).

Finalmente hay startups que se alejan del modelo de la ETT para defender que son intermediarios digitales puros: solo ponen en contacto oferta y demanda como si de un tablón de anuncios altamente eficiente se tratara. El referente generalista en este caso es Job Today, que es muy popular en España y el Reino Unido. Hasta cierto punto Wallapop o MilAnuncios se convierten a veces en portales de trabajo temporal. Como ejemplo de intermediario digital de nicho me gusta Vibuk, que pone en contacto actores, actrices, cantantes o incluso influencers con directores de casting para teatro, cine o publicidad. El actor Antonio Banderas es uno de los inversores de esta startup. En estos casos las startups no gestionan nada de la contratación de los trabajadores, sino que esto queda al cargo de las empresas finales donde estos vayan a prestar sus servicios.

¿Es pacífica la coexistencia del statu quo y los nuevos entrantes del trabajo temporal?

El sector del staffing y el de las ETT forman parte de un sector con más de cincuenta años de historia, con una enorme importancia económica, que emplea (de manera regulada y formalizada, a nivel local e internacional, con contribuciones a la seguridad social) a millones de personas en todo el mundo. En algunos países gozan de mejor reputación que en otros.

Sea por la cultura de prueba/error en las startups o por una decisión dentro del modelo de negocio, etc., algunas de las iniciativas que están ocupando el espacio tradicional de las ETT a veces no cumplen con todas las normativas requeridas. Cuando se identifican como intermediarios digitales puros, están diciendo que no quieren involucrarse en la gestión directa de los trabajadores o en garantizar sus derechos, salarios mínimos, etc. Todo ello abre debates acerca de una posible competencia desleal entre unos y otros. Son discusiones similares a las que conocemos en el sector de los hoteles con Airbnb, el de los autobuses con BlaBlaCar o el de Uber con los taxis.

El sector tradicional también se ha puesto las pilas creando sus propios proyectos como la plataforma Adia de Adecco o con la compra de startups como CornerJob por parte de Eurofirms en 2019.

Hay que destacar que existe una gran oportunidad de conectar todas estas experiencias de empleo temporal digitalizado con las agencias públicas de empleo (SEPE, SOC, Lanbide, etc.). Para avanzar en estas colaboraciones la principal queja por parte de las startups es que el nivel de digitalización del sector público sigue siendo insuficiente.

Un trabajo temporal digno

Para retener el talento, las empresas de staffing, además de facilitar el encuentro entre oferta y demanda, deben crear mecanismos de cuidado y seguimiento del desarrollo de la carrera profesional de sus trabajadores.

Por un lado está el reconocimiento y la personalización de la experiencia de los trabajadores. Un ejemplo es el proyecto «I am a Wonoloer Blog Series» (busca #IAmAWonoloer en Instagram o Twitter), que cuenta las historias personales de trabajadores de Wonolo. En estos perfiles destacan la flexibilidad y que sobre todo buscan un buen ambiente de trabajo. Muchos de ellos también comentan que el uso de estas plataformas es un complemento para sus otros trabajos.

La combinación de avanzados mecanismos de *matchmaking* con la formación continua del talento parece ser el Santo Grial que se persigue en la industria. La compra por parte de Adecco, en 2018, de Vettery (*machine learning* aplicado a candidatos y empresas) y General Assembly (educación en aspectos técnicos) no fue ninguna casualidad. Estas integraciones verticales facilitan un mejor encuentro de oferta y demanda, a la vez que ofrecen una progresión en la carrera de las personas trabajadoras.

Como en el caso de las plataformas de trabajo bajo demanda, en el ámbito del trabajo temporal también hay proyectos que al ser empresas responsables y/o con orientación social pueden servir de buenos ejemplos. Algunas plataformas han comenzado a ser creativas.

Hyr ha creado un sistema basado en puntos para los trabajadores que usan la plataforma para encontrar trabajo en Nueva York y Toronto. Estos logran el 6% de sus ganancias en UPoints, que pueden canjearse por vacaciones pagadas.

En California, donde faltan trabajadores de cuello azul, los trabajos en BlueCrew se pagan aproximadamente un 50% por encima del salario mínimo, o de lo contrario no podrían atraer a nadie. La compañía cubre los beneficios obligatorios y facilita el acceso a seguros y beneficios diversos que no suelen ofrecerse a este segmento de trabajadores en Estados Unidos.

La danesa Meploy reparte el 10% de las ganancias al final de cada año con todos los participantes del programa Community Bonus, al cual pueden acceder todos los trabajadores temporales.

La mexicana GinGroup, una de las mayores corporaciones americanas de gestión de talento, ha sido catalogada como «empresa familiarmente responsable» por parte del gobierno federal de su país por sus buenas prácticas laborales. Además, contribuye a formalizar a un buen número de trabajadores informales.

La inglesa LabourXchange, vinculada con el sindicato Comunidad, busca que los trabajadores temporales gocen de mejores condiciones y colabora con entidades del sector social.

Se observa cómo, dentro del entorno laboral fragmentado, estas empresas que ofrecen contratos de corta duración buscan aportar mecanismos para dotar de una cierta continuidad y coherencia a la vida laboral de las personas.

Freelancers: una revolución cultural

Un escalón más. Esta parte de la pirámide, los freelance y los trabajadores de cuello blanco, es con casi total seguridad una de las que te interesa conocer más a fondo.

De entrada, una clarificación terminológica. Todo freelance es un trabajador independiente, pero no todo trabajador independiente es considerado un freelance. Los freelance son aquellos trabajadores independientes que deciden trabajar sin tener empleados a su cargo y que se dedican principalmente a profesiones intelectuales del ámbito digital (científicos de datos, programadores, analistas, etc.), a la creación artística (diseñadores, grafistas, editores de vídeos, etc.), al marketing y la administración (comerciales, generadores de contenidos, asistentes virtuales, etc.), a la comunicación (periodistas, locutores, etc.) o al desarrollo de negocio y a la formación y consultoría (como es mi propio caso).

Mi breve descripción no coincide al 100% con lo que ofrece la Real Academia Española (RAE). Además, la RAE indica que debe escribirse separado y en cursiva (*free lance*), al tratarse de un extranjerismo crudo, pero aquí vamos a decantarnos por hacerlo en redonda y junto. La RAE recomienda utilizar los vocablos «autónomo», «trabajador independiente» o «trabajador por libre» para referirse a este tipo de trabajadores, pero yo creo que no son 100% equivalentes.

¿De dónde surge llamar «freelance» al profesional independiente que ofrece sus servicios? El origen etimológico de la palabra lo encontramos en el término inglés «freelance», cuya traducción es «lancero libre» y hace referencia a los mercenarios (soldados independientes) que durante la Edad Media ofrecían sus servicios (por su gran habilidad en el uso de la lanza) a diferentes ejércitos en guerra (comúnmente privados y creados por nobles y señores feudales) portando consigo sus propias armas (las lanzas).

Los freelance de hoy en día están desafiando la definición de trabajo y el taylorismo que heredamos de la era industrial. Trabajan por proyectos y escogen sus trabajos de manera selectiva. Son personas talentosas y en ámbitos con escasez de oferta, como todos aquellos de base tecnológica, esta empieza a ser la opción por defecto para mucho de ese talento. Aunque siguen siendo grandes desconocidos para los departamentos de recursos humanos, proyecto a proyecto, los freelance provocan conflictos de crecimiento y generan nuevos retos en la manera de gestionar los equipos y en la mezcla de talento interno y externo dentro de las empresas tradicionales.

Los trabajos, que se realizan fuera de la plataforma laboral, se pagan en su mayoría por entregable y no por el tiempo dedicado al trabajo. Los freelance buscan tener tres o cuatro proyectos activos a la vez y una decena de clientes por trimestre para diversificar fuentes de ingresos y ser más resilientes económicamente. Los proyectos suelen ser de corto plazo (de una semana a un mes), aunque los hay de mayor duración.

Casi todos empiezan haciendo algún pinito puntual mientras

mantienen otro trabajo más estable. Entran en contacto con otros freelance del mismo sector, mejoran su reputación y, si la cosa va bien, acaban dando el salto a ser freelance a tiempo completo.

Este tipo de trabajadores independientes dan sentido a su carrera laboral mediante la especialización en una habilidad en concreto (p. ej., Microsoft Excel) que aplican en múltiples tareas o sectores. O bien a la inversa, se trata de trabajadores que se especializan en una tarea concreta (p. ej., programación web) pero que usan muchas habilidades diferentes (p. ej., variedad de lenguajes de programación). En su progresión profesional tienden a mezclar habilidades y tareas para convertirse en expertos/as en un sector (p. ej., un músico que compone obras, que sabe de producción de eventos musicales, que escribe en un blog sobre sus gustos musicales, etc.). Vamos, que no se aburren.

Una amplia mayoría dicen que el camino freelance ha sido su elección personal y que están contentos con la decisión porque piensan que el futuro del trabajo va en esta dirección. Más de la mitad ni se plantean volver a un trabajo asalariado y además recomiendan a sus amigos que se hagan freelance. Una de las ventajas más valoradas por estos autónomos es la flexibilidad que ofrece esta forma de trabajar, que se puede adaptar al estilo de vida de cada persona y facilita mucho la conciliación.

Para conocer toda la revolución cultural que representa este mundo freelance te recomiendo el proyecto «Going Freelance», liderado por el joven Samuel Durand. Desde Francia también es muy recomendable el medio digital especializado en freelance *Amédée* y todas las reflexiones de Laetitia Vitaud, incluido su libro *Du labeur à l'ouvrage*, donde expone cómo los freelance son los neoartesanos del siglo XXI y, nunca mejor dicho, la punta de lanza del futuro del trabajo. En el mundo anglosajón, el boletín semanal de Paul Estes y su libro *The Gig Mindset* son recursos imprescindibles. Los múltiples artículos de Jon Younger en *Forbes* aportan una visión a escala global.

PLATAFORMAS DE FREELANCE PARA TODO Y MÁS

La lista de plataformas de freelance es larguísima. Destacan a escala global Freelancer.com (que dice superar los cuarenta millones de usuarios registrados), Upwork (aproximadamente quince millones) y Fiverr (aproximadamente siete millones). Zhubajie y Epwk son las referencias en China, Workana en América Latina (y dio el salto a Asia en 2019) y la francesa MALT y la alemana Twago son las líderes en varios países de Europa. Randstad compró a esta última años atrás.

Además, existen infinidad de plataformas freelance de nicho sectorial y/o geográfico. FreelanceWritingGig (redactores), ProBlogger (textos para blogs), Codeable (Wordpress), Gengo (traductores), Behance (para creativos), OneCirleHR (recursos humanos), TimeEtc (asistentes virtuales), SheWorks (solo para ellas. Premio Equals in Tech 2019), CollegeRecruiter (para recién graduados), MatchMode (moda, en España), SoyFreelancer (para América Latina desde El Salvador), Jellow (Holanda), Bawabba (Dubái), Proville (Nigeria), CrowdSkills (talento freelance local en Londres), Nosweat (Sudáfrica) y un largo etcétera.

La mayoría de ellas crean el mercado, facilitan los encuentros a través de la plataforma y gestionan los pagos mediante fideicomiso (*escrow*). Compiten por ofrecer márgenes más ajustados, por disponer del mejor talento y los mejores clientes a partir de sistemas de reputación cruzada, por ofrecer el mejor soporte a los clientes en idiomas locales, añaden seguros, acompañan al desarrollo de una carrera profesional, etc.

Lo más habitual es negociar un precio fijo por el proyecto completo. En algunos casos como PeoplePerHour, como su propio nombre indica, se paga un precio por hora al freelance. En Freelancer.com o UpWork dejan escoger al que propone el proyecto el sistema de facturación. ¿Qué es mejor? Es un debate eterno, ya que poner un precio justo al trabajo propio no resulta fácil.

Otro modelo de oferta de trabajo, sobre todo en el mundo del diseño gráfico, es el basado en pequeños concursos. El cliente hace un briefing del proyecto, le pone un precio y diversos diseñadores hacen propuestas al respecto. Quien sale seleccionado es el único que recibe el dinero, el resto pueden decir que lo importante es participar y que han aprendido del proceso. 99designs, Design-Crowd y LogoArena funcionan así.

Los estudios dicen que hoy en día los freelance aún consiguen la mayoría de sus trabajos por recomendaciones profesionales directas y el boca a boca. El porcentaje de uso de las plataformas varía mucho según los estudios, pero se evidencia que el empleo de la tecnología (plataformas laborales, canales de redes sociales, portales tipo LinkedIn y similares, etc.) se ha vuelto imprescindible para encontrar trabajos freelance. Sobre todo para las generaciones más jóvenes, que no tienen una red de contactos y una reputación previa, las plataformas presentan ventajas muy evidentes.

LA EVOLUCIÓN DE PLATAFORMAS GENERALISTAS A MARKET NETWORKS EN VERTICALES ESPECÍFICOS

Las plataformas saben que deben ir más allá del acceso a los clientes para empezar a brindar un apoyo integral a sus usuarios freelance.

Ofrecer acceso a formación avanzada y seguros de actividad, garantizar el pago de los clientes al retener el dinero de estos, gestionar la resolución de conflictos, ser espacios de encuentro con otros freelance de mi sector, apoyar el desarrollo de la marca personal, resolver consultas legales y administrativas, emitir facturas, gestionar proyectos y horas de trabajo, etc. Las plataformas que quieran atraer y retener al mejor talento freelance deberán hacer o facilitar todo esto y más. Enlazar alrededor de la plataforma todos estos servicios adicionales es lo que se denomina *market network*, una especie de organizador de bodas que te lo resuelve todo en tu vida freelance.

Para una plataforma generalista y global, crear una experiencia verticalizada para cada categoría de trabajador freelance no sería solo una inversión costosa, sino también una pesadilla operativa. Por el contrario, las plataformas que sirven solo a una categoría de trabajo (a un nicho) pueden permitirse desarrollar características específicas de trabajo y un *market network* ad hoc, creando así una experiencia de usuario superior. Por ejemplo, una plataforma centrada en el desarrollo de software puede incluir un editor de código dentro de la plataforma para que los clientes realicen test de evaluación a los freelance antes de ficharlos.

Las plataformas freelance seguirán evolucionando. Podemos anticipar el nacimiento de otras nuevas con mayor especialización por disciplina, con menos enfoque en el número de freelance y más en la calidad, y con más apoyo y servicios para aquellos a los que representan. Como una pequeña agencia pero con todos los empleados freelance.

Para contrarrestar esto, las plataformas generalistas existentes están empezando a aceptar como usuarios a colectivos de independientes y firmas boutique que se anuncian en la plataforma. Fiverr Studios agrupa a equipos de freelance para que puedan abarcar varias disciplinas y abordar proyectos más complejos. UpWork Agency Experience es un nuevo servicio que ofrece agencias a través de la plataforma.

Poco a poco, se «empujará» a los freelance independientes a formar parte de estos acuerdos colectivos y es probable que la cantidad de ellos que son 100% independientes disminuya. Profundizaré en los colectivos de independientes en el próximo capítulo.

LAS PLATAFORMAS Y LOS FREELANCE AYUDAN A PONER AL DÍA
A LAS EMPRESAS

Un foco creciente de las plataformas es la educación de las empresas. Aunque una gran parte de ellas, sobre todo las de mayor tamaño, tienen claro que los freelance forman parte de su estrategia, siguen siendo una minoría las que acaban contratándolos. Los procesos internos de recursos humanos, las certificaciones requeridas, los tiempos de pago, los aspectos de seguridad física y digital, algunas partes de la regulación laboral, etc., son piedras en el camino.

Para cubrir esta brecha operativa, algunas plataformas han creado versiones especializadas (Upwork Enterprise, Upwork Pro, Fiverr Pro, etc.) para los clientes empresariales. Está claro que son los que pagan mejor y pueden ofrecer mayor recurrencia a los freelance, pero a la vez son clientes que aún necesitan de mucha educación y acompañamiento acerca de cómo integrar la fuerza freelance en sus proyectos.

Los freelance están mejor formados que los empleados. La mayoría de ellos tienen estudios universitarios y/o previa experiencia en el mundo asalariado. Además, los freelance son autodidactas habituados al aprendizaje y al reciclaje constantes. Para mantener su valor en el mercado deben estar al día tanto en *hard skills* (conocimientos específicos del sector, como puede ser un lenguaje de programación) como en desarrollar sus *soft skills* (comunicar mejor, gestionar clientes y proyectos, etc.).

Uno de los servicios adicionales por parte de las plataformas es facilitar el acceso a esos conocimientos. Upwork, que publica cada trimestre en su blog un post con las habilidades más demandadas en la plataforma, ofrece a sus proveedores descuentos para realizar cursos en plataformas de formación online como Coursera, SkillShare, Udacity o Udemy. MALT tiene un acuerdo con OpenClassRooms e Iron Hack. Learn from Fiverr es la pata formativa de esta plataforma.

Por el hecho de trabajar con varios clientes y proyectos, los freelance tienden a ser pluriespecialistas. De hecho, este es uno de los motivos que muchos señalan como una ventaja destacada (la libertad de trabajar en diferentes sectores y áreas de conocimiento) respecto al trabajo asalariado tradicional.

Finalmente, los freelance usan herramientas diversas y novedosas para su trabajo. Por un lado, hablan entre ellos acerca de cómo mejorar su eficiencia y, por ejemplo, automatizar parte de sus tareas. Por otro lado, al no tener que cumplir con ninguna política interna en sistemas informáticos, pueden experimentar libremente con el uso de todo tipo de herramientas y procesos de gestión.

Se trata también de trabajadores remotos, e incluso nómadas. Otra habilidad que uno desarrolla como freelance es la de trabajar en remoto. Tres de cada cuatro lo hacen desde casa, ahorran desplazamientos y mejoran la conciliación. El resto sirven a sus clientes desde coworkings, bibliotecas, cafeterías, bares y unos pocos lo hacen en las propias oficinas de los clientes. Algunos se encuentran en el primer coworking virtual de España: sinoficina.com.

Explicar el teletrabajo da para un libro entero, el que escribió el periodista (autónomo) David Blay. Su obra *¿Por qué no nos dejan trabajar desde casa?* expone los beneficios del teletrabajo (para los freelance y para las empresas) a partir de su propia experiencia de más de diez años teletrabajando.

Para las empresas, la incorporación de talento freelance implica a la vez tener sus primeras experiencias con trabajadores en remoto.

El trabajo en remoto se puede combinar con viajes puntuales y/o continuos. Ellos son los nómadas digitales. Tras dar una charla en la Universidad de La Laguna, se me acercó Carlos Jonay. Carlos resultó ser un especialista en trabajo remoto, uno de los colaboradores del evento Nomad City en Gran Canaria, fundador de Digital Nomad Experiences y cofundador de la Escuela de Trabajo Remoto.

Las islas Canarias (al igual que Chiang Mai, Bali, Medellín, Lisboa, Budapest, etc.) se están posicionando como un destino que facilita y apoya la llegada de estos trabajadores en remoto. El proyecto Tenerife Work & Play es un buen ejemplo de ello y cuenta con apoyo tanto del Cabildo como de la Cámara de Comercio. Tulsa, en Estados Unidos, se hizo famosa en 2018 por ofrecer diez mil dólares a quien se mudara ahí como trabajador remoto. Todo esto es algo a considerar en los programas de repoblación de la España vacía.

Estos trabajadores también son usuarios de las ofertas de coliving, una mezcla entre hotel y coworking con muchas variantes. Hay que destacar el proyecto de la red de espacios Selina, nacida en Panamá de la mano de Rafael Museri y Daniel Rudasevski, y que ahora cuenta con espacios por toda América Latina, además de otros tantos por el resto del mundo. Pude visitar un Selina en Medellín y me hubiera quedado a vivir allí por un tiempo sin problema.

Evidentemente, existen proyectos que sirven al nicho de los trabajadores remotos y los nómadas digitales. Espacios como Remoters, Remote.co, Torre, We Work Remotely, etc., combinan la búsqueda de trabajos y de oportunidades tanto para freelance como para asalariados a tiempo parcial o tiempo completo, la formación para trabajadores y empresas, con herramientas y servicios adicionales. El libro que quiero recomendar en este ámbito es *Remote: Office not required*.

La economía del talento especialista y experto

Y llegamos a la cúspide de la pirámide. ¿A quién no le gustaría estar en la élite de su campo de conocimiento y poder estar bien o muy bien remunerado por sus horas de trabajo?

Me gusta diferenciar dos grupos en esta economía del talento experto o especialista:

1) Plataformas de freelance cuya propuesta de valor es seleccionar lo mejor de lo mejor en su campo. Filtran tanto a los freelance como a los clientes.
2) Redes de expertos para consultas puntuales, habitualmente en forma de llamadas de corta duración.

PLATAFORMAS PARA LA *CRÈME DE LA CRÈME*

De hecho, CremeDeLaCreme es el nombre de una plataforma francesa que se presenta como «la primera comunidad selectiva de freelance».

Este tipo de propuesta de valor es similar a TopTal («*Top 3% of Freelance Talent*»), Flexiple («*Hire The Top 1% Freelance*»), Bhiveconsulting (MBA, PhD y ejecutivos con foco en América Latina), Paro (financieros, CFO, etc.), Catalant (consultoría de negocio), Comet (ingeniería y programación), X-Team (programadores), UpCounsel o Hirelegalbee (abogados), e incluso ThesisRush (redacción de tesis).

Todos estos ejemplos van en la dirección que he apuntado antes de especializarse en un vertical concreto.

Son plataformas que ponen mucho empeño en los procesos de selección, que pueden ser muy específicos y rigurosos, y enfocados a cada vertical: formación y certificados, experiencia profesional previa, realización de test de entrada, entrevistas personales, etc. Al tratarse de profesionales con tarifas más altas, la comisión por la contratación también es mayor y ello permite dedicar recursos económicos y materiales a estos procesos. También realizan esfuerzos en educar y acompañar en la gestión del talento a las empresas que contratan a estos profesionales.

Para las empresas, tanto las grandes como especialmente las pymes y startups, es una opción de contratar al mejor talento por unas horas o unos días a la semana. No podrían pagar un salario completo a esa persona, pero sí que pueden convencerla de que el suyo es un proyecto atractivo y disponer de ese talento de manera puntual, ya sea en el apoyo a procesos regulares en tiempos de mucha actividad (p. ej., picos de ventas o en el ciclo de informes financieros), o bien en la incorporación de expertos especializados para proyectos concretos. ¿Para la empresa es mejor tener un talento intermedio a jornada completa o un talento excelente a tiempo parcial? Las organizaciones necesitan empezar a desarrollar una estrategia respecto a la incorporación de talento pensando en estas opciones.

LAS REDES DE EXPERTOS. TENGO UNA DUDA, ¿TE PUEDO LLAMAR UN MOMENTO?

¿Te gustaría que Lionel Messi o Cristiano Ronaldo te dedicaran unos minutos para enseñarte los secretos del mundo del fútbol? Sí, claro.

Uno de los desarrollos más interesantes en el ámbito freelance ha sido la aparición de redes de expertos mediante la creación de mercados de asesoramiento, sobre todo comercial y de inversión. El pionero en este campo es GLG (Grupo Gerson Lehrman). Su éxito ha generado un buen número de empresas similares, tanto a escala global como GuidePoint, ThirdBridge o Alphasights, como especializadas en una región como Capvision o Business Connect China para China. Como hay muchas empresas y saber dónde buscar puede no ser obvio, ha surgido incluso el primer agregador de redes de expertos: InexOne.

Estas empresas organizan breves intercambios de información con superexpertos, que suelen durar solo unos minutos y rara vez más de una hora. Habitualmente se celebran vía llamada o videoconferencia. La información se centra en análisis de mercados para inversores o para auditoría de compra a precios que pueden superar los mil euros la hora en algunos casos. Estas redes dan acceso a expertos que han llevado cohetes a la Luna, que planearon la mejor ruta comercial desde Mumbay hasta Frankfurt, científicos líderes en sus campos o personal que ha ocupado cargos directivos durante años en instituciones globales.

Este sector, según varios informes, mueve más de un billón de dólares norteamericanos cada año y en él participan más de un millón y medio de expertos a escala global. Lo cierto es que muchos de ellos están activos en varias de las plataformas a la vez (lo mismo que un rider con Glovo y Deliveroo) y se quejan de que reciben pocas oportunidades y muy espaciadas en el tiempo. Esto puede resultar frustrante y genera un problema de retención de talento en las plataformas.

Para los freelance es una oportunidad de ir más allá de sus roles operacionales más habituales para entrar en temas estratégicos. A los empleados a tiempo completo les permite saborear el mundo freelance y ganarse un dinerillo extra.

DEMOCRATIZANDO EL ACCESO A LAS REDES DE EXPERTOS

Aunque los clientes iniciales de estas redes fueron los *hedge funds*, sus servicios se expandieron rápidamente a la industria financiera en su conjunto. En los últimos años, sobre todo gracias a la labor comercial de algunas de estas plataformas, otras industrias se han interesado por estos servicios. El problema es que los precios, sean los pagos por sesión o bien el modelo de suscripción, dejan fuera a la mayoría de las organizaciones.

Por suerte, hay plataformas como CleverX, que intentan tener precios algo más accesibles. Se han centrado en las industrias como los recursos humanos y la sanidad, que han sido del interés de otras plataformas. Nuevas propuestas como Slingshot Insights o Tegus ofrecen llamadas de uno a muchos (en vez de uno a uno) para distribuir los costes. En las llamadas de las redes de expertos no se puede divulgar información confidencial, que esta sea recibida por varias personas a la vez no entraña riesgo alguno.

El trabajador de plataforma no existe

Repasada de abajo arriba la pirámide de plataformas laborales en toda su diversidad, creo que se puede afirmar que el trabajador de plataforma no existe. Con ello quiero enfatizar que ni el trabajador de plataforma es un tipo de persona estándar (sus circunstancias, capacidades, motivaciones, necesidades, situación geográfica, etc., son particulares) ni todas las plataformas digitales laborales son iguales (ni en lo que respecta al tipo de tareas que realizar ni en lo relativo a su diseño y su propósito).

En los medios de comunicación, en los debates e incluso en mucha de la investigación académica se tiende a «uberizarlo» todo. El exceso de foco sobre Uber y las plataformas de delivery dificulta conocer la diversidad de realidades que se pueden dar en torno a los impactos de las plataformas digitales en el mercado de trabajo.

Uber (o Glovo, o Deliveroo) son empresas que operan en un sector concreto, con unas prácticas empresariales concretas, unos retos y conflictos legales concretos, un modelo de negocio concreto, unos inversores concretos, etc. ¿Qué parte del caso concreto de Uber o Glovo es trasladable a la realidad de Fiverr, OneCircle, JobToday, Nannyfy o Amazon Mechanical Turk? Probablemente poco.

Como ocurre con mucho de lo relacionado con nuestro futuro económico y social, el trabajo mediante plataformas laborales es un hecho complejo y en constante evolución. Hacer juicios generales sobre lo que quieren y/o necesitan los-trabajadores-de-plataformas (todo de golpe, como si fueran una unidad), así como desarrollar políticas públicas que sirvan para todo y para todos, puede ser un camino tan directo como equivocado.

Aquello más visible en nuestras calles nos nubla la vista y nos oculta otras realidades iguales o más importantes. Varios estudios indican que hoy en día hay más personas trabajando en plataformas laborales online (microtareas, freelance) que en plataformas de entrega física. Por la naturaleza transnacional de estos trabajos online, los conceptos tradicionales de la legislación laboral nacional y de las protecciones sociales son de difícil aplicación, por lo que merecen mayor atención. Dentro de la categoría de plataformas de entrega física, el foco tampoco debería estar tanto en los riders y conductores (Uber tiene casi cuatro millones de conductores en el mundo), sino más en plataformas como Care.com (con más de doce millones de cuidadoras en el mundo).

Finalmente, hay que recordar y reconocer con humildad que abordamos todos estos análisis y debates con una mirada eurocéntrica y con un fuerte sesgo cultural a favor del trabajo tradicional de toda la vida. Todo ello nos aleja de la realidad laboral de muchas personas en nuestro propio país y en otros países del mundo. Es fácil caer en la tentación de juzgar a toda prisa los hechos como buenos o malos desde nuestra propia atalaya personal. Como buenos exploradores, debemos observar con curiosidad, medir e intentar comprender antes de empezar a juzgar.

En este bloque intentaré aportar un poco de luz y cuatro datos acerca de los trabajadores de plataformas, las oportunidades y los retos que se presentan, así como analizar la amplia diversidad existente dentro de las plataformas digitales laborales.

Se han publicado multitud de informes que abordan el perfil y la escala de los trabajadores de plataformas. Como no todo el mundo usa las mismas definiciones, resulta confuso (¡y frustrante!) comparar datos entre varias fuentes de información.

Para centrar un poco el tiro, en este apartado me basaré sobre todo en la encuesta Colleem auspiciada por la Comisión Europa, la comparativa del trabajo en plataformas entre trece países de la UE liderada por la profesora Ursula Huws desde la Universidad de Hertfordshire y una encuesta de 2019 hecha por Boston Consulting Group con una mirada global sobre el trabajo gig y freelance. Listo las fuentes por si tienes interés en profundizar más en cualquiera de los datos o afirmaciones que siguen.

¿Cuánta gente trabaja mediante plataformas digitales?

Depende. Depende de cómo queramos contarlos. Hay diferencias sustanciales entre los que trabajan de manera puntual y los que buscan un empleo estable a través de las plataformas.

España sigue a la cabeza de los países de la Unión Europea en trabajo en plataformas, con un 18% de personas que alguna vez han prestado sus servicios mediante ellas (el 11% en la UE), aunque solo un 2,6% de las personas que trabajan para plataformas obtienen así su principal fuente de rentas laborales (el 1,4% en la UE).

Se tiende a la multiactividad, ya que más de la mitad de los trabajadores ofrecen varios servicios a través de las plataformas. Además, la mayoría lo combinan con trabajos temporales o incluso permanentes con un salario estable. Todo esto ilustra la dificultad de seguir estudiando y midiendo el futuro del trabajo en general, y el de las plataformas en particular, con la mirada y las encuestas diseñadas para el empleo estándar.

Un caso extremo de *slasher* (por el símbolo /, *slash*, se refiere a aquellas personas que combinan múltiples fuentes de ingresos e identidades laborales a la vez) de plataforma es William Neher, quien combina el trabajo en varias aplicaciones bajo demanda en diversos sectores de actividad. Según el artículo «An interview with someone who's worked for every gig economy app you can think of», durante el último año William, de treinta y un años, condujo para Uber, Lyft y Via; entregó comida para Grubhub y Uber Eats; paseó perros para Rover y Wag, y cargó patinetes eléctricos en su casa para Bird y Lime. William comenta en la misma entrevista que puede ganar fácilmente dos mil dólares a la semana y dice que el hecho de poder estar en varias apps a la vez le hace más resiliente frente a los vaivenes de la demanda. El caso de William Neher no es único, pero tampoco es el prototipo habitual del trabajador de plataforma.

Los datos también revelan una elevada tasa de abandono. Mucha gente prueba estas plataformas, pero no las encuentran lo suficientemente provechosas para quedarse en ellas durante mucho tiempo. Esta generalización debe tratarse con cuidado. Por ejemplo, hay una fuerte rotación en plataformas como Uber y similares dedicadas al transporte. En las plataformas de servicios profesionales online (asesoría, atención al cliente, software…) o de pequeñas tareas (revisión de contenidos digitales, etiquetado, clasificación), los trabajadores se quedan más tiempo en ellas y desarrollan allí carreras profesionales.

El fenómeno del trabajo en plataformas está aumentando en Europa lentamente, pero de forma sostenida. No se está produciendo una expansión explosiva como habían predicho algunas voces. El cambio generacional en los trabajadores, tanto la incorporación de los jóvenes como una jubilación pseudoactiva de los más mayores, podría tener un impacto relevante en el uso de las plataformas en los próximos años.

Los trabajadores en los mercados emergentes hacen un mayor uso de estas plataformas para ganarse la vida. Aquellos que derivan su principal fuente de ingresos de estas plataformas suben hasta un porcentaje del 12% en China. Además, un tercio de los trabajadores en China y la India usan estas plataformas como ingreso secundario.

¿QUIÉNES SON LOS TRABAJADORES DE PLATAFORMA?

La imagen estereotipada es la de jóvenes emprendedores milenials o de la generación Z que buscan ser sus propios jefes. De hecho, hay una parte de los trabajadores que sí son así y hay otra gran parte que no. Las propias plataformas han promovido esta imagen del joven emprendedor para proyectar un estatus social más alto a los sectores y trabajos que ofrecen, que a menudo han estado asociados con trabajadores de menor estatus.

Existen mayoritariamente tres arquetipos de trabajadores de plataforma:

- **Los profesionales**, que buscan el equivalente a un salario completo y un desarrollo profesional. Dependen de estos ingresos y, como he ido indicando, son una minoría.
- **Los flexibles**, que complementan rentas de un trabajo a tiempo parcial con ingresos adicionales mediante plataformas. Tienen dependencia de estas cantidades extra y acaban dedicando un tiempo sustancial al trabajo de plataformas.
- **Los pluriempleados**, que tienen un trabajo a tiempo completo y buscan ingresos adicionales puntuales mediante plataformas. A veces, para llegar mejor a final de mes o para algún capricho puntual.

Para simplificar podemos aplicar la regla de Pareto del 20-80%. El 20% de los trabajadores profesionales llevan a cabo el 80% de los trabajos y el 80% hacen el 20% restante. Aunque no es del todo preciso, tampoco resulta tan lejano de la realidad.

Un punto relevante respecto a la distribución entre profesionales y otros arquetipos es que cuando hay mayores barreras de entrada (p. ej., para ser conductor en Uber o Cabify hay que tener una licencia y un cierto tipo de vehículo, una placa de matrícula especial, pasar ciertos test, etc.), el nivel de profesionalización aumenta. Tanto esfuerzo inicial para poder trabajar no tiene sentido para un uso no profesional. A menores barreras de entrada (microtrabajos, riders, profesores de idiomas online, paseadores de perros, etc.), mayor presencia de los arquetipos no profesionales.

El estudio Freelancing in America destaca que de los más de cincuenta y siete millones de norteamericanos que declaran hacer trabajos freelance son una minoría los que se dedican a ello a tiempo completo. Para la mayoría son trabajitos extra aparte de su ocupación principal. Las generaciones más jóvenes ya han normalizado el hecho de ser freelance como una componente más de su vida laboral y más de la mitad de los trabajadores Z hacen labores de freelance según el mismo estudio.

EL PERFIL DE TRABAJADORES

Con una mirada global, el trabajador de plataforma es un hombre joven, con título universitario y alta probabilidad de tener familia. En los últimos años se ha observado un incremento de la participación de las mujeres más jóvenes, sobre todo entre el colectivo de trabajadores que dedican más horas y cuyos ingresos dependen en mayor medida de este tipo de trabajo.

Evidentemente, la ratio entre hombres y mujeres es muy diferente en cada sector de actividad. Hay sectores con mucha presencia masculina (mensajeros, mudanzas, arreglos en el hogar), los hay más feminizados (cuidados, limpieza), y también existen otros más balanceados respecto al género (soporte técnico o paseo de perros). Por ejemplo, la presencia de mujeres es ligeramente superior a la de los hombres en Amazon Mechanical Turk.

El universo de los freelance presenta diversidad de perfiles en función de la geografía. Según los estudios de Workana en América Latina, la mayoría de los freelance están por debajo de los cuarenta años y, para algo más de la mitad, su trabajo en plataformas representa el principal ingreso para sus familias. En cambio, en Europa los datos relativos al número de iPros (otra denominación que se usa para referirse a los freelance), según datos de los informes de MALT y el European Forum for Independent Professionals, indican que más de la mitad de los freelance europeos son mayores de treinta y cinco años; profesionales que capitalizan su experiencia, red de contactos y reputación para comenzar una carrera como freelance. Se observa también como cada vez más recién graduados deciden comenzar su vida laboral directamente como freelance.

El segmento de gente de más de cincuenta y cinco años que trabaja en plataformas no es ni mucho menos residual. Los hay tanto en el ámbito de plataformas freelance y expertos de todo tipo como en sectores bajo demanda más relacionados con los cuidados, donde una persona de mayor edad genera más confianza que un/a trabajador/a joven.

La mayoría de los trabajadores de plataforma tienen un nivel educativo superior a la media de la población general. No es fácil saber usar una app, darse de alta de autónomo, comunicarse con los clientes, etc.

UBICACIÓN GEOGRÁFICA

Los trabajadores de plataforma se extienden por todas partes. Es obvio que los trabajos físicos se concentran en las ciudades por la densidad de oferta-demanda que se genera en las urbes. Un estudio de Oxford de abril de 2020, que repasaba las respuestas de las plataformas frente al COVID-19 en el mundo del trabajo en plataformas, dio cobertura a ciento veinte de ellas en veintitrés países en Europa, América del Norte y del Sur, Asia y África.

El trabajo online se puede realizar desde cualquier lado con electricidad y conexión a internet.

Un dato curioso es que, en España, según el estudio de la profesora Ursula Huws, existe una mayor concentración de trabajo en plataformas en el sur de la Península que en el norte. No se pudo determinar con precisión los motivos de tal distribución, pero está claro que el dato abre un campo de preguntas y especulaciones interesantes.

En el caso de Amazon Mechanical Turk, debido a las restricciones impuestas por la propia plataforma, la mayoría de los turkers están en Estados Unidos y la India. Cuando ampliamos la mirada al conjunto de las plataformas de microtrabajo, según datos de la OIT, nos encontramos con microtrabajadores en casi todos los países del mundo. En países con economías emergentes y una buena infraestructura digital, como Indonesia, Brasil, la India o Nigeria, el número de trabajadores es superior al de otros territorios. Los mismos estudios destacan que las organizaciones que contratan los servicios (empresas, universidades, startups, etc.) suelen ser países del hemisferio norte (EE.UU., Reino Unido, Alemania, Francia, etc.).

Los freelance se ubican también por todas partes. Países como la India, Bangladesh, Estados Unidos, Pakistán, Filipinas y el Reino Unido aparecen en la mayoría de los estudios como los que tienen una mayor oferta de trabajadores freelance.

Oportunidades y retos del trabajo en plataformas

Un buen documento que explica de manera equilibrada los retos y oportunidades del trabajo en plataformas, tanto para el mercado laboral como para la experiencia de los trabajadores, es «Platform Work: Maximising the potential while safeguarding standards?» publicado en Eurofound. Es un texto breve y altamente recomendable.

OPORTUNIDADES EN EL TRABAJO EN PLATAFORMAS

Antes de hablar de los retos, y por llevar un poco la contraria, repasaré las oportunidades que hacen que millones de personas busquen trabajo mediante intermediarios digitales.

Flexibilidad. Si algo destaca sobre el resto de los motivos para usar plataformas para encontrar trabajo es la flexibilidad que ofrecen para generar ingresos extra o principales.

Muchas gente que cuida de personas mayores o niños tiene dificultades para acceder a un empleo tradicional. La flexibilidad horaria que les da trabajar en estas plataformas les abre una ventana de oportunidad que consideran interesante. Y muchas veces es su única opción viable.

Ante la oportunidad de unos ingresos similares, mucha gente prefiere encontrar trabajo mediante plataformas (bajo demanda, cuello azul) que estar sujetos a turnos cambiantes en un almacén, un centro de atención al cliente o una cadena de comida rápida. Al ser considerados trabajadores independientes, en principio tienen mayor flexibilidad. Algunos comentan que también valoran que se trata de trabajos donde no hace falta ser simpático en todo momento, como puede requerirse en muchos trabajos de cara al público.

Además, cuando el trabajo es online (microtrabajadores, free-lance) se evita tener que desplazarse al centro de trabajo. Estos trayectos pueden ser de varias horas en grandes urbes.

Inclusión. Las bajas barreras de entrada en muchas de estas plataformas han hecho que estas se conviertan en un actor de inserción de colectivos vulnerables o con dificultades de acceso al mercado laboral: parados de larga duración, personas migrantes, trabajadores de baja cualificación, expresidiarios, integrantes de colectivos discriminados, etc.

Aquí, claro, se abre el debate del *good bad job* («un buen mal trabajo») para aquellas personas cuyas alternativas laborales son limitadas.

El porcentaje de extranjeros en plataformas digitales de economía bajo demanda es más elevado que el registrado entre los ocupados en general. Algunos inmigrantes tienen dificultades para poder incorporarse a las formas más tradicionales del mercado laboral y acaban trabajando en las plataformas por falta de otras opciones.

Esta inclusividad es especialmente importante para las mujeres en algunas sociedades donde el trabajo femenino no está bien visto o incluso puede estar prohibido. En el libro *Ghost Work*, Mary L. Gray destaca que las plataformas de trabajo online les permiten ganar mayor independencia financiera y personal.

Otro punto que destaca la autora acerca del microtrabajo es que la deshumanización, el hecho de ser un número (A16HE9ETNP-NONN) en el sistema, puede llegar a tener sus ventajas: no te pueden discriminar por tu orientación sexual, por formar parte de alguna comunidad marginalizada o por ser una persona con alguna discapacidad. Solo te pueden evaluar por los resultados de tu trabajo.

El trabajo online permite a los habitantes de muchas ciudades escapar de algunas de las limitaciones del mercado laboral local y acceder a empleos que de otro modo no estarían disponibles para ellos. Son los «tele-inmigrantes», que en general consiguen un salario superior al habitual en el territorio donde viven. Se pueden encontrar varios artículos acerca de cómo la gente en Venezuela usa plataformas de microtrabajo como tabla de salvación en un país cuya economía colapsó.

Como solía decir la fundadora de SamaSource, Leila Janah: «El talento está distribuido equitativamente en todo el mundo, pero las oportunidades no».

Formalización. Por su naturaleza digital, las plataformas de empleo bajo demanda también ayudan a la formalización de aspectos importantes como la identidad de las personas, los pagos y los impuestos, las credenciales para ejercer una actividad, seguros de diversos tipos, etc. Los gobiernos en países con altos grados de informalidad laboral ven una buena oportunidad en la plataformización del trabajo como camino a la formalización.

Para las personas trabajadoras esto también aporta valor. Por ejemplo, cuando vas a dejar entrar a alguien en tu casa, en el ámbito de los cuidados o la limpieza, la formalización mejora la experiencia para ambos: empleadas y empleadores. A las trabajadoras de sectores tradicionalmente informales les gusta usar las plataformas por este tipo de formalización y la posibilidad de tener extras como seguros. Coincidí con Claudia de la Riva, CEO de Nannyfy, en una mesa redonda donde destacó que solo un 23 % de las nannies (el 98 % son mujeres) que se presentaban eran capaces de pasar todos los filtros y la entrevista en persona que se les hace. La aceptación en una plataforma y una buena reputación es una forma de demostrar credenciales y capacidad para ese y otros trabajos.

Finalmente, frente al dinero en mano, el pago digital facilita el control financiero e incentiva el ahorro a largo plazo mediante sistemas automáticos (p. ej., poner cinco euros cada semana en una cuenta o un pequeño porcentaje de cada entrega). Cabify ha realizado experimentos junto al Banco Interamericano de Desarrollo en Perú para fomentar este ahorro a largo plazo y el acceso a la jubilación de los conductores de la plataforma.

Otros aspectos. Hay quien usa estas plataformas para mejorar sus competencias profesionales, que luego aplica en otro tipo de trabajo, de manera que te pagan por aprender o practicar ciertas habilidades. A menudo también se experimenta con las plataformas como primer paso en el camino de ser un/a trabajador/a independiente.

Aunque no es obvio, varios estudios apuntan que en trabajos similares (como la fontanería o hacer una obra) el ingreso mediante plataformas, al menos en Europa, es superior al que se puede encontrar fuera de ellas. Eso también puede estar relacionado con el mayor nivel formativo de muchas de las personas que encuentran trabajo mediante las plataformas y con la capacidad de demostrar sus cualidades mediante la reputación acumulada.

En el caso de las plataformas que se orientan a ofrecer servicios a empresas (P2B), los trabajadores acceden a segmentos de mercado a los que por sí solos tendrían complicado llegar. Por ejemplo, una freelance puede trabajar a través de MALT para un multinacional que tiene un acuerdo con la plataforma o una nanny de Nannyfy puede encontrar trabajo de canguro en clientes de hoteles o empresas que tienen un acuerdo con la startup.

También hay trabajadores que agradecen la parte humana de estas relaciones laborales cambiantes y a quienes les gusta el reconocimiento a su trabajo mediante la evaluación por parte de los clientes.

Retos en el trabajo en plataformas

El informe «Study to gather evidence on the working conditions of platform workers», de la dirección general de Empleo de la Comisión Europea, es de lo mejor que he leído respecto de los retos del trabajo mediado por plataformas. Se trata de una lectura extensa y recomendada si quieres profundizar en el tema.

Sumario de retos

Fuente: «Study to gather evidence on the working conditions of platform workers».

Los retos a los que se enfrentan los trabajadores atípicos de plataforma son múltiples y variados. Está claro que estos no son iguales para todos ya que dependen del tipo de trabajo y sector (un trabajo físico frente a uno online, por ejemplo) y también de las condiciones laborales en cada plataforma. Incluso bajo las mismas condiciones de trabajo, el impacto en las personas puede ser muy diferente en función de su contexto y necesidades. Un rider profesional de Glovo con alta dependencia de esos ingresos y uno ocasional de la misma empresa que se dedica a ella para ganarse un dinero extra para sus vacaciones no van a experimentar de la misma manera idénticos hechos. Si estas personas viven en Barcelona o lo hacen en Buenos Aires van a estar en un contexto donde el trabajo independiente está regulado de una u otra manera.

El reto general de ser un/a trabajador/a no estándar. Los primeros desafíos a los que se enfrentan no tienen nada que ver con el hecho de ser trabajadores de plataformas. Más bien, los retos son generales y tienen más que ver con el mercado laboral en general y, sobre todo, con el hecho de ser trabajadores con relaciones laborales no estándares. Son los dos círculos exteriores del gráfico que encabeza esta página.

Aspectos como la inestabilidad de los ingresos, la menor retribución por el hecho de ser mujer o joven, los riesgos físicos o psicológicos inherentes a la propia actividad (sobre todo en plataformas de entrega física), mayores dificultades para el acceso a esquemas de protección social, el derecho limitado a un descanso remunerado, la dificultad para tener una progresión en el trabajo o incluso una identidad laboral clara, los debates acerca de la clasificación laboral (empleado vs. trabajador independiente), las discriminaciones de todos los tipos, la mayor dificultad para organizarse colectivamente cuando no se comparte el espacio de trabajo, el hecho de tener horarios de trabajo poco predecibles, etc.

A todo ello cabe añadir, fuera del ámbito laboral, una cierta discriminación social a las personas que no son trabajadoras estándares. Por ejemplo, al ir a pedir un crédito o firmar un alquiler te reciben mejor si puedes presentar una nómina. En España, si eres asalariado y autónomo a la vez, acabas contribuyendo dos veces, o el pago de impuestos cuando tienes múltiples pagadores durante el mismo año fiscal recibe un trato desfavorable.

Los trabajadores independientes son su propio negocio. Al igual que un artesano o una propietaria de una tienda de barrio, los trabajadores independientes se convierten en sus propios jefes y deben gestionar su propio pequeño negocio.

La gente puede ser buena haciendo su trabajo (entregando paquetes, diseñando logos, dando clases, etc.) y gestionar fatal su mininegocio.

Los freelance, por ejemplo, dedican casi la mitad de su tiempo a tareas administrativas (facturas, finanzas e impuestos, etc.), a desarrollar su marca personal, a formarse, a encontrar nuevos clientes o nuevos proyectos con los clientes actuales, etc. Solo se pasan trabajando la mitad del tiempo en lo que saben hacer y por lo que les pagan. Cuando los clientes son pymes, startups u otros autónomos, se genera poca recurrencia, con lo que la inversión en tiempo en la adquisición de cada cliente es alta.

Los microtrabajadores también invierten un tiempo considerable, no remunerado, buscando las mejores tareas en la plataforma.

Para los trabajadores bajo demanda se trata más de esperar a que llegue una petición de trabajo. En general hay bastante tiempo invertido y no pagado para acceder y organizar el trabajo remunerado cuando se trabaja de manera independiente.

Cuando el precio no lo fija la plataforma, aprender a venderse a un precio justo tampoco es tarea fácil. El precio justo es una combinación de posición geográfica, reputación, años de experiencia y formación, la industria, la complejidad y duración de la tarea, el coste de oportunidad con el potencial cliente, etc. Otro reto relacionado es aprender a cerrar la definición de los proyectos y entregables para que no haya ambigüedades.

Retos por la intermediación digital. Luego existen también desafíos más estrictamente ligados con la intermediación a través de plataformas digitales laborales:

- Algo tan básico como el hecho de que cuando tu trabajo está mediado por tecnología siempre pueden ocurrir fallos que te impidan trabajar. La plataforma puede dejar de funcionar unas horas, el sistema de pagos puede fallar justo cuando tenías que cobrar, la conectividad puede ser inestable o tal vez te quedes sin batería o se vaya la electricidad de tu casa.
- En algunas plataformas, la baja autonomía a la hora de poder seleccionar las tareas a realizar y fijar el precio por el trabajo. En ámbitos de microtrabajo o trabajo bajo demanda, el precio o las tarifas están fijados de antemano.
- El alto impacto de las evaluaciones de los clientes en las opciones de obtener más trabajo y/o la amenaza permanente de desconexión del perfil digital. Cuando ocurre esta última, los trabajadores no pueden acceder a cobrar el paro por cese de actividad.
- La dificultad de detectar, medir y demostrar sesgos y/o discriminaciones en los algoritmos que gobiernan la plataforma.
- Los aspectos relativos a la protección de datos y a la portabilidad entre plataformas. Esto es especialmente importante cuando el trabajador está activo en varias a la vez.

- Algunas apps, para evitar que se compartan perfiles entre usuarios, añaden controles biométricos (huellas, rostro, etc.) con el fin de verificar la identidad del usuario al activar la aplicación y durante el uso de esta. Los conductores de Uber en Londres se rebelaron contra este tipo de controles, que chocan con algunos derechos digitales y la privacidad.
- La mayoría de las plataformas consideran a sus trabajadores como independientes y estos deben usar material de trabajo propio. A menudo este (vehículos, herramientas, móviles y ordenadores, etc.) puede no cumplir todos los estándares de seguridad. También deben contratar sus propios seguros. Como trabajadores independientes, tienen un acceso reducido o limitado a la formación por parte de las plataformas.
- En los trabajos online de carácter transnacional, ¿cómo se aplican las normativas laborales de carácter nacional? ¿Cómo evitar una carrera a la baja de precios en un mercado digital global donde siempre habrá alguien que lo hará más barato?
- Y a veces simplemente saber quién es tu empleador y a quién puedes recurrir en caso de tener problemas. El hecho de tener un algoritmo como jefe pueden tener sus ventajas, menos cuando quieres hablar con él para un problema.

En general, se puede decir que existe un desequilibrio de poder entre la plataforma y los trabajadores. También entre estos últimos respecto a los clientes finales. En su mayor parte, el diseño de los algoritmos tiende a favorecer más los intereses de las plataformas y los clientes que los de los trabajadores.

La naturaleza temporal y fragmentada de muchas de estas relaciones laborales hace que los clientes puedan comportarse mal (p. ej., acoso sexual o verbal) y no ser penalizados. Los trabajadores, que deben invertir tiempo y esfuerzo en mantener un buen perfil en la plataforma, prefieren no informar acerca del mal comportamiento de los clientes por miedo a represalias por parte de estos o de la propia plataforma. Aquellos clientes con una mancha en su perfil o expulsados lo tienen fácil para crear un perfil secundario o simplemente saltar a otra plataforma. Las exigencias para crear un perfil de cliente (p. ej., verificación de identidad, antecedentes penales, etc.) son inexistentes o mucho menores que las que se piden a los trabajadores.

Cuando tu jefe es un algoritmo. El control algorítmico de los trabajadores es uno de los puntos de queja más habituales. ¿Qué es lo peor de tener un algoritmo como jefe? Los trabajadores destacan tres aspectos:

- Vigilancia constante. En las plataformas con entrega física, la posición GPS y el desvío sobre la ruta sugerida, la velocidad (e incluso las aceleraciones y frenazos en el caso de Uber), la ratio de aceptación de pedidos, las estrellitas de evaluación, etc. En las plataformas online, los pantallazos aleatorios durante la ejecución de los trabajos. Una mala reputación te puede impedir acceder a ciertos trabajos y, además, sabes que si no cumples con lo esperado puedes ser desactivado por el jefe-algoritmo.

- Poca transparencia. Así como la aplicación lo sabe todo acerca de los trabajadores, estos no conocen casi nada de cómo funciona la app y la lógica de los algoritmos subyacentes. La falta de transparencia les hace sospechar que es un sistema injusto que los manipula sutilmente sin su conocimiento o consentimiento. ¿Cómo se asignan los turnos y los encargos que llegan? ¿Qué impacto tiene la reputación en todo el sistema o el rechazo de encargos? ¿Cómo se fijan los precios y los bonus? Estas asimetrías informativas y de poder contradicen en gran medida las afirmaciones de que los trabajadores son microempresarios que toman decisiones informadas con libertad para su beneficio personal.

- Deshumanización. De entrada, se trata de trabajos donde uno está aislado del resto de los empleados, con lo que falta el colegueo habitual. En el caso de los microtrabajadores se suma a menudo que desconocen para qué sirven esas tareas y/o para qué empresa final trabajan. Si tu jefe es un algoritmo es difícil desarrollar una relación personal y la empatía suficiente para contarle que has tenido una mala noche (este solo verá que has llegado tarde al turno de la mañana). Cuando hay un problema, los sistemas de atención al trabajador suelen ser muy fríos y resulta casi imposible llegar a hablar con un humano. Los trabajadores tienen muy pocos recursos para negociar o esquivar inequidades algorítmicas del sistema.

Conceptos tan negativos como el despotismo algorítmico, la crueldad algorítmica o el *mathwashing* han surgido a raíz de estas experiencias.

Además, los cambios en los algoritmos y las condiciones del servicio (p. ej., el sistema de remuneración) a menudo se imponen de manera unilateral por parte de las plataformas sin previo aviso. Estos cambios tienen un fuerte impacto en la capacidad de las personas para generar ingresos y esto es dramático para los trabajadores que dependen de ellos.

El principio de Mateo o el ganador se lo lleva todo. Existe sobreoferta en muchas de las plataformas. Un estudio de UpWork dice que solo el 7 % de los usuarios que se registran consiguen completar un trabajo a través de ellas. Esto también se debe al conocido como «principio de Mateo». Por acumulación de capital social (reputación positiva en la plataforma), los freelance con trabajo tienden a conseguir más y mejores trabajos, de manera que su posición dominante se refuerza aún más. Dinero llama a dinero. Es muy difícil ser un nuevo usuario y poder conseguir un primer cliente sin rebajar mucho el precio.

Algo similar pasa con los microtrabajadores a la hora de conseguir las mejores tareas o con los trabajadores bajo demanda que quieren reservar los mejores días y turnos para trabajar bajo demanda.

El trabajo no estándar no está aún en el centro de la agenda política. Ningún político ha ganado unas elecciones prometiendo más trabajo no estándar. Todos siguen prometiendo los empleos de toda la vida, que, como ya sabes, son el 5 % del total de los contratos firmados en España en 2019. Sería hora de ir revisando las promesas electorales.

Los trabajadores atípicos, exceptuando probablemente los mensajeros, no están en los debates políticos al nivel necesario.

Con un trabajo tradicional en regresión y otras formas de empleo en crecimiento se debería prestar más atención política a este fenómeno en todas sus variantes, con sus oportunidades y sus retos.

Está claro que ¡no resulta fácil ser trabajador de plataforma!

Categorización de las plataformas laborales

No hay dos plataformas iguales. Cada una es de su padre y de su madre.

Como he mencionado al inicio del capítulo, «las plataformas digitales son sistemas digitales de gobernanza que median, y en el fondo dictan, relaciones económicas y sociales entre los participantes». La manera de operar de una plataforma en concreto es el resultado de una serie de decisiones de negocio y de diseño que han sido tomadas por humanos y codificadas en los algoritmos y las interfaces de usuario.

CADA PLATAFORMA ES COMO UN PEQUEÑO PAÍS

Ya hemos visto en el repaso de la pirámide que las plataformas pueden intermediar en muchos tipos de trabajos y hacerlo de maneras muy diversas.

El tipo de trabajo, junto con las decisiones de diseño (modelo de negocio y aspectos operativos), determinan el bienestar de las personas trabajadoras en la plataforma; es decir, cómo se manifiestan las oportunidades y los retos descritos en el apartado anterior.

Por un lado, hay que ser honestos y reconocer qué tipo de mercado laboral y qué tipo de trabajadores existían en cada sector antes de la presencia de las plataformas digitales. Sectores que son tradicionalmente precarios no van a dejar de serlo solo por añadirles una capa de intermediación digital. Las plataformas no han inventado la precariedad laboral y tampoco la resuelven.

Por otro lado, es un buen ejercicio identificar qué elementos, a grandes rasgos, diferencian unas y otras plataformas. Desde Eurofound proponen las siguientes claves para el análisis de las plataformas y la experiencia de los trabajadores:

- El nivel de habilidad requerido para realizar la tarea: bajo, medio o alto.
- El formato de prestación del servicio: físico o en línea.
- La escala de los trabajos: microtareas vs. proyectos más grandes.
- La asignación de tareas: asignadas según una decisión automática de la plataforma, del cliente o mediante la elección del trabajador.
- La forma de emparejar trabajadores y clientes: mediante una oferta de tareas o mediante un concurso (como es el caso del diseño de logos).

Bajo este esquema de cinco puntos, Glovo o Uber son plataformas de entrega física, trabajos rutinarios de complejidad media y donde se realiza la asignación de tareas de manera automática. 99designs sería una plataforma con entrega online, trabajo especializado (diseños) que funciona mediante la fórmula de concursos. Amazon Mechanical Turk o CrowdFlower son plataformas online para trabajos de complejidad media o baja donde el trabajador escoge las tareas a realizar.

En un extremo tenemos a plataformas que tienden a la jerarquía, como el caso de Uber y, en el otro, a las que tienden a ser un mercado muy abierto, como el caso de 99designs. Cada extremo y cada punto de la línea que se puede dibujar entre ellos presentan ventajas e inconvenientes. Creo que esto ayuda a tener un mapa algo más claro de las plataformas digitales laborales. Insisto en la necesidad de no generalizar, de no «uberizarlo» todo.

Para entrar más en detalle sobre los aspectos del diseño de las plataformas (pagos, reputación, asignación del trabajo, contacto entre trabajadores, etc.) y su impacto en la experiencia de los trabajadores, consulta «The architecture of digital labour platforms: Policy recommendations on platform design for worker well-being», de la OIT.

Los responsables de tomar todas estas decisiones son los fundadores y los inversores de la plataforma. Creo que podemos y debemos exigir que las plataformas tomen mayor responsabilidad a la hora de proporcionar las mejores condiciones de trabajo posibles a sus trabajadores.

PLATAFORMAS DISEÑADAS PARA EL BIENESTAR DE LOS TRABAJADORES

En un taller de la Digital Future Society del que formé parte en Barcelona tuvimos participantes de la India. En sus investigaciones de plataformas como Uber, Ola (un competidor de Uber) o Urban Company (servicios de belleza a domicilio) habían entrevistado a decenas de trabajadores. Uno de ellos decía: «Ola no es tan malo como Uber. Ola tiene el botón de "irme a casa", que me gusta mucho». Este botón lo pulsan los conductores cuando quieren ir dejando de trabajar para que el sistema les mande viajes que les vayan acercando en dirección a sus hogares. La experiencia con Uber, según relata el libro *Uberland*, es justo la contraria. Cuando intentas desconectarte para ir a descansar, a menudo salen promociones o se te anima a seguir un rato más para conseguir algún tipo de bonificación. Son pequeños detalles como estos los que marcan diferencias significativas en el bienestar de los trabajadores.

Es bastante fácil distinguir a las plataformas que ponen al trabajador en el centro de las que no. Las que usan palabras como «usuarios», «socios», «turkers», «taskers», «riders», etc., no ponen a los trabajadores en el centro. Las que, en cambio, utilizan otras como «trabajadores» o «empleados» para referirse a las personas que ofrecen su tiempo y habilidades a través de las plataformas sí que lo hacen.

Orientar plataformas hacia el propósito social es posible en cualquier punto de la pirámide. Ya he mencionado ejemplos de ellas al final de cada uno de los apartados correspondientes. Sea por presión regulatoria y social, sea por exigencias de inversores más responsables, sea porque el mejor talento gravitará hacia las plataformas donde reciba mejor trato o sea por una combinación de todo lo anterior, creo que veremos cada vez más plataformas socialmente responsables en los próximos años.

El proyecto Fairwork («Trabajo justo»), liderado desde la Universidad de Oxford e inspirado en el concepto del Fair Trade («comercio justo»), propone evaluar y comparar las mejores y las peores prácticas en la economía de plataformas laborales. Se han establecido cinco principios globales para el Fairwork en las plataformas digitales:

1) Un pago justo. Los trabajadores, independientemente de su clasificación legal como empleados o como trabajadores independientes, deben obtener ingresos decentes en sus países después de tener en cuenta los costes relacionados con el trabajo.

2) Condiciones justas. Las plataformas deben tener políticas establecidas para proteger a los trabajadores de los riesgos fundamentales que surgen en los procesos de trabajo, y deben tomar medidas proactivas para proteger y promover la salud y la seguridad de estos.

3) Contratos justos. Los términos y las condiciones deben ser transparentes y concisos, y proporcionarse a los trabajadores de forma accesible. La parte que contrata con ellos debe estar sujeta a la ley local e identificada en el contrato. Si los trabajadores son realmente autónomos, los términos de servicio están libres de cláusulas que excluyen de forma injustificada la responsabilidad por parte de la plataforma.

4) Gestión justa. Deben existir procesos documentados a través de los cuales los trabajadores puedan ser escuchados, puedan apelar las decisiones que los afectan y estar informados de las razones detrás de estas últimas (relativas a la gestión, la desactivación, etc.). El uso de algoritmos es transparente y produce resultados equitativos para los trabajadores.

5) Representación justa. Las plataformas deben proporcionar un proceso documentado a través del cual se pueda expresar la voz de los trabajadores. Independientemente de su clasificación como empleado o no, estos deberían tener derecho a organizarse en colectivos, y las plataformas deberían estar preparadas para cooperar y negociar con estos.

Fairwork ha empezado a trabajar en Sudáfrica, la India y Alemania para evaluar las plataformas, que se están implicando de manera activa para mejorar su puntuación.

En resumen y, como dice el título del apartado, el trabajador de plataforma no existe. Cada persona y cada plataforma son solo una parte de este caleidoscopio global.

La fragmentación del trabajo ya es una realidad

Regresa al inicio de este capítulo y revisa el gráfico de la fragmentación del trabajo. Creo que tras la lectura del capítulo se entiende mejor y puedes comprender algunos de los retos que este escenario conlleva a varios niveles.

Creo que he mostrado suficientes señales de humo para afirmar que nos dirigimos hacia un escenario con un mercado laboral de mayor fragmentación. Organizar el trabajo implicará colocar a las personas adecuadas con las habilidades requeridas en los lugares necesarios durante un tiempo determinado. Las organizaciones que contratan ese talento están aprendiendo rápido acerca de estas nuevas maneras de gestión y este proceso no tiene marcha atrás.

Todas estas afirmaciones pueden resultar inquietantes, sobre todo si has nacido y crecido en otro escenario laboral y de cultura empresarial. Se trata de aceptar la coexistencia de diversos modelos laborales en paralelo y el hecho de que durante tu carrera laboral vas a circular por varios de ellos. Por el camino tendremos que ir igualando los modelos en derechos, deberes y percepción social. No podemos seguir teniendo al trabajo tradicional elevado en un pedestal (a una altura inalcanzable para muchos) y a cualquier otra opción laboral denostada y con palos en las ruedas para acceder al estado del bienestar y/o garantizar los derechos laborales. La evolución de instituciones sociales no es nada nuevo. Nada que no hayamos hecho ya con los nuevos modelos familiares en las últimas décadas, solo que nos tendremos que dar algo más de prisa en los temas laborales.

En cualquier caso, para un número creciente de personas una vida laboral fragmentada basada en gigs, en pequeños bolos, será su manera de trabajar. Estos bolos laborales pueden ser tanto un trabajo bien pagado de dos semanas para cerrar las cuentas anuales de una empresa sueca como uno de dos horas para montar una librería de Ikea en la casa de alguien en tu barrio. Vamos a ir juntando trabajos a tiempo parcial para acumular lo equivalente a un salario a tiempo completo. Nadie nos ha educado ni preparado para esto.

Tenemos muchas intuiciones y numerosos ejemplos de plataformas, pero aún nos falta aprender a hacer las preguntas correctas y así poder obtener los datos adecuados para comprender a fondo el fenómeno de la fragmentación laboral en el siglo XXI. Miramos y medimos todo este fenómeno con unas gafas viejas y empañadas, que no nos ayudan a ver mejor, sino justo lo contrario. Las nuevas generaciones que se incorporan ahora al mercado laboral no se han puesto nunca esas gafas viejas y pueden aportar una mirada fresca. Deberemos observarlas de cerca y preguntarles muchas cosas acerca de cómo afrontan su vida laboral.

Una vida basada en bolos y bien gestionada puede ser algo bueno. Mal gestionada y sin protecciones sociales puede ser un infierno. Los trabajadores que logran combinar flexibilidad laboral y seguridad económica están muy satisfechos, mucho más que los asalariados bajo esquemas jerárquicos de alta subordinación. ¿Hay un modelo único a seguir? No creo que exista ese Santo Grial, pero estoy de acuerdo con Laetitia Vitaud cuando afirma que un modelo inspirador puede ser el de los freelance técnicos. Ella los compara en muchos aspectos a los antiguos artesanos medievales previos a la Revolución industrial y al taylorismo. Son trabajadores con mucha autonomía, con trabajos complejos que les aportan sentido y les permiten un desarrollo personal y colectivo. Estos están a la vanguardia ya que son los que desarrollan sus propias herramientas para trabajar como les parece mejor (Slack, Trello, GDrive, etc.) y adoptan antes que nadie nuevos modelos laborales (la cultura de gestión de proyectos Agile) para encontrar ese equilibrio entre flexibilidad y seguridad.

Es obvio que no todo el mundo puede llegar a ser un programador freelance altamente cualificado, así que una pregunta derivada es: ¿cómo podemos conseguir que más trabajadores puedan tener ese tipo de experiencia y bienestar laboral? ¿Qué pueden hacer de manera combinada los trabajadores, los empleadores y los Estados para acercarnos a ese nirvana que es la combinación de flexibilidad laboral, autonomía personal y seguridad económica?

Bueno, malo o indiferente. Júzgalo como quieras. Tu valoración personal no va a cambiar la realidad de un presente y un futuro con una mayor fragmentación laboral y un creciente rol de las plataformas digitales en ello. La plataformización del trabajo ya está entre nosotros. Por mucho que algunos se empeñen en las retrotopías de los años setenta u ochenta y en defender el trabajo industrial asalariado como el mejor invento de la humanidad, el avance de las nuevas formas laborales no se va a frenar. El confinamiento por el COVID-19 ha reforzado muchas de las tendencias preexistentes.

Vamos a tener que replantearnos muchas de nuestras asunciones acerca del trabajo, desde lo más personal hasta lo empresarial, pasando también por lo social. El momento para ese replanteamiento es ahora. Es demasiado tarde para cerrar la caja de Pandora.

La pregunta, entonces, es esta: ¿cómo avanzamos de una manera que nos beneficie a todos?

El resto del libro intentará explorar posibles respuestas a esta pregunta.

4

Adaptándonos al nuevo
paradigma laboral

Somos los primitivos de una civilización desconocida.

KIM STANLEY ROBINSON

Aun con todo lo que has leído hasta este punto del libro te resultará imposible obtener una respuesta directa a la pregunta «¿cómo será el trabajo en el futuro?».

Si además intentas tener en cuenta los impactos del COVID-19, los cambios demográficos y la urgente descarbonización de la economía, la duda se torna totalmente irresoluble.

Tú no puedes saberlo, nadie puede. Incluso si pudiéramos verlo nos costaría mucho imaginarlo y aceptarlo. Retrocede mentalmente aproximadamente veinte años: ¿te acuerdas del miedo al efecto 2000 en los ordenadores? ¿Cómo era tu vida en ese momento? Ahora imagina a alguien diciéndote en la fiesta de fin de milenio que en 2020 podrás ganarte bien la vida como una estrella de YouTube. Tu primera pregunta será: «¿Qué diablos es YouTube?».

Frente a un panorama laboral que está cambiando tan rápidamente, más que intentar adivinar cómo será el futuro, se trata más bien de desarrollar estrategias para la adaptación permanente.

Somos pioneros, exploradores. No hay precedentes ni referencias. «Hemos entrado en tiempos post-normales, un interregno donde las antiguas ortodoxias están muriendo y las nuevas no acaban de emerger, nada parece tener sentido —escribe Ziauddin Sardar—. Para tener alguna noción de un futuro viable, debemos comprender el significado de este período de transición que se caracteriza por tres ces: complejidad, caos y contradicciones.» Dejemos de obsesionarnos por controlar y prever los acontecimientos. La ambigüedad y la incertidumbre no solo no van a desaparecer, sino que van a aumentar.

Son tiempos de oportunidad y también de temor, de mucha ansiedad. Un miedo natural a que todas estas tendencias de cambio generen y aumenten todavía más la inseguridad económica y la desigualdad existentes en un ámbito tan central de nuestras vidas como el empleo. Para combatir esta ansiedad es fácil que alguien proponga parar el reloj, retroceder en el tiempo. Las retrotopías del libro póstumo de Zygmunt Bauman. Nada de eso ayudará a la adaptación a los cambios actuales y futuros.

Escribe el profesor Sangeet Paul lo siguiente:

> La historia muestra que las sociedades occidentales tardaron generaciones en desarrollar respuestas efectivas a los nuevos retos y a los abusos asociados con la Revolución industrial de los siglos XVIII y XIX. Las respuestas incluían el movimiento sindical, la construcción de un sistema educativo moderno basado en las habilidades para preparar a los trabajadores para nuevas formas de empleo y el financiamiento de una red de seguridad social para cuidar a aquellos que se han quedado sin trabajo. De la misma manera, tomará un tiempo para que las sociedades contemporáneas descubran qué deben hacer para responder de manera apropiada a los cambios en el poder económico, social y político que genera la revolución de las plataformas, razón por la cual debemos comenzar a pensar estos temas ahora, a medida que los contornos de esta revolución de las plataformas comienzan a emerger.

Avanzar lo más rápidamente posible en esta adaptación es una responsabilidad compartida entre gobiernos, organizaciones empleadoras y las propias personas trabajadoras. Con la humildad y la inseguridad de los pioneros y exploradores.

Y una última recomendación, de Peter Drucker, antes de entrar en materia: «El peor peligro en tiempos turbulentos no es la turbulencia sino actuar con la lógica del ayer».

Las personas trabajadoras independientes

Cierto es que no es tanto el futuro del trabajo lo que está en duda, sino más bien el futuro de los trabajadores. En este apartado vamos a ver cómo las personas trabajadoras se están adaptando a ello.

Un primer paso es reconocer el reto, reconocer que estos cambios también te afectarán a ti. Muy probablemente la fragmentación del trabajo, de algún modo u otro, también llegará a tu sector, a tu trabajo y a tus tareas. Incluso si no lo hace directamente te afectará de manera indirecta. Si no es a ti, será a tus hijos, hijas o sobrinos.

Lo segundo es dejar de mitificar el empleo tradicional de cuarenta horas a la semana, yendo a trabajar al mismo sitio y con la misma gente durante años, como la mejor opción de vida laboral posible. Lo que gusta de este esquema es la seguridad que aporta (o aportaba) el contrato fordista, pero no necesariamente la rutina y la subordinación que conlleva a menudo ser un asalariado.

De hecho, muchos trabajadores independientes declaran elegir esta opción por convencimiento y alcanzar un mejor balance vida-trabajo que los empleados asalariados. Sea como especialista en un ámbito concreto o incluso siendo un slasher, el trabajo independiente abre la puerta a una vida laboral más diversa e interesante. Además, al poder combinar varias fuentes de ingresos y no solo un salario, eres más resiliente a los cambios, tanto en lo personal como en la unidad familiar de la que formes parte.

¿No me crees? ¿Todo esto te suena a chino?

HABLA CON LOS QUE YA LO HACEN

Del mismo modo que cuando piensas en ir a Japón, hablas con personas cercanas que ya han estado ahí, para saber cómo es la vida del trabajador independiente lo mejor es hablar con personas que han estado o están ahí.

No debería ser difícil si conoces a personas del sector audiovisual, de los medios de comunicación o artistas. Estos sectores ya trabajan por proyectos de duración variable y equipos dinámicos de trabajadores independientes desde hace años, antes de la existencia de cualquier plataforma digital. También puedes hablar con artesanos o autónomos con una consulta especializada (terapeutas, médicos, etc.). O busca recuperar el contacto con esa persona que se fue de tu empresa hace años para hacerse freelance por su cuenta. Si hay más de un 40% de personas en España que no son empleados a tiempo completo y más de un 90% de los contratos de 2019 fueron temporales, la probabilidad de que tengas alguna persona cercana en esta situación es muy alta.

Yo mismo soy una de esas personas. Hice la transición de asalariado a autónomo a caballo entre 2012 y 2013. Con ese bagaje he podido responder a las dudas de diversas personas que por circunstancias profesionales (las han despedido) o personales (la crisis de los cuarenta y buscan un trabajo con más significado) han dejado de ser asalariadas.

También he hablado con jóvenes, hijos de amigos o estudiantes de universidades donde he dado alguna clase, que simplemente rechazan incorporarse al mundo laboral de la manera tradicional. No les interesa el contrato fordista, les atrae más ser freelance. Es muy recomendable escucharles y ver cómo se plantean su carrera laboral. Aquí, la necesidad detectada es que el sistema educativo, da igual la FP que la universidad, no los prepara para convertirse en trabajadores independientes, solo para ser asalariados. ¿Qué pasaría si empezamos a preparar a la gente para el futuro del trabajo en los institutos? Ahí dejo la pregunta.

En función de dónde quieras ubicarte en la pirámide laboral, tus retos, como ya hemos visto, pueden ser diversos. En la parte inferior de esta vas a poder generar ingresos de manera bastante rápida, ya que las barreras de entrada son bajas y las plataformas te facilitan las oportunidades. En el caso de mis conocidos, la mayoría quieren ser freelance y mi advertencia es que hay una cierta travesía por el desierto. Debes estar preparado (económica y psicológicamente) para unos meses haciendo un esfuerzo significativo para conseguir a tus primeros clientes y adaptarte al nuevo estilo de trabajo. Aquí, la necesidad detectada es la puesta al día de los programas públicos y privados de búsqueda de empleo, que siguen pensando solo en términos de esos trabajos tradicionales, en clara regresión.

Según observo en mi entorno próximo, la combinación mágica para una persona trabajadora independiente es: a) tener garantizado algún tipo de ingresos parciales estables (sea un trabajo como asalariado a tiempo parcial o una serie de clientes estables como trabajador independiente); b) poder complementar esto con otros proyectos o trabajos diferentes que aporten diversidad y aprendizaje; c) tener compañeros de viaje que a veces van a ser también colegas de trabajo. Quien consigue esta fórmula se acerca mucho al nirvana que hemos comentado antes de flexibilidad laboral, autonomía personal y seguridad económica.

Hay una continuidad de opciones entre los extremos de una vida asalariada tradicional y una vida de nómada digital. Invertir cierto tiempo en descubrir el estilo de vida laboral que mejor encaja contigo es recomendable. Inspirarte a partir de multitud de ejemplos, cercanos o lejanos, es lo mejor que puedes hacer para explorar los miles y miles de opciones existentes. Anímate a intentarlo, seguro que algo aprendes.

CÓMO LA TECNOLOGÍA PUEDE AYUDAR A LOS/LAS TRABAJADORES/AS INDEPENDIENTES

Hoy en día, conseguir a un cliente al que venderle tus servicios resulta mucho más fácil que conseguir a un empleador, pero la salida del cascarón del mundo asalariado/empleado implica nuevas responsabilidades que ni siquiera te habías imaginado. Pasas a convertirte en una pequeña empresa con un único empleado al cargo de todo.

Con un contrato laboral tradicional bajo el brazo tienes unos beneficios adjuntos muy relevantes: ingresos estables, días de descanso semanal y vacaciones, espacio y herramientas de trabajo, compañeros de trabajo, acceso a las protecciones sociales (desempleo, jubilación, enfermedad, etc.), seguros de accidente laboral y responsabilidad civil, un departamento de recursos humanos que se encarga de gestionar el pago de impuestos, derechos y acceso a programas de formación, derechos y capacidad de organización colectiva de los trabajadores, etc.

Como trabajador independiente no tienes nada de eso. Tu primer trabajo, para poder llegar a vender tu tiempo y habilidades en el mercado, será reconstruir todos estos aspectos del entorno laboral que te permiten simplemente... ¡trabajar! Aun siendo independiente, sigues necesitando lo mismo. Además, si eres un slasher tendrás nuevas necesidades para coordinar tus múltiples frentes laborales. Si usas plataformas digitales como intermediarias tendrás que observar nuevos aspectos como la gestión de la presencia de tus perfiles en varias de ellas, así como la gestión de tus datos y tu reputación.

Todo esto es lo más complicado de ser un trabajador independiente. Muchas personas que comienzan de manera independiente, con plataformas o sin ellas, están listas para llevar a cabo su trabajo, pero no necesariamente están preparadas para gestionar su propio negocio. El paso de la fábrica a la plataforma implica tanto una pronunciada curva de aprendizaje para los trabajadores por cuenta propia, que deben aprender a lidiar más y mejor con el riesgo y la incertidumbre, como la necesidad de pensar en rediseñar algunas de las estructuras de apoyo con las que cuentan.

En este contexto de necesidades de los trabajadores independientes emerge el concepto de WorkerTech, que ha sido uno de los que motivó inicialmente mi interés en los temas del futuro del trabajo.

Casi seguro que es la primera vez que lees este concepto. ¿Qué es eso del WorkerTech? Se ha definido como «la oferta de servicios digitales que aprovechan el poder y la comodidad de la tecnología para ofrecer a los trabajadores independientes y flexibles beneficios personalizados, a la vez que les facilitan el acceso a sistemas de protección y la defensa de sus derechos». Dicho de otra forma, la misma tecnología que acelera la fragmentación también puede ser fuente de soluciones para los trabajadores en este nuevo contexto laboral. Frente a la fragmentación, la tecnología puede actuar como algún tipo de pegamento o masilla que recompone y rellena algunas de las fracturas.

El término WorkerTech se relaciona con otros algo más conocidos en el campo de la innovación como FinTech (finanzas), InsurTech (seguros), EdTech (educación), AgroTech (agricultura), MedTech (medicina), etc. De hecho, como veremos con algunos ejemplos, tiene un solape parcial con algunos de ellos en seguros, finanzas y educación.

Yo descubrí el WorkerTech medio sin querer. Tras liderar debates en el Ouishare Fest Barcelona 2017 acerca del futuro del trabajo y las plataformas digitales me quedé enganchado al tema y seguí investigándolo. Buscando información acerca de los avances en el Reino Unido llegué a una página que anunciaba un hackathon en Londres bajo el título «The Future of Fair Work Challenge» («El reto de un trabajo futuro digno»). Fueron tres días intensos, de jueves a domingo, con una mezcla de trabajadores de plataforma, sindicalistas de toda la vida y nuevos sindicalistas digitales, emprendedores con sus plataformas, orientadores laborales, activistas de datos, etc. Todos ellos exploraron cómo la tecnología (WorkerTech) puede ser una herramienta útil para cubrir las necesidades y garantizar los derechos de las personas trabajadoras independientes.

Creo que hay mucho potencial en el WorkerTech. Los proyectos de WorkerTech aportan un alto grado de personalización: para las necesidades de cada trabajador o colectivo de trabajadores, para cada sector e incluso para cada plataforma. Se trata de una personalización masiva. Muchos están diseñados pensando ya en el paradigma de los trabajadores con múltiples empleadores y van un paso por delante de otras propuestas ancladas en el trabajo tradicional.

Más que poner una larga lista de ejemplos inconexos, para entender WorkerTech creo que es mejor adoptar el punto de vista de un trabajador en concreto: un conductor de Uber en Nueva York. Así verás cómo el trabajador se conecta con múltiples herramientas a la vez para hacer que su entorno laboral sea lo mejor posible.

José Domingo es un inmigrante de segunda generación en Nueva York. Lleva años trabajando como mozo de almacén y reponedor en diversas cadenas de supermercados. Tras nacer su hija decidió hacerse conductor a tiempo completo mediante aplicaciones, ya que la flexibilidad horaria es lo más importante para poder disfrutar de su familia.

José dispone de su propio vehículo. Su aplicación principal para trabajar es Uber, ya que es donde hay más demanda; Lyft es la secundaria y mantiene una buena reputación en ambas. Le gustaba mucho trabajar con la app de Juno porque ofrecía mejores condiciones, pero la empresa cerró de manera abrupta a finales de 2019.

Cuando quiso hacerse conductor usó los tutoriales de la web de Harry Campbell (The Ride Share Guy) para conocer el uso de las apps, obtener la licencia TLC (Taxi and Limousine Commission, la Comisión del Taxi y la Limusina) y gestionar el certificado de penales. Hoy en día sigue suscrito al boletín semanal para conocer los cambios en las condiciones de las apps, ofertas en productos para conductores, etc. También está activo en los foros de UberPeople para resolver dudas a través de conductores más veteranos.

Desde el primer momento, aconsejado por su primo, se dio de alta en The Black Car Fund, un fondo de compensación y otros beneficios para los conductores de taxis, limusinas y apps del estado de Nueva York. También es miembro del Independent Drivers Guild (IDG), un gremio que desde 2015 representa de manera colectiva a los conductores para negociar con las aplicaciones. Fue gracias a una campaña liderada por IDG con más de dieciséis mil firmas en la plataforma ActionNetwork que la TLC acordó un salario mínimo de 17,22 dólares la hora. Esto es el equivalente al salario mínimo de 15 dólares por hora ajustado a que la gran mayoría de ellos tienen que pagar impuestos sobre la nómina y no disponen de tiempo libre remunerado.

Su teléfono está lleno de apps que le hacen la vida más fácil. Usa Inshur para tener un seguro específico para conductores de Uber y Lyft. Con Hurdl automatiza todo el pago de impuestos. La aplicación recibe la información de los ingresos de Uber y Lyft, a la vez que

aplica los gastos de gasolina, mantenimiento e incluso la deprecia-
ción del vehículo por las millas conducidas cada día. Finalmente, la
inteligencia artificial de SherpaShare le hace de copiloto virtual indicando las zonas más calientes de la ciudad, las rutas mejor pagadas
y otros datos que le permiten ganar más dinero trabajando menos
horas. Ha visto en los foros que se habla de una nueva app, Drivers
Seat. Se trata de una cooperativa que usa los datos para mejorar la
vida de los conductores y la movilidad en las ciudades, pero José ya
tiene muchos líos y no le ha prestado atención.

Desde Uber le llegó la propuesta para darse de alta en Betterment y empezar a ahorrar de manera automática para su jubilación.
Aún no lo tiene decidido.

José está pensando en trabajar menos horas como conductor y
buscar otras apps para ganar dinero. Lleva unos días mirando el
comparador Appjobs para Nueva York y cree que lo de pasear perros con Rover o PetSitter podría ser una buena opción.

Derechos y necesidades
del trabajador/a autónomo/a

El escenario planteado para José como conductor en Nueva York es el suyo particular. Si hacemos una revisión similar del perfil de Lucía (una diseñadora freelance en Barcelona) o de Tasfin (un trabajador de Amazon Mechanical Turk en Bangladesh) usarán servicios diferentes por su tipo de trabajo y su ubicación geográfica.

Revisa la segunda pestaña del documento online http://bit.ly/COTECPlataformasWorkerTech para un listado bastante exhaustivo de servicios WorkerTech en el mundo, que intento ir actualizando.

Las propuestas WorkerTech emergen por el momento desde dos frentes diferenciados. El primero, startups de nueva creación que apuestan por el desarrollo de productos y servicios de apoyo a trabajadores independientes tanto a nivel individual como colectivo. El segundo, empresas tradicionales (seguros, finanzas, formación, etc.) que han visto una oportunidad y comienzan a adaptar su oferta de servicios a la coyuntura emergente, sobre todo para los freelance que tienen la capacidad económica para pagar estos servicios.

Un detalle importante es que las aplicaciones y servicios de WorkerTech son independientes de plataformas digitales laborales o de intermediarios laborales en general. Por ello ofrecen una vía interesante para proporcionar acceso a beneficios a los trabajadores sin llegar a laboralizar su relación con ellas, manteniendo la condición de trabajador independiente que argumentan las plataformas.

Una manera de observar todo esto es como una reconstrucción del paquete fordista (del que hablé en el segundo capítulo) que se ha roto con la fragmentación del trabajo. Por el momento los trabajadores tienen la tarea de crear un paquete personalizado propio, de encontrar formas únicas de combinar los diferentes elementos del paquete para satisfacer sus necesidades y situación. Lo que era un mecanismo de protección colectivo ahora es una tarea más individual.

Las plataformas digitales laborales más avanzadas y avispadas han visto la oportunidad de ayudar a los trabajadores simplificándoles la tarea de construir este nuevo paquete. Es por ello que van integrando servicios y ofreciendo a los trabajadores de sus plataformas no solo acceso a posibles trabajos, sino parte del entorno laboral que necesitan. Desde Malt, con la iniciativa Sesame (en Francia), han integrado seguros (Alan) y un neobanco (Qonto), además de tener acuerdos y descuentos para formación (OpenClassRoom y IronHack), espacios de coworking (CoPass) y asesoría fiscal (Mon Expert Comptable). Si eres un freelance y tienes que escoger qué plataforma usar, todo esto son puntos a favor para escoger la que ofrece un ecosistema más completo. Otra plataforma, Fiverr, con su proyecto Fiverr Elevate, integra la gestión de facturas y proyectos (AndCo), así como la formación (Learn from Fiverr) y los foros de comunidad, entre otros apoyos. Wonolo, con Wonolo Up, es uno de los primeros ejemplos de esto en el sector de cuello azul.

Se genera un marketplace con un ecosistema de servicios adjuntos, es decir, un *market network*. Por un lado, se simplifica la vida a los usuarios; por otro, se los hace más dependientes de una plataforma concreta, perdiendo autonomía y capacidad de encontrar trabajo en otras diferentes. Creo que veremos más integraciones de este estilo, pero no siempre lideradas desde las plataformas laborales. En España, Nomo es un buen ejemplo: empezó como neobanco para freelance y ha ido añadiendo en Comunidad Nomo una serie de servicios de seguros profesionales y médicos, asesoría en contratos, gestión de impuestos, alquiler de vehículos, etc.

Otro detalle a destacar es que el universo WorkerTech, aunque surge en el contexto de trabajadores de plataforma, tiene aplicabilidad en todo tipo de trabajadores. Considera al conjunto de autónomos, freelance, trabajadores a tiempo parcial, etc., que no usan plataformas, pero tienen necesidades muy parecidas a los que sí que las utilizan. Incluso el conjunto de trabajadores asalariados puede beneficiarse de una mayor digitalización en la formación, certificación, la organización colectiva y/o la resolución de conflictos. Es bueno mantener esta visión amplia.

Es importante apuntar también los problemas y retos de todas estas ideas, que no son pocos:

- La mayoría de los proyectos están todavía en su infancia. En muchos casos, además, existen dudas sobre su viabilidad económica. Por muy buenas ideas que puedan ser, ¿serán capaces de desarrollar modelos de negocio viables que les permitan sostenerse mediante la venta de servicios o el cobro de cuotas de membresía/suscripciones en lugar de depender de subvenciones e inyecciones de capital riesgo?

- En el caso de los proyectos orientados a los colectivos de trabajadores más precarios la dificultad es doble, pues sus posibles usuarios no cuentan con el dinero para pagar esos servicios de apoyo que tanto necesitan para mejorar su situación. Un pez que se muerde la cola.

- Pero ¿WorkerTech no es en el fondo una privatización encubierta del sistema de protecciones sociales de las personas trabajadoras? De entrada hay que dar un paso atrás y observar que muchas de las soluciones WorkerTech abarcan aspectos como el alquiler de herramientas de trabajo, los seguros para el desarrollo de una actividad profesional, el apoyo en la gestión financiera y el pago de impuestos, la facilitación de la organización colectiva, etc., que quedan fuera del ámbito de actividad del sector público. Otros ámbitos, como pueden ser los seguros por cese de actividad o incapacidad temporal (AXA Seguros), esquemas para tener días de vacaciones pagadas (Alia) o esquemas de pensiones privados (Betterment) sí que entran en competencia con funciones del sector público en muchos países. Habrá que garantizar que todas estas opciones WorkerTech en grupos cerrados sean siempre un complemento opcional a lo que se establezca desde el ámbito del sector público. En mi opinión, las personas trabajadoras independientes deben seguir contribuyendo a los esquemas nacionales de pensiones y desempleo por su función redistributiva global.

- En cualquier caso, el sector público tiene mucho que aprender de WorkerTech. Una mayor digitalización y personalización de los servicios de apoyo a las personas trabajadoras, empleadas y desempleadas presenta claras ventajas respecto a las soluciones actuales pensadas y diseñadas para otro modelo laboral. El mejor ejemplo desde lo público que conozco es del gobierno sueco, con su iniciativa JobTechGig que incluye ensayos como MyDigitalBackPack, que facilita la portabilidad de la reputación para los trabajadores de la gig economy.

¡Trabajadores independientes del mundo, uníos!

«¡Trabajadores del mundo, uníos!» es un lema político incluido en el *Manifiesto comunista*, escrito por Karl Marx y Friedrich Engels, y una de las consignas más famosas y representativas de la causa del comunismo a nivel internacional.

Con intención de provocar me animo a adaptarlo al nuevo paradigma laboral: ¡Trabajadores independientes del mundo, uníos!

Para mí, tras estar estudiando estos temas durante un tiempo, una de las conclusiones más obvias y a la vez más relevantes es que nos hemos equivocado de sujeto. El protagonista principal del futuro del trabajo no es el trabajador independiente, sino los colectivos de independientes. Un oxímoron interesante.

La calidad de la experiencia laboral es muy diferente para el trabajador independiente aislado, que es menos productivo y tiene problemas de salud más a menudo, que para los trabajadores independientes agrupados.

Si hablamos de una economía digital y en red que fragmenta el trabajo, es esta misma red la que une a los trabajadores independientes en colectivos. Veamos cómo.

Colectivos para la resistencia algorítmica

Hecho el algoritmo, hecha la trampa. Del mismo modo que sucede con los jefes humanos, cuando tu jefe es un algoritmo, también sabes de qué pie cojea y cómo obtener los resultados que te interesan.

Al nivel más simple, un conductor en un foro de UberPeople contaba lo siguiente: «Todos sabemos que a estas compañías les gusta ofrecer incentivos para retener a los conductores que pierden.

Por lo tanto, conduce con Uber durante una semana, con Juno la próxima, con Lyft la tercera, etc., para recibir estos incentivos».

Pero para tácticas más elaboradas necesitas de compañeros de plataforma para hackear al algoritmo de manera cooperativa.

En el mundo de Instagram, por ejemplo, existen los grupos de compromiso (*engagement pods*) de influencers como una forma emergente de resistencia. Los grupos acuerdan comentar, compartir o interactuar entre sí, sin importar el contenido. De esta manera el algoritmo de Instagram prioriza el contenido de los participantes y lo muestra a un público más amplio.

En el ámbito de Uber fue bastante comentado en los medios norteamericanos cómo los conductores provocaron un incremento de precios (*surge pricing*) de manera artificial. Esta subida se activa cuando hay una gran demanda de viajes, como en los alrededores de un aeropuerto o después de un concierto o de un partido de fútbol, y poca oferta. Los conductores pueden activar el *surge pricing* al apagar y encender sus aplicaciones de manera coordinada. Por ejemplo, se acercan a la zona del estadio y, cinco minutos antes del final de un partido, apagan las apps. En ese momento los espectadores empezarán a pedir viajes y al no existir oferta suficiente el precio subirá. Cinco minutos más tarde vuelven a activar la aplicación y entonces pueden ganar más dinero por el mismo trabajo que iban a realizar antes. En los vídeos hablan del Surge Club en referencia al Fight Club (el Club de la Lucha) y a la vez piden que Uber reflexione acerca de su política de precios. Con una retribución más justa ellos no deberían hacer estos trucos, ¿no?

El reto está en que las compañías y los algoritmos también aprenden de este tipo de juegos. Los trabajadores que usan este tipo de tácticas corren un riesgo muy real de ser desconectados por incumplimiento de los términos y las condiciones de la plataforma.

COLECTIVOS NEOSINDICALES

¿Recuerdas que las mejoras en las condiciones de las fábricas de la primera Revolución industrial se consiguieron por la organización colectiva de los trabajadores? En el caso de muchos de los trabajadores atípicos (p. ej., las kellys de los hoteles) y de los trabajadores de plataforma, que no comparten ni espacio ni tiempo de trabajo, resulta algo más difícil pero no imposible. Hoy en día coordinarse es crear un grupo de WhatsApp y proponer una huelga 2.0.

Los primeros en organizarse fueron los trabajadores de las plataformas bajo demanda y contribuyeron así al incremento de su visibilidad respecto a otros colectivos.

En España, a mediados de 2017, los repartidores de Deliveroo convocaron la primera huelga de trabajadores de una plataforma digital solicitando a la compañía un «salario digno» y una jornada laboral «mínima de veinte horas semanales». Lo gota que hizo colmar el vaso fue un cambio impuesto desde la plataforma en el sistema de pago de los trabajadores. Los riders de Deliveroo crearon Riders X Derechos como plataforma para agrupar a los trabajadores que se sumaron a la huelga. La iniciativa surgió en Barcelona desde la sección sindical creada en la empresa por la Intersindical Alternativa de Catalunya (IAC) y tuvo grupos operativos en muchas ciudades de España.

Riders X Derechos ha sido una de las asociaciones más visibles y activas en defender la relación laboral de los riders con las plataformas, personándose en numerosos juicios individuales y colectivos de mensajeros contra las plataformas de reparto. Fue también Riders X Derechos la que lideró el segundo encuentro mundial de asociaciones de riders en Barcelona en abril de 2019 bajo el título «Mi jefe NO es un algoritmo». Pude asistir en persona y conocer a miembros de otras asociaciones como la argentina APP Sindical (Asociación Personal de Plataformas), la inglesa IWW o la francesa CLAP. Todas ellas están unidas bajo una federación transnacional para defender sus derechos local y globalmente.

¿Recuerdas que insistí mucho en la heterogeneidad de los trabajadores en el capítulo anterior? Esta diversidad se manifiesta también en una variedad de grupos que representan a mensajeros con objetivos y puntos de vista distintos. Además de Riders X Derechos, hay otras asociaciones como AsoRiders, Asociación Profesional de Riders Autónomos (APRA), SindicatoRiders, AutoRiders, y seguro que me dejo alguna por el camino. Algunas defienden su derecho a seguir siendo autónomos activos en varias plataformas (AsoRiders, APRA, AAR), otras que son falsos autónomos de una plataforma (Riders X Derechos y SindicatoRiders); unas son lideradas por colectivos de inmigrantes, otras se componen sobre todo de trabajadores locales; algunas son cercanas a las plataformas o incluso han sido promovidas por ellas, otras solo quieren ver a las plataformas en los juzgados, etc. Tendemos a uniformizar de manera muy rápida al trabajador de una plataforma y es importante profundizar en los detalles, las aspiraciones y las necesidades de cada grupo de personas. Esto también nos indica que una regulación uniforme para todos, como ha sido el caso de la Ley AB5 en California, de la que hablaré más adelante, puede ser bienintencionada pero tener resultados no previstos al no reconocer esta diversidad.

Otros de los colectivos que más y mejor se han organizado han sido los conductores de Uber y similares. United Private Hire Drivers, Independent Drivers Guild, Drivers United, Gig Workers Rising o AcuaChile son algunos de los más activos. A finales de enero de 2020, representantes de conductores de veintitrés países se reunieron en Londres para crear la International Alliance of App-Based Transport Workers (IAATW) y llevar así su lucha colectiva a una escala global, la misma en la que se manejan muchas de estas plataformas.

El mapa Leeds Index of Platform Labour Protest recopila y analiza más de trescientos conflictos y protestas de los trabajadores de plataformas bajo demanda a escala global. En la mayoría de las instancias, los cambios en el sistema de pagos han sido la causa principal. Un caso a destacar fue la huelga coordinada entre mensajeros de varias plataformas y trabajadores de varias cadenas de comida rápida en el Reino Unido el 4 de octubre de 2018. Nunca antes en la historia se había coordinado una huelga en varias partes de la cadena de valor a la vez. En los países occidentales, los sindicatos tradicionales (más los minoritarios que los mayoritarios) han acompañado estas luchas; en los países del sur global, los sindicatos tradicionales no han estado tan presentes.

He centrado mucho los ejemplos en riders y conductores por ser los más mediáticos, pero el fenómeno de los neosindicatos abarca todos los sectores. Nunca fue ni tan fácil ni tan necesario organizarse entre los trabajadores. La National Domestic Workers Alliance es un gran grupo de trabajadoras del hogar en Estados Unidos. En España, las camareras de hotel, conocidas como kellys, tienen grupos locales en las principales ciudades turísticas y fueron recibidas por Mariano Rajoy en la Moncloa. Redactores de medios digitales, profesores de yoga, youtubers (junto al sindicato del metal en Alemania) e incluso generadores de memes en Instagram: todos se han organizado de forma colectiva para mejorar sus condiciones de trabajo.

Un gran reto para muchos de estos grupos es que, al no encajar legalmente en un formato de sindicato tradicional, su nivel de reconocimiento como interlocutores no es siempre el que sería deseable. Es similar a cuando en las fábricas textiles no se reconocía a los primeros grupos de trabajadores organizados.

Otro grupo de trabajadores que se ha organizado de manera visible ha sido el de los freelance. Han aparecido colectivos como la pionera Freelancers Union (Estados Unidos) o Independants.co (Francia), focalizados al cien por cien en ofrecer un nuevo mutualismo para este tipo de trabajadores. A nivel europeo existe el European Forum of Independent Professionals (EFIP), que colidera, junto al European Freelancers Movement, la European Freelancer Week, entre otras actividades.

Finalmente, algunas profesiones tienen sus propias asociaciones (diseñadores, periodistas, actores, arquitectos, traductores, guías turísticos, fotógrafos, etc.) o colegios profesionales de carácter regional o nacional. Este tipo de organizaciones deberán definir mejor su rol y ser más activas en todo este nuevo entorno laboral.

Durante las primeras fases de la pandemia del coronavirus, que han tenido un fuerte impacto en los trabajadores no tradicionales, estos colectivos neosindicales desempeñaron un papel crucial a la hora de ordenar las demandas, visibilizar a los trabajadores atípicos y abrir vías de diálogo con las Administraciones públicas. Otra demostración que no hablamos de futuro sino de presente.

WORKERTECH MÁS COOPERATIVO

Los trabajadores independientes también se unen para mutualizar riesgos y repartir gastos en grupos cercanos, y así acaban desarrollando unos servicios WorkerTech de carácter más cooperativo.

En el Reino Unido, el caso de Breadfunds fue uno de los pioneros. Se trata de un grupo de veinticinco a cincuenta personas que contribuyen con algo de dinero cada mes a un fondo para poder apoyar a cualquiera de sus miembros cuando no pueden trabajar por una enfermedad o lesión. En Francia, WeMind u OtherWise siguen la misma lógica. Curiosamente, muchos de los fundadores y fundadoras de estos proyectos son gente con experiencia como empleados durante años y que simplemente no aceptan que por el hecho de pasar a ser trabajadores independientes su nivel de protección tenga que reducirse.

También en Francia, la ley de las CAE (Coopératives d'Activités et d'Emploi) ha permitido el nacimiento de proyectos como Port Parallèle, Coopaname u Oxalis. Son una solución muy inteligente. Uno se hace socio y trabajador asalariado de la cooperativa: tu salario y tu volumen de cotizaciones dependerán de tus proyectos facturados como trabajador independiente, pero estarás siendo un asalariado a ojos de la Administración, los bancos, etc. Las cooperativas se encargan de la administración y se llevan un porcentaje por todo ello.

En España existen CoopArt o Smart Iberia, que, amparadas bajo la ley de cooperativas de Andalucía, actúan de manera similar a una CAE. Smart Iberia forma parte del grupo europeo Smart, con sede central en Bélgica y más de ciento veinte mil socios en toda Europa. En Italia, DocServizi es una referencia y una inspiración. Por cierto, no es ninguna sorpresa que muchas de las soluciones a la fragmentación laboral emerjan del sector artístico, con relaciones laborales intermitentes desde siempre. ¿Qué más podemos aprender del sector cultural respecto al futuro del trabajo?

En España, Factoo, Cooperativa Online, FreeAutonomos o Inpulse se presentaron como cooperativas de facturación, gestionando (a cambio de una comisión) las altas y las bajas laborales por trabajos puntuales, pero sin la continuidad ni los valores de una CAE y sin la licencia de una empresa de trabajo temporal. Todo ello hizo que la Inspección de Trabajo abriera investigaciones y procesos judiciales. Al final, a mediados de 2017 se dio la razón a aquellas personas que usaron la cooperativa para cobrar trabajos esporádicos sin darse de alta de autónomos por no superar el salario mínimo, pero todas estas cooperativas de facturación ya habían muerto por el camino.

MI(S) TRIBU(S) LABORAL(ES)

Como ya sabes, mi propia vida laboral es fragmentada al hacer de consultor, divulgador, formador, escritor, etc., a lo largo del año para varios clientes, principalmente en Europa y América. En este caos lo que me aporta continuidad, sentido de pertenencia e identidad laboral es mi tribu: Ouishare. Son mis compañeros de aventuras y de vez en cuando también mis compañeros de trabajo.

Una de las ventajas del trabajo independiente respecto al asalariado es que puedes escoger tu equipo, tus compañeros y compañeras de trabajo. Es como el grupo de amigos (a quienes escoges) respecto a la familia (que es la que te toca). Esto no significa que sea un camino sembrado de pétalos de rosa y amor en abundancia; hay tensiones, desacuerdos, decepciones e incluso, de manera puntual, traiciones. Pero son tu tribu. Habrá colaboraciones fantásticas e inesperadas, pocas reuniones porque con una llamada corta o mensajes en el grupo de Telegram se puede avanzar, nuevos proyectos alrededor de unas tapas y apoyo emocional cuando haga falta.

Estar acompañado de esta manera permite aprender más rápido y mutualizar algunos temas comunes (espacio de coworking, gestoría, herramientas informáticas, etc.). Nos pasamos trabajos los unos a los otros y cuidamos colectivamente la marca y la reputación, de manera que es más fácil para todos conseguir otros trabajos individuales o colectivos. Quien trabaja en cada proyecto depende de la petición del cliente y de las habilidades e intereses de cada persona. Ouishare es legalmente una asociación sin ánimo de lucro y sin empleados. Todos somos autónomos, facturamos los proyectos de Ouishare a través de la asociación y dejamos un 10% al bote común.

Existen otros grupos similares a Ouishare. Yo conozco sobre todo grupos franceses como Happy Dev (desarrolladores por toda Francia), Collectif Cosme (en Burdeos como agrupación de freelance de la comunicación), Cooperative Samourai (en París para películas y animación 3D) o La Myne (en Lyon, muy cercanos al mundo *maker* y experimentando con conceptos de contratos para colectivos). Los hay por todo el mundo: Enspiral (Nueva Zelanda), Colab. coop (Estados Unidos) o Proyecto Galaxxia (España), por mencionar algunos más.

Estos colectivos no suelen ser muy grandes ni tienen ambición de crecer. Es gente que se une por afinidad en valores y por tener habilidades complementarias en un ámbito profesional concreto. Así puedes abarcar proyectos más grandes que los que tú, como trabajador independiente aislado, podrías aceptar.

Luego existen colectivos de mayor escala y menor alineación en valores. Destaco Hoxby, Moonlightwork, Contra o Communo. Estas agrupaciones ofrecen a las empresas su grupo de freelance altamente seleccionados. Como una agencia, pero sin empleados y con capacidad de acceder a talento muy diverso en todo el mundo. Algo similar a las versiones pro de UpWork o Fiverr, pero con más intervención humana.

También existen colectivos alrededor de espacios físicos. La tendencia hacia los coworkings de nicho es fuerte. The Riveter o The Wing (espacios centrados en las mujeres), The Writers Room o The Hatchery Press (para escritores), Alma en Nueva York (para terapeutas), Fiu BCN en Barcelona (para las industrias creativas), Glitch City (desarrolladores de videojuegos indie), The Qube en Londres («WeWork para músicos»), Paragon Spaces (industria del cannabis) o Nest City Lab en Barcelona (proyectos relacionados con la sostenibilidad). Estos espacios de nicho aportan mayor sentimiento de comunidad, posibilidad de proyectos comunes y acceso a herramientas y formación especializada. En España ya existe el primer coworking virtual bajo el nombre SinOficina, una comunidad sorprendentemente interesante liderada por Bosco Soler.

Finalmente, las tribus se encuentran también a nivel sectorial de manera informal en Meetups, grupos de Facebook o LinkedIn, canales de Slack o repositorios de GitHub. En estos espacios eminentemente digitales, los trabajadores independientes de todo el mundo comparten buenas prácticas, herramientas, plantillas, código abierto, proyectos, alegrías y tristezas.

Varias reflexiones al respecto de todo esto:

- Como trabajador independiente, puedo, y de hecho me interesa, pertenecer a varias tribus. Mi amiga Francesca Pick es un ejemplo de ello al estar vinculada a Ouishare y Enspiral a la vez, trabajar desde Nest City Lab (sostenibilidad) y participar en multitud de grupos digitales acerca de nuevos modelos de gobernanza de las organizaciones. Todo ello le aporta mayor conocimiento, contactos y resiliencia a nivel económico e incluso emocional.
- En algunos aspectos, estos colectivos se podrían comparar con los colectivos comerciales de la Edad Media que eran los gremios: compañeros de profesión que se unen para aprender, organizarse y defenderse. Del mismo modo que han surgido los neosindicatos, los «neogremios digitales» pueden renacer y desempeñar un papel importante en el futuro del trabajo protagonizado por los colectivos de independientes.
- Estas agrupaciones de independientes (neosindicatos, tribus laborales, etc.), a ojos de los organismos de competencia, podrían estar incurriendo en actividades de cártel empresarial (p. ej., fijación de precios). Cuando la comisaria de Competencia de la UE, Margrethe Vestager, pidió públicamente que se permitiera a los trabajadores de la economía de plataformas

organizarse y negociar colectivamente por sus derechos, muchos respiraron aliviados.

- Las plataformas están empezando a aceptar no solo a individuos, sino también a grupos de freelance y agencias. Las empresas también deberán empezar a incluir la contratación de colectivos, no solo de personas, en su gestión de talento. Como dice Xavier Damman, de Open Collective: «Cuando contratas a alguien de una comunidad, estás contratando a mucho más que al individuo en particular. También te beneficias de la inteligencia colectiva de la(s) comunidad(es) a la(s) que pertenece».

Insisto así en los colectivos de independientes como protagonistas principales del futuro del trabajo.

Necesidades y derechos de los trabajadores de plataforma que siguen infraexplorados

Ya has visto a lo largo del texto que muchos de los retos de los trabajadores de plataforma y los trabajadores no estándares son comunes en su globalidad, pero hay dos aspectos que aparecen al añadir los intermediarios digitales: la multipresencia y todo lo relacionado con los datos.

Como trabajador independiente, no me gusta ni me favorece estar atado a una única plataforma, ya que los clientes pueden llegarme por cualquier de ellas. Registrarse, mantener actualizado un perfil y consultar los mensajes en varias plataformas a la vez es una tarea que puede llevar su tiempo si estamos hablando de tres o cuatro de ellas. Los trabajadores de plataforma necesitan de esta multipresencia (*multihoming*) de una manera eficiente. ¿Te imaginas dejar de buscar trabajo para que los buenos encargos disponibles en varias plataformas lleguen a ti cada mañana? Esto es justo lo que propone la startup de Barcelona Wisar para los freelance. Wisar es tu «representante digital» en varias de las plataformas más populares y mediante inteligencia artificial te manda los proyectos que se ajustan a tu perfil y tus tarifas. ¿Qué aspecto podría tener algo así para el sector del cuello azul o bajo demanda?

Esta multipresencia destapa otra necesidad, la portabilidad de mis datos de reputación entre plataformas. Si no puedo transferirlos de Uber a Lyft, tengo que empezar de cero cuando quiero dejar de ser dependiente de Uber (si es allí donde tengo mi mejor perfil). Mi libertad como trabajador independiente queda muy mermada si no puedo ser el propietario y gestor de estos datos, y las plataformas tampoco tienen mucho interés en facilitarme la vida en ese punto. ¿Te acuerdas de cuando no existía portabilidad entre operadores de telefonía móvil en España? Pues lo mismo sucede con tu reputación digital, que, como saben muchos trabajadores, es clave para conseguir más trabajos dentro de la plataforma.

Desde un punto de vista tecnológico existen varias opciones (desarrollo de estándares entre plataformas de un sector, una tercera empresa que gestione la reputación agregada o soluciones basadas en blockchain). Desde un punto de vista legislativo, la normativa europea RGPD (Reglamento General de Protección de Datos; GDPR en inglés) parece que es un primer paso en la buena dirección, pero su aplicabilidad en el entorno de las plataformas laborales aún no está del todo clara.

En cualquier caso, los trabajadores han pasado a la acción. Vale la pena conocer a James Farrar y yo pude hacerlo en la conferencia Reshaping Work. James es el líder de la rama de conductores de aplicación United Private Hire Drivers (UPHD) del sindicato IWGB en Inglaterra. Gracias a su pasado como consultor de SAP y sus años en la ONG Global Witness decidió crear una nueva organización llamada Worker Info Exchange. El proyecto ayuda a los trabajadores de plataforma que tienen datos almacenados en la UE a recuperar el control sobre ellos. Worker Info Exchange presenta solicitudes de acceso a esos datos en nombre de trabajadores individuales. Luego esos datos agregados (como si fuera la propia plataforma) facilitan la comparación entre las horas, los viajes, la remuneración, etc., de los trabajadores y también entre ciudades diferentes. Según me comentó James, el siguiente paso es poder acceder no solo a los datos directos de los trabajadores, sino al perfilado digital y los datos «inferidos» sobre los trabajadores por parte de los algoritmos de las plataformas. Tengo derecho a conocer y descargar mis datos. Y también tengo derecho a saber qué piensa el jefe de mí, es decir, qué ha aprendido el algoritmo de mí.

En Estados Unidos, el proyecto Drivers Seat es una cooperativa con objetivos similares. En el ámbito del cuello azul, WorkerBird ayuda a los trabajadores a conocer sus ganancias por hora y a buscar un mejor equilibrio entre el trabajo y la vida personal.

Fuera del entorno de las plataformas, ¿te acuerdas de que comenté que los robots, más que quitarte tu empleo, serían tus jefes, incluso si no encuentras trabajo a través de plataformas? Todo lo relativo a la gestión y la propiedad de los datos en un ámbito laboral digitalizado y con monitorización constante acabará siendo incluido como parte de nuevos derechos laborales mezclados con los derechos digitales de la ciudadanía. Es importante garantizarlos no solo a título individual (derechos digitales), sino también colectivo (derechos laborales).

Más allá de los datos, la siguiente batalla para los trabajadores independientes será poder disponer de una identidad digital portátil y descentralizada.

Las empresas y las organizaciones

Viendo todo lo que ha cambiado en el mundo del trabajo, sería absurdo pensar que las empresas y las organizaciones en general van a seguir funcionando de la misma manera. Esto es también aplicable a la forma en que los trabajadores independientes contratan a otros trabajadores.

Seguir pensando en términos de jerarquía, control, subordinación y relaciones laborales a largo plazo solo con una empresa nos aleja más y más de la realidad.

Las relaciones entre talento y organizaciones van a ser más complejas y, como tantas cosas citadas a lo largo de este libro, para bien y para mal.

En este apartado daré algunas ideas básicas de lo que está ocurriendo en relación con la gestión del talento en las organizaciones y qué pasos básicos deben darse para la adaptación al nuevo contexto.

CONECTANDO Y OPTIMIZANDO LA CADENA DE SUMINISTRO DE TALENTO

Durante el tiempo que llevo estudiando el futuro del trabajo he tenido diversos momentos epifánicos. Uno de ellos fue cuando comprendí del todo el subtítulo de una conferencia de Staffing Industry Analysts (SIA) en Londres: «Connecting and Optimizing the Talent Supply Chain» («Conectando y optimizando la cadena de suministro de talento»).

Esa conferencia de SIA fue la primera vez en que me adentré en primera persona en el mundo del staffing, la gestión de procesos laborales desde el punto de vista de los proveedores de tecnología para grandes empresas. Me sentí bastante fuera de lugar: no conocía a nadie en la conferencia y no entendía la mitad de los acrónimos que se usaban en las presentaciones. Tenía mucho que aprender, así que me concentré bien para no perder detalle.

Desde el punto de vista de los organizadores, el talento se añade como parte de la cadena de suministros: *talent supply chain*. Del mismo modo que necesito cuatro ruedas y algunas puertas para fabricar un coche, necesito un par de personas con los conocimientos de mecánica suficientes durante unas horas para que monten ese vehículo. Todo *just in time* (el método «justo a tiempo»), siguiendo el famoso sistema de producción que Toyota puso de moda en su día. No hay duda de que las ideas de la gig economy han llegado a la gestión de personas y el talento en las empresas. Y han llegado para quedarse.

Erika Thier, *external workforce management* en la farmacéutica Novartis, lo dejó claro en su exposición. Erika dijo que el plan para Novartis era tener al 50% de la fuerza laboral como empleados internos y al otro 50% como externos. El dinamismo de las demandas del mercado hace que el talento para cada proyecto pueda ser diferente y por ello la fuerza laboral debe diseñarse para tener el mismo dinamismo que la demanda.

Erika dijo que para conseguir a toda esa fuerza laboral externa van a pescar talento en cuatro frentes:

1) Exempleados a los que pueden recuperar para un proyecto puntual. Conocen el sector y la empresa, y están listos para subirse al carro.

2) «Medallas de plata.» Todas aquellas personas que pasaron por una entrevista de trabajo y quedaron segundas. Eran muy buenas y tenemos su contacto, ¿no?

3) Su propia herramienta de gestión de talento externo, donde se ubican aquellos freelance que ya han trabajado una o varias veces con la empresa en proyectos complejos.

4) Las plataformas digitales, que dan acceso a grupos de talento en abierto para cualquier tarea (como ya has visto en el capítulo anterior).

Ni Erika ni Novartis son las únicas personas y organizaciones que piensan así. Una variedad de estudios apuntan a que las empresas cada vez se sienten más cómodas con esta forma de gestión del talento y, en una amplia mayoría de ellas, está previsto que el uso de fuerza laboral externa aumente en los próximos años. La nueva normalidad es una fuerza laboral mixta. La necesidad de cubrir brechas de habilidades dentro de las organizaciones está ampliando el rango de búsqueda de talento, primero para proyectos puntuales y luego para actividades más estructurales. Las funciones de gestión de tecnologías de la información, operaciones, marketing, innovación y desarrollo e incluso los recursos humanos son las más populares. Del mismo modo, el talento de menor especialización y que se considera no esencial dentro de la empresa (limpieza, seguridad, etc.) se cubre también de esta manera.

Toda esta externalización optimizada y ampliada es posible por la mayor digitalización de procesos, que reduce los costes de coordinación y transacción. Del mismo modo que tenemos los *Customer Relationship Management* (CRM) para la gestión de los clientes, aparecen soluciones de *Freelance Management Systems* (FMS) para la gestión del talento. Plataformas tecnológicas como Yoss (de Adecco), Fieldglass (comprada por SAP), WorkMarket (adquirida por ADP) o Twango Talent Pool (de Randstad) permiten crear y gestionar plataformas de trabajo bajo demanda para las empresas. Las más avanzadas mezclan en una sola el talento interno y el externo, e incluso se llega al punto de que resulta difícil diferenciar lo uno de lo otro. Estos FMS facilitan publicar una demanda de talento en varias plataformas de freelance a la vez donde la empresa tiene un perfil. La plataforma, propia o de un tercero, se encarga de atraer, validar y coordinar al talento. En inglés se habla del *talent pool* o *human cloud*, por si te apetece profundizar un poco más en el tema.

«En una economía digital, donde una red de especialistas prevalece sobre una multitud de empleados, muchos de los recursos, si no la mayoría, estarán externalizados [...]. La configuración óptima de recursos será aquella que maximice los puntos de contacto externo y minimice los gastos fijos internos», se lee en «La naturaleza de la empresa (75 años después)», un documento del BBVA Research donde se revisa el impacto de la tecnología sobre las teorías que Ronald Coase publicó en 1937.

«Hoy en día resulta más costoso internalizar un recurso que conectarse al mismo recurso de manera externa», sentencia acertadamente el finlandés Esko Kilpi. Quédate con esta idea.

¿Y esto realmente funciona? Pues sí. En un caso extremo, unos investigadores del centro Institute for the Future idearon un proyecto llamado iCEO («iJefe») para automatizar las tareas de coordinación que un jefe desempeñaría sobre sus empleados, pero usando solo talento externo. Para el experimento programaron el software con el fin de que preparara un informe de ciento veinticuatro páginas para una gran compañía norteamericana. Al coordinar automáticamente el trabajo de escritores, editores, revisores y verificadores en varias plataformas y diversas zonas horarias, el informe se completó en solo tres días, cuando un informe de este tipo suele necesitar varias semanas de trabajo. Los investigadores ni siquiera tuvieron que gestionar el proyecto. Los controles de calidad del informe, así como los procesos de recursos humanos, también fueron tareas independientes ejecutadas por freelance.

No creo que las empresas que contratan a empleados desaparezcan por completo, pero cuando hay tantas maneras de hacer el trabajo, es natural que las organizaciones exploren diferentes modelos de gestión de proyectos y talento. La otra cara de la moneda es que los trabajadores pueden buscar diferentes modelos de trabajo.

¿Y QUÉ PUEDO HACER?

Siempre que experimentamos un cambio de este calibre se presentan dos opciones muy económicas. Una es convencernos a nosotros mismos de que esto no nos afectará (porque soy una pyme o una fundación, porque soy un autónomo, porque mi sector es diferente, etc.). La otra es, como las avestruces, meter la cabeza bajo tierra hasta que todo haya pasado. Ninguna de las dos cuesta tiempo o dinero, y en el corto plazo pueden funcionar, pero a medio y largo plazo van a hacer que nuestra organización deje de ser competitiva.

¿Te acuerdas de que las empresas que han usado robots han creado más empleo y han atraído al mejor talento para trabajar en ellas? Como en el caso de los robots, las pymes pueden tener mayores dificultades, pero no tomarse en serio la creación de una fuerza laboral mixta para tu organización es poner el futuro de la misma en serio peligro.

Lo primero es tomar consciencia de estos temas y aprender sobre ellos. Seas un empleado o el jefe de la organización, tienes esa responsabilidad. Encuentra a un grupo de gente dentro de tu empresa que tenga curiosidad y ganas de cambiar las cosas.

La segunda etapa es experimentar con ello. Puedes empezar con tareas puntuales en proyectos no críticos, ya que los primeros pasos siempre llevan dificultades añadidas. Incluso si eres un autónomo que te gusta hacerte cargo de todo, empieza a buscar ayuda externa. Por ejemplo, hace años que yo externalizo todo lo relativo al diseño gráfico de mis documentos y presentaciones. Este proceso te obliga a aprender a comunicar bien tus ideas y necesidades, a dar feedback de manera constructiva, a construir relaciones que perduren en el tiempo si esa persona encaja contigo, etc. Luego puedes pasar a pensar en tareas más estructurales.

Muchas empresas desean que sus empleados tengan una mentalidad más proactiva y emprendedora, ¿no? E incorporar este talento externo es una manera de agregar también a gente con esa mentalidad. También es una forma de incorporar una mirada fresca y nuevas fuentes de conocimiento en tu organización.

Durante esta experimentación verás que abundan los retos: operativos, legales, culturales, etc. Es un pequeño laberinto plagado de opciones y decisiones. Y, como en todo laberinto, puedes sentirte perdido en algún momento, pero se puede salir y se acaba consiguiendo.

La siguiente etapa, el paso del experimento al uso habitual de una fuerza laboral mixta, requiere de una planificación estratégica.

PLANIFICACIÓN ESTRATÉGICA PARA UNA FUERZA LABORAL MIXTA

En los años ochenta y noventa las empresas empezaron a desarrollar estrategias para integrar la informática e internet. En la primera década del siglo XXI se implementaron estrategias para el entorno de los móviles. Ahora, en la segunda década, las empresas y organizaciones necesitan una estrategia centrada en la evolución de su fuerza laboral.

La mayoría de las empresas reconocen que utilizan la fuerza laboral externa para cubrir grietas, pero no han desarrollado un plan estratégico para capitalizar este recurso como una solución a largo plazo. No hay un modelo único, cada organización necesitará desarrollar su propia estrategia, pero aquí compartiré contigo algunas líneas maestras generales.

Como punto de partida, me gusta la propuesta del consultor

Josh Bersin con una matriz de 2x2: un eje vertical temporal (necesidad de talento puntual/necesidad de talento a largo plazo) y otro horizontal de habilidades (fáciles de aprender/de alta cualificación). A partir de esta matriz aparecen combinaciones:

1) El talento con habilidades fáciles de aprender que solo necesito de manera puntual (p. ej., personal para atender un puesto en una feria o promoción) lo buscaré a través de agencias de empleo temporal o trabajadores de plataforma bajo demanda. Serán trabajadores independientes.

2) Para el talento con habilidades fáciles de aprender y que necesito de forma permanente (p. ej., seguridad, limpieza, mantenimiento informático, etc.) tendré una mezcla de trabajadores de empresas de servicios y empleados contratados por horas cuando hay picos de demanda. Puede que trabajen en varias organizaciones, no solo para la mía. Es importante que estas personas encajen bien en la cultura de mi organización.

3) El talento de alta cualificación y necesidad puntual (p. ej., experto fiscal para los impuestos al cierre del año, programador de un lenguaje concreto en un proyecto, diseñador o videógrafo, etc.) lo gestionaremos como talento freelance para el proyecto en concreto. Aquí, las plataformas para acceder a este *talent pool*, que puede ser abierto o bien cerrado para la organización, son de gran ayuda.

4) Y para el talento de alta cualificación y necesidad permanente o a largo plazo (p. ej., director/a de área) buscaremos una relación de empleado a tiempo completo y duración indefinida. Esta persona tiene que poder proyectar una carrera dentro de la organización y un buen encaje cultural con esta, los managers y el resto del equipo.

Esta diversidad de situaciones y necesidades hace que el típico rol de la división de recursos humanos (atraer y retener empleados a tiempo completo, además de toda la gestión administrativa) tenga que evolucionar hacia un rol de mayor complejidad y de un peso estratégico mayor en las organizaciones.

En inglés se usa la expresión *total talent management* como el mecanismo que facilita a las organizaciones acceder al mejor talento a través de todos los canales disponibles. Las opciones para obtener talento externo pueden parecer abrumadoras, pero, como has visto, la tecnología y las plataformas pueden ser buenos aliados.

Como parte de este *total talent management* emergen nuevos cargos como el de Chief Freelance Officer (CFO) o manager de talento externo. Las personas que toman este rol suelen tener un pasado en recursos humanos y/o en gestión de proyectos. Los CFO ejercen múltiples funciones, como la gestión de procesos para la incorporación del talento independiente, la animación de la comunidad de personal externo, el conocimiento del ecosistema externo, el asesoramiento a los líderes de proyectos acerca del talento disponible, la ayuda a simplificar los procesos de compras y los procesos de recursos humanos, etc. Como siempre, el reto será que este cargo no sea algo decorativo, para simular ser una organización innovadora, sino que tenga un poder estratégico y operativo real en los procesos internos y la toma de decisiones.

¡ACCIÓN! GESTIÓN DE PROYECTOS EN MODO HOLLYWOOD

Desde la perspectiva de la gestión de proyectos, para enmarcar los cambios de una manera atractiva o al menos más fácil de entender, se habla de la gestión de proyectos siguiendo el llamado «modelo Hollywood».

¿Cómo funciona este esquema? En términos sencillos, se contrata a personal con alto grado de especialización y conocimiento para un proyecto determinado, por un período de trabajo corto pero intenso. Cuando el proyecto finaliza, el equipo se desarma y sus integrantes quedan libres para embarcarse en otro diferente. Para que esto pueda funcionar es importante que las tareas y las responsabilidades de cada persona del equipo estén bien definidas y consensuadas.

Recibe el nombre de «modelo Hollywood» porque esta es la

dinámica que se sigue en la industria cinematográfica en el momento de filmar una película. El estudio se encarga de la producción ejecutiva del proyecto (la financiación) y de buscar al director. Una vez tenemos esas piezas, se buscan actores, vestuaristas, localizadores, directores de fotografía, especialistas, etc., por un período determinado. Estos quedan libres al terminar la filmación, listos para embarcarse en otro proyecto. Esto se explica porque el talento necesario para rodar una película de ciencia ficción es totalmente diferente al que se requiere para hacer un musical o una comedia, y ningún estudio tiene la capacidad de mantener a tantos profesionales a tiempo completo como asalariados. Así, el modelo Hollywood es común no solo en la industria cinematográfica, sino también en la producción audiovisual en general y en gran parte del sector cultural. La novedad es que ahora se aplica cada vez más en proyectos de todo tipo. Como puedes imaginar, habrá una mezcla de talento interno y externo en este tipo de proyectos.

Por supuesto, el talento que se junta en un set de filmación no se reúne al azar, y esto es algo a tener en cuenta en los proyectos de tu organización. Aquellos que se agrupan y reagrupan en los rodajes saben con quién les gusta trabajar, y hacen todo lo posible para reunir a esas personas una y otra vez. El director Tim Burton ha trabajado ocho veces con el actor Johnny Depp. El actor Tom Hanks trabajó con el maquillador Dan Striepeke en diecisiete películas y solo contrató a otra persona cuando este se retiró. Los equipos, organizados de manera flexible tienden a reunirse una y otra vez para los proyectos. Es lo mejor a nivel de esfuerzo para reunir a estos equipos, a la vez que facilitan el encaje cultural y las operaciones durante la ejecución del proyecto. ¿No te suena todo esto a lo comentado antes acerca de que el futuro de los trabajadores es el de los colectivos de independientes?

Si quieres un caso concreto solo tienes que pensar en la editorial de este libro (Penguin Random House/Conecta). Los empleados de Conecta son los directores de orquesta de todo el proceso de creación y distribución de la obra. La mayoría de las tareas (escritura, corrección de estilo, diseño de portada y elementos gráficos, distribución, traducción a otros idiomas, etc.) las ejecutan personas y empresas externas a la editorial.

Todos estos principios llevados al extremo mediante la eficiencia tecnológica reciben el nombre de *flash teams*. Este tipo de *flash teams* también son los mismos que se crean en emergencias como la pandemia del COVID-19 o en desastres naturales de todo tipo.

Cómo integrar al talento externo

De entrada es importante recordar la matriz 2x2 del inicio de este apartado para entender que el talento externo no será uniforme. Habrá un segmento menos especializado, puede que con un perfil más joven y con contratos temporales o por obra y servicio, y otro más especializado, algo más sénior en muchos casos y que se contratará de manera externa como autónomos. Todos ellos van a tener como referencia a las personas que estén empleadas en la empresa. En los equipos de los proyectos van a estar todos mezclados.

Hacerlo mal es fácil y barato. No cuidar a las personas que forman parte del talento externo hará que obtengas los frutos de su trabajo por el dinero que les pagues, pero nada más. Ningún compromiso y pocas o nulas ganas de regresar a trabajar contigo.

Si la experiencia de la persona es realmente mala, la organización se ganará una reputación negativa entre los potenciales candidatos. Portales como Glassdoor o Appjobs ejercen este papel de TripAdvisor de las condiciones de trabajo en diferentes empresas o plataformas. La gente consulta este tipo de informaciones antes de aceptar una oferta de trabajo.

Así que la recomendación es que no solo hay que contratar, sino que hay que integrar al talento externo en las organizaciones. Para aprovechar al máximo a los trabajadores independientes, y hacer que tengan mayor compromiso y ganas de regresar, las empresas deben adaptarse a ellos.

Las empresas deben articular claramente el papel de estos trabajadores y el propósito de integrarlos para obtener un amplio apoyo interno. También se requiere de voluntad y flexibilidad para crear procesos y flujos de trabajo más adaptables. Por ejemplo, en los procesos de contratación y la certificación de sus habilidades, ya que estos trabajadores no son empresas. Yo mismo, para dar cuatro horas de clase en una administración local, he tenido que presentar varios certificados de hacienda y seguridad social, además de pasar por la oficina del banco para tener un sello que demuestre la titularidad de mi cuenta corriente y mandar todo ello por correo postal en un sobre. Tardé más en hacer todo esto y en localizar un buzón en mi barrio que en dar la clase propiamente dicha.

Muchos de estos trabajadores van a ser remotos, van a usar sus propios equipos informáticos, van a necesitar de acceso digital y/o físico a ciertas partes de la empresa, etc. Sin una tipología de trabajador que reconozca esta realidad, los trabajadores independientes quedan en un limbo entre el empleado, que tiene acceso a casi todo, y el visitante, que solo tiene acceso a la wifi para invitados. Por suerte, el teletrabajo forzado durante el confinamiento ya ha flexibilizado algunas de estas políticas internas, de manera que se adaptan mejor a los freelance.

También deben ser integrados en la visión y misión de la organización: el proceso de *on-boarding*, en términos de recursos humanos. Hablar con ellos sobre los objetivos de la compañía y dónde encaja en esa visión más amplia el trabajo que realizan, aunque sea a corto plazo. Los organigramas, los mitos fundacionales, la cultura de la empresa, etc., harán que esa persona se sienta más parte de la familia. Del mismo modo, el proceso de *off-boarding* o desvinculación laboral también es una oportunidad de recibir opiniones del talento externo y, en caso de desearlo, dejar la puerta abierta a futuras colaboraciones.

Otra de las dudas habituales con los trabajadores independientes es: ¿los invitamos a los actos sociales y las fiestas?, ¿a la cena de Navidad?, ¿se llevan un lote de Navidad como el resto de los empleados?, ¿el mismo lote u otro? ¿Y hablamos solo del talento externo que está activo durante ese momento del año o bien de todos los que han estado en la empresa a lo largo del año? Es mejor tener estos temas pensados y comunicados anticipadamente para no generar falsas expectativas y conflictos de estatus entre el personal dentro de un mismo proyecto.

Yendo más allá de los jamones y las fiestas de Navidad, ¿qué tal pensar en ofrecerles algo sustancial como acceso a algunos de los beneficios que tienen los empleados? Pueden ser desde derechos a días de vacaciones hasta algún seguro médico adicional. Otro ámbito que interesa tanto al trabajador temporal como a la empresa es la formación. ¿Debería una empresa formar a sus trabajadores independientes? Aunque suene un poco radical, yo creo que sí. Está claro que irán a trabajar a otros sitios, pero si se gestionan bien también regresarán, ¿no? Para las empresas, al igual que en los casos de plataformas digitales de trabajo bajo demanda (Glovo, Uber, etc.), ofrecer estos beneficios puede ser un indicio para que un juez determine que hay una relación laboral. Esto es un ejemplo de cómo las normativas actuales pueden dificultar que los trabajadores independientes tengan una situación similar a la de los empleados.

Una posible vía es el uso de los servicios WorkerTech mencionados anteriormente, pues son de utilidad para tercerizar el acceso a esta formación u otros beneficios. Además, ¿qué hay de malo en que las empresas capaciten a sus empleados y a los externos a través de una formación lo más abierta posible? Google lo hace mediante cursos de programación gratuitos para miles y miles de personas. Solo unas pocas de ellas, las más brillantes, van a terminar trabajando en Google. El resto irán a otras empresas (competidores y proveedores de Google), pero con ello estamos mejorando la formación general en el sector.

Finalmente, hay que pensar que, en la gestión de este talento externo, las plataformas digitales laborales pueden ser de gran ayuda (bajo demanda, cuello azul, freelance), pues tienen mucha experiencia en situaciones muy dispares. Como intermediarios entre el talento y las organizaciones, les interesa cuidar a ambas partes para que no se vayan a buscar otros intermediarios.

En los años venideros, las empresas se enfrentarán a un conjunto completamente nuevo de preguntas y posibilidades. Mejor ir practicando para sacar buena nota en el examen.

UNA FUERZA LABORAL LÍQUIDA EN EL MARCO DE UNA ORGANIZACIÓN POROSA

Con tantos cambios organizativos y culturales para adaptar la organización al talento externo acabamos también transformando la cultura y la gestión de los empleados tradicionales.

Por un momento sitúate mentalmente en una organización que trabaja con proyectos tipo Hollywood y con un 50% de talento externo que va cambiando. ¿Qué pensarán los empleados que siguen siendo etiquetados por un cargo y unas funciones concretas que les limitan en su carrera profesional? ¿Qué pensarán desde los departamentos jerárquicos y las estructuras calcáreas e impasibles a los cambios del entorno?

Llegados a este punto, las organizaciones migran de ser estructuras jerárquicas a convertirse en una red de personas conectadas alrededor de unos objetivos y un propósito. Una organización mucho más líquida y adaptable a los cambios constantes del entorno. Las fronteras se difuminan. Los muros de la organización son de alta porosidad. Se han escrito un montón de libros de gestión e informes de consultoras dedicados al tipo de liderazgo que se necesita en un entorno así. Los líderes ya no mandan y ordenan, sino que se convierten en jardineros que cuidan el ambiente y los nutrientes para que las personas (trabajadores internos y externos) y los proyectos puedan crecer.

Un libro al que se hace referencia a menudo es *Team of Teams*, del general Stanley McChrystal, quien lideró el cambio en la política del ejército estadounidense durante la guerra de Irak. En él se explica que el ejército de Estados Unidos era una máquina incapaz de responder a intervenciones caóticas de su contrario, hasta que se cambió de estrategia. McChrystal propuso un modelo formado por un conjunto de equipos en cuyo interior siempre hubiera personas conectadas con los otros equipos y en los que se trabajase con unos criterios de funcionamiento muy bien definidos: una red de conciencia compartida y miembros empoderados para ejecutarla.

La manera de gestionar toda esta red de talentos ya no puede ser en forma de personas con cargos y funciones (algo demasiado estático), sino que debe utilizarse una agrupación de habilidades. Pasaremos del *human cloud* a algo como un *skills cloud*: tu organización no como una suma de personas, sino como una suma de capacidades. Esto es mucho más revolucionario de lo que puede parecer en una primera lectura casual. Repito: tu organización no como una suma de personas, sino como una suma de capacidades. Recomiendo ampliar este punto con el artículo «Workday Skills Cloud: A Big Idea With Much More To Come».

Por muy raro y futurista que pueda parecer todo esto, ya existen organizaciones que son capaces de crear estos mercados internos de proyectos donde el talento selecciona y se postula en lo que quiere trabajar. En algunos casos parece ser la mejor o la única manera de retener el talento en el entorno de la organización.

¿CÓMO SER UNA EMPRESA IRRESISTIBLE PARA EL MEJOR TALENTO?

Con tanta liquidez, porosidad, flexibilidad, relaciones de corta duración, etc., lo cierto es que el talento, sobre todo el talento bueno y escaso que necesita tu organización para ser relevante y competitiva, tiene la posibilidad de ir donde le plazca.

Más allá del conocido *employer branding*, ¿qué elementos hay que considerar para que nuestra empresa u organización sea irresistible en un entorno de competencia para el talento?

Coincidí con Sergi Corbeto, fundador de la agencia Mind The Gap, en una mesa redonda acerca del talento en el sector de la moda. Sergi lo resumió diciendo que «lo primero es dejar de tener la cuenta de explotación, donde los trabajadores son un coste, como tótem de la empresa. Hay que poner a las personas en el centro (¡qué innovación!). Fomentar la agilidad y creatividad de las personas frente a los procesos, la flexibilidad frente a los planes y las conversaciones frente a los contratos». Destacó también que la misión de la organización, su impacto social real, era una pieza clave y recomendó que hubiera más coordinación entre los departamentos de marketing y los de recursos humanos o talento en este último punto.

Bajando las ideas de Sergi, con quien coincido, a aspectos muy prácticos, destaco los siguientes puntos:

- En relación con las condiciones laborales hay que buscar que la flexibilidad que busca la organización no repercuta negativamente en los trabajadores. Es decir, una flexibilidad bien entendida por ambos lados. Para dejar de poner ejemplos de freelance, me voy al ámbito de la venta minorista: Costco. En 2017, *Forbes* y Statista nombraron a la cadena de supermercados como el mejor empleador de Estados Unidos (¡por delante de Google!) y fue incluida en la lista de Glassdoor de los mejores lugares donde trabajar. Además de pagar significativamente más que la competencia (incluido Walmart), la compañía es conocida por su paquete de beneficios, que es mucho más amplio que la norma en la industria minorista. La compañía también proporciona horas garantizadas, en lugar de las horas aleatorias que los trabajadores a tiempo parcial suelen sufrir, y horarios flexibles. Gracias a todo esto Costco mantiene una tasa de rotación de personal dos tercios por debajo del promedio de la industria.

- Otra buena práctica es que los trabajadores se autoorganicen en equipos pequeños con mucha capacidad de toma de decisiones y lo más cerca posible del contacto con el cliente, evitando así que la información tenga que circular arriba y abajo de la cadena jerárquica. Uno de los mejores ejemplos de esta práctica, destacado en el libro *Reinventar las organizaciones*, de Frederic Laloux, son los más de quince mil profesionales de la enfermería de Buurtzorg, en Holanda, encargados de los cuidados a domicilio. Tan solo hay veintiuna personas de back office y dos directores. El resto se organizan en equipos de 10-12 trabajadoras para cuidar a 50-60 pacientes. Estos equipos tienen un/a coach que los ayuda en el desarrollo de sus habilidades comunicativas, la toma de decisiones, la distribución de roles, etc. Un par de veces al año, todos los equipos se encuentran para generar confianza entre ellos y evolucionar colectivamente los aspectos del sistema de gestión que sean necesarios. Una muestra del *team of teams* fuera del entorno militar.

- Incorporar la opción del talento remoto allá donde sea posible. Pensar que todo el talento que necesitas va a vivir en los códigos postales más cercanos a tus sedes es hacerse trampas al solitario. La incorporación de talento externo irá de la mano del desarrollo de la cultura del trabajo en remoto en toda la organización (trabajo asíncrono, confianza a priori, transparencia y acceso a la información, comunicación por escrito, etc.). Otro efecto interesante es que los equipos van a ganar mucho en diversidad e inteligencia colectiva. Además, las prácticas de trabajo en remoto ayudan a reducir la emisión de gases de efecto invernadero (al reducirse los viajes al centro de trabajo), así como a moderar la presión del mercado inmobiliario en las ciudades (ya que, como se ha visto durante el confinamiento, mucha gente prefiere estar en ciudades secundarias o en el ámbito rural). En el extremo de esta situación existen incluso las llamadas «ranas» (del acrónimo inglés FROGS, *Fully Remote Organizations*). Los mercados de freelance goLance o Toptal son FROGS, al igual que Automattic (los creadores del sistema Wordpress) o Zapier. El hecho de no tener oficinas permite reducir los costes de la empresa. Con ese dinero se pueden organizar uno o varios encuentros anuales de los trabajadores, a la vez que reducir el precio o las comisiones a los clientes. Si aún no te he convencido, busca el «Remote Work Manifesto», el libro *¿Por qué no nos dejan trabajar desde casa?* de David Blay o apúntate a la Escuela de Trabajo Remoto de Carlos Jonay.
- Finalmente, algo obvio y a menudo descuidado. El talento se queda (y/o le gusta regresar) allá donde aprende y puede desarrollarse. ¿Qué tal si hacemos del aprendizaje uno de los objetivos en cualquier trabajo? ¿Qué tal añadir «lo que vas a aprender» en las ofertas de trabajo? ¿O unos contratos de aprendizaje en los que los empleados se comprometen mu-

tuamente a desarrollar de manera continua nuevas habilidades para nuevos roles? Aprender es parte del trabajo. Las empresas deberían dejar tiempo para pensar, experimentar y reflexionar; no se trata solo de producir. Aprende la persona y, con ello, la organización. *Learning organizations* es un término que me gusta usar. Está claro que este talento formado acabará trabajando también en otras organizaciones, pero la alternativa es tener gente menos formada trabajando para ti. Entonces ¿qué prefieres? El gran reto es que este tipo de oportunidades y cultura llegue a todos los tipos de trabajadores. Muchos de los que necesitan una formación más permanente (p. ej., por riesgo de automatización parcial o total de sus funciones) son los que menos acceso tienen y/o participan en programas de formación.

¿A qué distancia están las organizaciones que conoces de estas ideas? ¿Son organizaciones irresistibles?

En resumen, la fuerza laboral de las organizaciones es y será una combinación de empleados humanos, trabajadores independientes y robots e IA, algunos en local y otros en remoto.

El rol de los departamentos de recursos humanos o personal tiene que ir mucho más allá de hacer las nóminas, altas y bajas para pasar a formar parte del desarrollo estratégico de la organización. Por suerte, muchos de ellos ya han cambiado el nombre para incluir esta función de atraer, gestionar y desarrollar el *continuum* de talento abierto y diverso que la organización necesita para prosperar.

Bajo esta mirada queda claro que la automatización de funciones (robots e IA) debe hacerse para eliminar estas tareas repetitivas de los humanos y que estos puedan centrarse en su desarrollo profesional y personal.

Bien entendido y ejecutado, el cambio de escenario laboral nos puede conducir hacia organizaciones más humanas a todos los niveles.

DE PENSAR EN MI ORGANIZACIÓN A PENSAR EN EL ECOSISTEMA

Hasta el momento he descrito solo el interior de las organizaciones, pero la relación de estas con su entorno también cambia. Este es un tema que da para varios libros completos, con lo que aquí únicamente comparto cuatro ideas básicas.

Los negocios siempre se han basado en las redes. Un fabricante de coches no está compuesto solo por sus trabajadores y sus edificios, sino también por su red de proveedores de piezas, concesionarios de automóviles y agencias de publicidad. Toda la industria del cine y la televisión consta de un pequeño núcleo de empleados a tiempo completo y una gran red de trabajadores temporales por proyectos.

Como has visto antes, lo primero que ocurre es que este concepto de red se aplica también al contexto interno de la empresa. Los departamentos de la organización se convierten en unidades con alta autonomía que, mediante el uso del talento interno y del externo, ofrecen servicios y productos al resto de los departamentos de la organización y a los clientes finales. La empresa líder en esta forma de organización es el fabricante de electrodomésticos Haier. Impulsado por la necesidad de una mayor autonomía, alrededor de 2013, Haier adoptó el concepto de MicroEmpresa (ME) como la unidad organizativa interna basándose en tres derechos esenciales: el derecho a tomar decisiones, el derecho a contratar talento y el derecho a distribuir los beneficios. Existen dos tipos de ME, las orientadas al cliente final (que crean los productos) y las que son nodos internos (el resultado de la separación de los departamentos del pasado como la logística, la cadena de suministro, el marketing, etc.). Con este modelo de gestión pueden llegar a duplicarse funciones en ME (p. ej., dos ME de marketing), a la vez que estas empiezan a servir a clientes externos, no solo a las unidades de Haier orientadas al cliente.

La frontera entre el interior y el exterior de la organización queda muy diluida, difícil de apreciar incluso. En los modelos tradicionales de producción, las compañías operaban en una cadena de valor lineal para entregar una gama limitada de productos. Sin embargo, la actividad económica está cada vez más organizada dentro de ecosistemas: redes complejas y semifluidas de empresas que cruzan las fronteras convencionales de cada industria y ofrecen servicios y productos novedosos.

Estos ecosistemas funcionan más como un organismo vivo que como una máquina. La confianza es lo que otorga consistencia a un ecosistema de relaciones tan fluidas. Las claves para que funcione un ecosistema de confianza son su orientación a un propósito común, la centralidad en las personas y la confianza ampliada mediante los mecanismos digitales.

En un ecosistema los líderes deben buscar retos que los superen y forzarse a colaborar con otros para resolverlos. «Elige un problema que sea más grande que tú y que requiera hacer uso de los ecosistemas. Los ecosistemas están ahí para resolver problemas perversos y difíciles», dijo el profesor Hal Gregersen de la Sloan School del MIT en el Drucker Forum de 2019.

Para los retos complejos a los que nos enfrentamos como especie, desde la gestión de la crisis sanitaria y económica del COVID-19 hasta la emergencia climática, trabajar mediante ecosistemas es sin duda la mejor opción, un modelo organizacional adaptativo y flexible para un futuro que no puede preverse.

Del mismo modo que el protagonista del futuro del trabajo no es el trabajador independiente sino los colectivos de independientes, el coprotagonista no es la empresa independiente sino los colectivos de (micro)empresas independientes, es decir, los ecosistemas.

En un contexto de ecosistemas, las personas, el talento, ya no pertenecen a una única organización, sino que forman parte del ecosistema. Así tiene todo el sentido del mundo formar a los empleados de las organizaciones para beneficio propio y de todo el ecosistema. Son un común de talento del ecosistema, compartido y cuidado entre todos. El riesgo no es ya que la persona vaya a trabajar para otra empresa del ecosistema, sino que se desplace a trabajar a otro ecosistema diferente.

Lo que he escrito no es ciencia ficción. En Barcelona, a finales de 2018, asistí a una conferencia del European Institute for Industrial Leadership. Allá comentaron cómo la industria de las plataformas petrolíferas, una opción poco atractiva para el talento joven, ya trabaja de manera coordinada para atraer y mantener a esos ingenieros e ingenieras dotándolos de una formación continua dentro del sector e incluso llegando a ofrecerles un salario durante las épocas en que no están activos en ningún proyecto con tal de que el talento no se vaya a otro sector.

Una sociedad donde vamos a trabajar hasta los ochenta

Si te acuerdas, al inicio del ensayo conté que, cuando yo nací en 1977, existía un camino trazado por delante con tres etapas muy claras: 1) estudiar durante veintipocos años; 2) trabajar durante cuarenta y tantos años, y 3) jubilarse a los sesenta y cinco con un retiro tranquilo. La expectativa de vida en España era de setenta y cuatro años.

En este modelo, las habilidades adquiridas durante la primera etapa me permiten desarrollar una carrera profesional estable en la segunda. Del mismo modo, con la pirámide de población de ese momento y gracias a las contribuciones de los trabajadores en activo, se podían financiar las pensiones para las personas jubiladas.

Hoy en día, la cosa tiene un dibujo bastante diferente. Los niños y niñas que nacen en economías avanzadas tienen un 50% o más de probabilidades de vivir más de cien años con una buena calidad de vida. ¿La carrera laboral podrá seguir siendo entonces de cuarenta y pico años o tenemos que pensar más bien en una jubilación a los ochenta? En un mundo que evoluciona a tanta velocidad, ¿lo que aprendiste hace cinco años aún te sirve para ofrecer tu tiempo y tus habilidades en el mercado laboral? En un mundo de vidas laborales fragmentadas, ¿cómo hacemos sostenible el sistema de pensiones?... Queda claro que, además de la fragmentación del mercado laboral, tenemos que considerar los impactos de la crisis demográfica y revisar aspectos fundamentales de la vida como la formación y la jubilación.

En el libro *La vida de 100 años: Vivir y trabajar en la era de la longevidad*, Lynda Gratton y Andrew Scott defienden que tendremos que renovar nuestras habilidades para llevar de cuatro a seis carreras diferentes durante nuestra vida laboral. También observan que, a mayor edad, las personas buscan dar más significado a sus trabajos y buscan elegir el formato laboral que más les convenga. Esta visión, ya de por sí bastante innovadora, sigue anclada en una visión del trabajo y las relaciones laborales bastante tradicional.

Yo, tras observar los impactos de la fragmentación del mercado laboral en las personas y en las organizaciones, coincido más con Heather E. McGowan. Heather propone que, tras unos años iniciales para formarnos, iremos saltando continuamente entre momentos de trabajo, de formación y otros donde estaremos retirados de toda actividad. Esto sin duda rompe muchos esquemas acerca de cómo organizar nuestras vidas.

Nueva estructura de bloques laborales

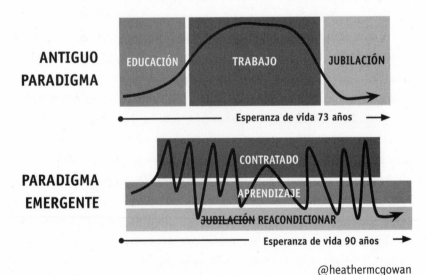

Fuente: <https://www.futureislearning.com/speaking>.

EL FUTURO DEL TRABAJO ES APRENDER

Es una encrucijada crítica: la intersección del futuro del trabajo y el futuro del aprendizaje.

Uno de los conceptos más de moda es el aprendizaje continuo (LLL, *lifelong learning*, en inglés). En un mundo que cambia rápidamente, tenemos que abandonar la noción tradicional de ir a la escuela para aprender y luego seguir una carrera laboral donde aplicar los conocimientos que hemos recibido. Eso ya fue, ya murió. Como dice Joan Clotet en su blog, «debemos ser aprendedores en serie y en serio».

Este reto no puede ni debe caer solo del lado del trabajador. Es un desafío compartido entre los trabajadores, las empresas y las instituciones de conocimiento. Y, si lo hacemos bien, las recompensas pueden ser enormes.

Por un lado, las competencias digitales básicas son la puerta o la barrera de entrada al mundo laboral en el siglo XXI. Un 90% de los trabajos en Europa requieren ya de competencias digitales. Incluso para el 10% que no las requieren, resulta que las plataformas digitales son las nuevas intermediarias, algo que dificulta el acceso a estos trabajos sin al menos saber usar una aplicación en el teléfono.

España suspende en la asignatura digital. Uno de cada tres trabajadores NO dispone de competencias digitales básicas y la cosa es aún peor entre los desempleados: más de la mitad fallan en ese punto. Uno de los impactos más evidentes del COVID-19 es que se ha acelerado la digitalización del mundo, así que esta capacitación digital básica ha tomado aún mayor relevancia de la que ya tenía.

Por otro lado, da igual qué conferencia, informe o blog sobre el futuro del trabajo uses como referencia, hay una coincidencia absoluta acerca de las habilidades que los trabajadores necesitarán más en el futuro: las llamadas «habilidades blandas». Son aquellas conectadas a la personalidad de cada individuo y que caracterizan cómo interactúa con otras personas en el lugar de trabajo. En un mundo laboral fragmentado, donde mi pagador y mis compañeros de trabajo van a ir cambiando, resulta crítico saber comunicarme, relacionarme y adaptarme.

Lo que más piden las organizaciones de sus futuros trabajadores es que sean personas con capacidad de resolución de problemas complejos, con pensamiento crítico y creatividad. A esto se le suma el manejo de personas, la coordinación con los demás, la inteligencia emocional, el juicio y la toma de decisiones, la orientación al servicio, la negociación y la flexibilidad cognitiva. El hecho de que la mayor parte de las habilidades enumeradas sean aquellas de las que carecen los robots no debería sorprenderte.

Los expertos señalan que muchas de las habilidades blandas pueden aprenderse de la misma manera que las habilidades duras, pero hasta este momento se les había dado menor importancia curricular. Algunas personas pueden tener más propensión que otras a estas habilidades, pero el hecho de que se pueden entrenar está fuera de discusión.

Curiosamente, aun siendo conscientes de todo esto, se sigue contratando y evaluando a los candidatos principalmente por sus habilidades duras, es decir, por las destrezas técnicas específicas para desempeñar un trabajo. Estas provienen de la educación, las certificaciones, la capacitación y la experiencia laboral. Son fácilmente medibles y tienen la capacidad de que pueden probarse a través de exámenes y tareas prácticas. Muchos empleadores suponen que las habilidades blandas vienen como un estándar en su fuerza laboral, pero este no es siempre el caso. Asumir que los trabajadores sabrán cómo actuar en situaciones laborales no técnicas es de ingenuos. Sería como asumir que todos los empleados tienen la misma personalidad.

Este foco en las habilidades blandas tiene todo el sentido del mundo, ya que las habilidades duras tienen una duración cada vez menor. «En tres años un profesional pierde el 40 % de su cualificación. [...] En una década está obsoleto», afirmó el CEO mundial de Adecco Group en Davos.

Lo importante no es tanto aprender algo en concreto, sino aprender a aprender. «Los analfabetos del siglo XXI no serán aquellos que no sepan leer y escribir, sino aquellos que no sepan aprender, desaprender y reaprender», señalaba ya hace años Herbert Gerjuoy. Por mi propia experiencia personal, subrayo la importancia de la capacidad de desaprender. Resulta imposible tener espacio para nuevos conocimientos y nuevas ideas si no podemos apartar un poco los que ya tenemos. Dudar del conocimiento y de las ideas propias no es nada cómodo y requiere algo de práctica.

¿CÓMO, CUÁNDO Y DÓNDE APRENDER?

Lo del aprendizaje continuo o *lifelong learning* nos da una buena pista para responder cómo, cuándo y dónde aprender. De todas las maneras, en todo momento y en cualquier lugar.

El aprendizaje constante es la clave para unas mayores empleabilidad y seguridad laboral. Heather E. McGowan lo resumió diciendo que «aprender es la nueva pensión. [...] Una pensión es guardar algo para el futuro, reserva algo de valor actual como valor futuro. [...] Creo que aprender es el nuevo valor futuro que todos nosotros, individuos y organizaciones, necesitamos crear hoy para mañana. [...] Debemos pasar del aprender para trabajar al trabajar para aprender».

Queda claro así que aprender no es solo algo para estudiantes. Como escribe Joan Clotet:

> Aprender es una actitud y requiere básicamente de tiempo y voluntad. Aprender empieza preguntando. Significa tomarse unos segundos para preguntar qué significa (cuando dudamos y Google nos responde). Se consigue escuchando podcasts de quince minutos camino del trabajo o leyendo un buen libro al mes en lugar de engancharse a una serie mediocre. Aprender se cultiva navegando con criterio por la web y conectando, conversando y aprendiendo de otras personas. [...] Tenemos que reactivar cuanto antes parte de la dinámica aprendedora de nuestra etapa estudiantil y agendarnos tiempo para el aprendizaje como lo hacemos para la salud o el ocio.

Aprender deja de ser almacenar kilos de conocimiento con el fin de acumular reconocimientos externos que lo acrediten. Aprender es ahora integrar en tu día a día flujos de conocimiento emergente con una mentalidad transdisciplinaria.

El 70% del aprendizaje se adquiere de la experiencia, la experimentación y la reflexión; el 20%, del trabajo con los demás, y el 10% final, de la formación formal. Este modelo 70/20/10 nos recuerda que las personas aprenden principalmente al trabajar e interactuar con otros en el puesto de trabajo (70+20).

Toda esta teoría está muy bien, pero ¿cómo se lleva a la práctica? Para mí, uno de los mejores modelos es el *Personal Knowledge Mastery* (PKM), que se puede traducir como «maestría personal del conocimiento» o «dominio del aprendizaje personal», desarrollado por Harold Jarche desde hace una década.

Jarche sugiere que aprendas de tres maneras:

1) Buscando. Esta es la forma en que descubres información nueva y te mantienes al día. La clave es crear una red de compañeros. Esto no solo te permite obtener información, sino que además crea un canal para recibirla de fuentes de confianza.
2) Comprendiendo. Esto se refiere a la forma en que personalizas y utilizas la información. Incluye la reflexión y la puesta en práctica de lo que has aprendido. Suele requerir experimentación, ya que la mejor forma de aprender es a través de la práctica.
3) Compartiendo. Es decir, intercambiando recursos, ideas y experiencias con tus redes, además de colaborando con tus compañeros de trabajo.

Aunque el proceso de aprendizaje es individual, Jarche pone mucho énfasis en la individualidad en red. Como tantas cosas en esta vida, el aprendizaje es mejor hacerlo acompañado. No importa cuán inteligente sea un individuo, esa persona aprenderá mucho más rápido como parte de un pequeño grupo que comparte el compromiso de alcanzar niveles más altos de conocimiento en un ámbito donde existen relaciones profundas basadas en la confianza mutua.

Ese aprendizaje mediante la individualidad en red lo viven de manera diferente los trabajadores independientes que los empleados en una organización.

Aprendizaje continuo siendo trabajador/a independiente. En este caso, todas las responsabilidades recaen sobre ti. En el ámbito del aprendizaje se requiere de una mentalidad proactiva y estratégica para tu desarrollo profesional y personal. Nadie te limitará en lo que puedas hacer, pero tampoco nadie te obligará a hacerlo.

En un mundo en cambio permanente, trabajar y aprender deben ser la misma cosa, sobre todo para un trabajador independiente. Este aprendizaje continuo será una mezcla de tiempos y espacios, a menudo inconexos, a los que hay que dar un orden y un sentido. La ayuda de un coach o un asesor laboral externo puede aportar mucho valor a la hora de dar orden y sentido.

A título individual, hay que considerar los microaprendizajes en el día a día (un artículo de un blog, una conferencia TED, el uso de una nueva herramienta, etc.) y los macroaprendizajes (MOOC [*Massive Open Online Courses*] o cursos presenciales, asistencia a conferencias, etc.). Es necesario ir construyendo esa mochila de certificaciones que pueden ayudar a encontrar nuevos trabajos y a desarrollar una carrera profesional interesante.

Los proyectos con los que decides trabajar son también parte de tu formación, pues estos son los nuevos diplomas en la economía digital y globalizada. Los proyectos, como los diplomas en el pasado, permiten destacar, dar fe de tus habilidades que tienes y a menudo conferir un nuevo estatus social. Los clientes que contratan mediante plataformas digitales laborales se fijan más en la reputación que en los títulos, los certificados o incluso las licencias oficiales.

Tu participación activa en grupos de práctica de tu ámbito profesional y/o la pertenencia a algunos colectivos de independientes permiten encontrar a otras personas con intereses compartidos. Son entornos donde la individualidad en red permite aprender mejor y más rápido. Si algo destaco de mi pertenencia a Ouishare es que es un espacio de aprendizaje colectivo espectacular.

Finalmente, quiero destacar que, para las personas que están dando el paso de un trabajo asalariado a uno independiente, existen, además de numerosos *bootcamps* intensivos, propuestas como Switch Collective (Francia), Enrol Yourself (Reino Unido), Skills Agility Lab (México) o Up Training Club (España), que con diferentes métodos buscan acompañar a las personas en transición. A mí me hubiera gustado conocer esto antes de empezar a ser trabajador independiente porque hay mucho que desaprender y que aprender en esos primeros pasos.

Aprendizaje continuo siendo asalariado. La cultura empresarial respecto al aprendizaje está evolucionando. Durante años la práctica habitual fue ir a pescar (en el mercado laboral y/o en otras empresas) a personas formadas para incorporarlas a los equipos de trabajos propios. Esta táctica ha demostrado tener fallos y ser cara. Según el consultor Josh Bersin, «puede costar hasta seis veces más contratar desde el exterior que construir desde el interior». Por eso las empresas están apostando cada vez más por el aprendizaje continuo de sus asalariados.

Aparecen en las empresas roles como el Chief Learning Officer (CLO), así como el uso del L&D (Learning & Development) o del LMS (Learning Management Systems). El uso de palabras como *upskilling* o *reskilling* es permanente. Incluso se habla del *outskilling* cuando se forma a un empleado (que por ejemplo va a ser reemplazado por un robot en un sistema informático) durante los últimos meses de su vinculación con la empresa para que encuentre otro trabajo de manera más fácil.

Los CLO deben saber que su responsabilidad va más allá de la pura capacitación, es decir, de poner a disposición de los empleados cursos basados en habilidades y acreditarlo con certificaciones. Estos líderes de aprendizaje en las empresas deben adoptar un papel más estratégico con la misión de ayudar a que sus compañías y sus empleados prosperen, y deben incluso llegar a remodelar las capacidades y la cultura organizacional para poner el aprendizaje en el centro.

Si aprenden las personas también lo hace la organización. Si crecen las personas crece la organización. En España recomiendo seguir la iniciativa CulturAprendizaje.org, que publicó su manifiesto inicial en medio del confinamiento.

El gran reto es conseguir llevar e implementar esta cultura del aprendizaje tanto a las empresas de menor tamaño como a los empleados con mayor riesgo de quedar obsoletos. En ambos casos, aunque son quienes más lo necesitan, tienden a quedar fuera de todo esto.

Para cerrar este bloque, tres puntos de los que no se habla tanto y creo que son interesantes de compartir contigo:

1) La idea de que el contrato laboral, además de la remuneración y las condiciones de trabajo, incluya un apartado de contrato de aprendizaje como parte esencial de esa relación entre empleador y empleado.

2) Reiterar la idea de los ecosistemas de empresas. En una visión ecosistémica ya no son tus empleados, sino talento del sector. Así que parte de estas estrategias de formación permanente deben también ejecutarse a escala del clúster empresarial, el sector laboral o el ecosistema en el que se encuentren las organizaciones. Una responsabilidad compartida.

3) La importancia de recuperar la figura de los mentores, que han existido desde siempre, por ejemplo en las religiones y hasta en los gremios medievales. Las personas trabajadoras jóvenes quieren mucha libertad, experimentación, retos, etc., pero a la vez demandan a alguien que las acompañe y las guíe. La mentorización intergeneracional ha demostrado sus beneficios para ambas partes de la relación. Es una actividad que requiere de tiempo y compromiso, pero con un retorno personal y profesional difícil de igualar.

PUESTA AL DÍA DEL SISTEMA EDUCATIVO

¿Cómo encaja el modelo laboral fragmentado con el sistema educativo actual? Mal. Encaja muy mal. Por su diseño de inspiración industrial, casi por definición, las instituciones educativas están poco preparadas para un mundo posindustrial, digital, fragmentado, fluido, etc. John Hagel lo dice de manera muy clara:

> Si nos tomamos en serio el aprendizaje a lo largo de toda la vida y lo reformulamos en torno a la creación de nuevos conocimientos a través de la acción, requerirá que repensemos nuestras instituciones educativas desde cero. Tendremos que abandonar el modelo donde la escuela aborda solo una fase específica en la vida de una persona y, una vez que tiene sus títulos o credenciales, puede pasar a otras cosas. En lugar de transmitir (*push*) contenidos a los estudiantes, que son vistos como receptores pasivos, tendremos que adoptar un modelo basado en la atracción (*pull*) que se centre en crear entornos para que las personas descubran y persigan sus pasiones y que les ayuden a conectarse con otros que también las comparten. En resumen, las escuelas deberán evolucionar para convertirse en asesores de talento de por vida, desarrollando relaciones profundas basadas en la confianza con individuos y grupos pequeños, ayudándoles a acelerar el aprendizaje y la mejora del rendimiento a lo largo de sus vidas.

Los jóvenes de hoy tendrán diecisiete empleos en cinco industrias diferentes a lo largo de su carrera laboral. Genís Roca recuerda que «si queremos facilitar el acceso al conocimiento a esas personas jóvenes, encerrarlos cada día en un edificio durante nueve años, con un grupo de veinticinco niños (siempre los mismos), un claustro de diez profesores (muy majos ellos, pero también siempre los mismos), no parece ser la mejor elección». Es la antítesis del mundo fragmentado y fluido que vengo describiendo.

También habrás observado a lo largo del texto mi obsesión por los colectivos: de trabajadores, de empresas y de personas aprendiendo. Las instituciones educativas siguen focalizadas en individualizar a las personas para que compitan entre ellas. ¿Podemos pasar a un modelo de aprendizaje colectivo? Ello también ayudará de manera indirecta a reforzar las habilidades blandas de comunicación, el trabajo en equipo, la negociación, la escucha, etc.

Un reciente estudio de la OCDE destacó que cuatro de cada diez empleos a los que quieren dedicarse los jóvenes españoles están en riesgo de desaparecer. Es en la educación secundaria cuando empezamos a conformar nuestra identidad y tenemos que decidir qué queremos estudiar para alcanzarla. El problema es que a la mayoría de los alumnos solo se les expone a la visión tradicional del trabajo. ¿Por qué no llevar a clase a una madre freelance programadora que trabaja en remoto? ¿O a alguien que trabaja en la cocina de cuatro restaurantes diferentes cada año? ¿O a la líder de una cooperativa de artesanos? ¿O a un slasher con tres o cuatro trabajos e identidades en paralelo configurados en su marca personal? Seguro que los alumnos podrían considerar una mayor diversidad de futuros laborales.

Soy consciente de que mi crítica está siendo algo exagerada, lo hago a propósito y como provocación. Conozco de primera mano varios proyectos de innovación en la educación primaria y secundaria donde se fomenta el trabajo por proyectos y en equipo, existe un currículum flexible, se experimenta con formatos alternativos de aprendizaje, etc. Además, tuve el lujo de coincidir en la conferencia Colaboramérica en Medellín con Pepe Menéndez, un reconocido experto apasionado por los cambios profundos en la educación a quien recomiendo seguir. Durante el confinamiento Pepe publicó *Escuelas que valgan la pena*.

De entrada, las instituciones de educación superior siguen enfocadas de manera miope en preparar a sus estudiantes para sus primeros trabajos mediante carreras de contenidos uniformes para todo el mundo. Mucha gente acaba no dedicándose a aquello que ha estudiado y su vida laboral se expande en múltiples trabajos y sectores. ¿Podemos evolucionar o reinventar los planes de estudio para un mejor encaje con esa realidad?

Además, cuando las empresas demandan habilidades blandas (y sobre todo aprender a aprender) el foco de las universidades sigue en las habilidades técnicas (STEM, sigla de *Science, Technology, Engineering and Mathematics*) y en reducir los contenidos humanísticos y de artes liberales. Las herramientas de aprendizaje basadas en inteligencia artificial desarrolladas en la última década tienen un potencial increíble para personalizar la educación y mejorar los resultados educativos. Quizá lo más importante es que el aprendizaje mejorado por la tecnología tiene el potencial de reducir las brechas socioeconómicas entre los estudiantes.

Creo (o al menos me gustaría ver cómo) que las universidades se reinventan para ejercer un rol más cercano a la mentoría o al coaching del aprendizaje a lo largo de toda la vida. Así se recuperará la misión inicial de las universidades para la formación integral de la persona. Cada centro universitario lo orientará de una manera particular y tú pasarás a formar parte de esa tribu (o de varias) a lo largo de toda tu vida.

Las escuelas deben incluir, en secundaria y sobre todo en las universidades y escuelas de negocio, una formación adaptada para el futuro del trabajo que he venido describiendo a lo largo del libro. Por el momento se está haciendo un flaco favor a los alumnos al no exponerlos a esta diversidad laboral.

Un primer problema para que se incorpore este tipo de formación a las escuelas y las universidades es el gran desconocimiento acerca de todas estas otras formas de organizar la vida laboral por parte de quienes estructuran los planes de estudios. Exagerando un poco, puedo decir que ellos y ellas han sido y serán profesores asalariados toda su vida.

Un segundo problema es que el trabajo independiente no se considera un proyecto profesional serio en universidades y escuelas de negocio. Ser freelance es visto como una opción inferior a poder integrarse en una gran consultora como un empleado júnior a tiempo completo.

Por suerte, van saliendo ejemplos en la buena dirección. Parker-Dewey es una plataforma que conecta a los estudiantes universitarios con oportunidades freelance remuneradas (llamadas a veces «micropasantías») en empresas grandes y medianas con marcas muy conocidas. Es importante para el futuro freelance poder tener en su *portfolio* proyectos asociados a estas marcas conocidas. Algunas de las prácticas incluso se hacen en remoto o semirremoto.

Teemz lleva el concepto de proyectos freelance a los estudiantes de secundaria. Este es un proyecto sin ánimo de lucro que recibe un importante apoyo del Ministerio de Educación de Israel. Con Teemz los estudiantes experimentan el trabajo y comienzan a identificar sus intereses profesionales. Como dice el fundador de Teemz, Daniel Yahel: «Queremos ayudar a los estudiantes a tener la experiencia para identificar mejor sus objetivos profesionales y también a descubrir aquello que no les interesa. Muchos estudiantes ingresan en un campo y luego descubren que no era para ellos. Queremos ayudar a los estudiantes a acelerar su aprendizaje profesional». A las empresas la posibilidad de disponer de talento tan joven las conecta con el futuro, con nuevas miradas y herramientas.

Algunos colectivos de freelance, como Digital Village en Francia, también aceptan estudiantes freelance que desarrollan sus propios proyectos alrededor del colectivo.

En Bélgica existe desde 2017 el estatus jurídico de estudiante-trabajador independiente para jóvenes de dieciocho a veinticinco años que desean continuar sus estudios mientras realizan su propia actividad profesional.

Hay mucho trabajo en esta encrucijada del futuro del trabajo y el del aprendizaje. En cualquier caso, quédate con la idea de que el futuro del trabajo es aprender.

PENSIONES Y JUBILACIÓN

Si vamos a vivir cien años, ¿nos jubilaremos todos a los sesenta y cinco? ¿Quiénes financiarán las pensiones de una población tan envejecida y cómo?

Un dato impactante. Por primera vez en la historia ya hay más personas mayores de sesenta y cinco años que menores de cinco en el mundo. Esto es el resultado de un incremento de la esperanza de vida y de una reducción del número de nacimientos. Claro que la cosa varía mucho de un país a otro.

En España combinamos una de las mayores esperanzas de vida del mundo con una de las menores tasas de natalidad. En 2050 España será, junto con Japón, el país más envejecido del mundo. Este es el desafío macroeconómico definitorio de nuestros tiempos, con un impacto brutal en el futuro del trabajo y del que casi no se habla.

En 1977 nació la última generación del babyboom en España, la que internacionalmente corresponde a la conocida generación X, la generación con más mujeres (y hombres) de la historia. Es la que por número debería haber repetido el patrón del babyboom a sus treinta y tantos, pero no ha sido así. Un estudio del Centre d'Estudis Demogràfics de la Universitat Autònoma de Barcelona (UAB) concluye que la generación de mujeres nacidas en 1975 será «la más infecunda de todas las nacidas en España en los últimos ciento treinta años». Los investigadores de la UAB subrayan que no existe una actitud contraria a tener hijos, sino que el retraso —o ausencia— se debe a la dificultad de reunir las condiciones familiares y materiales que lo hagan posible. «No hay un apoyo real a la conciliación de la vida laboral y familiar, ni una apuesta en la promoción de jóvenes y mujeres. La política general basada en la desregularización y la inseguridad, junto al paro, el trabajo precario, la dificultad de acceder a la vivienda, las largas jornadas, los bajos salarios y la falta de políticas públicas no ayudan a la reproducción», concluyen. Procrear es casi un acto heroico. Entre un 25 y un 30% de las mujeres nacidas en la segunda mitad de los años setenta no serán madres. Una catástrofe demográfica acallada en España y en muchos otros países.

Está claro que las relaciones laborales no tradicionales no ayudan a incrementar la natalidad, sino todo lo contrario. Con ingresos inestables resulta más difícil acometer cualquier tipo de proyecto de vida (comprarse una casa, formar una familia, etc.). Algún tipo de política pública al respecto, para reconocer el valor social de la crianza, será necesaria.

Un sistema de pensiones con poco futuro

Cualquier sistema de pensiones constituye un pacto entre generaciones. Yo pago a los mayores de hoy para que los jóvenes de mañana me paguen a mí. Esto funciona siempre que no haya una incertidumbre sustancial sobre que las generaciones futuras vayan a cumplir su parte del pacto. Si pienso que no lo van a hacer, dejo de cumplir inmediatamente y me pongo a guardar mis euros en un colchón viejo. Es por esto que cualquier reforma del modelo de pensiones genera enormes debates y tensiones sociales, como se ha visto en Francia, Chile o Nicaragua, por mencionar tres ejemplos recientes.

Desde hace años, las alertas acerca de la insostenibilidad a largo plazo del sistema de pensiones actual, tanto en España como en muchos otros países, se pueden escuchar desde todos lados: Comisión Europea, G20, OCDE, etc. Tanto la pirámide de población como las nuevas formas de trabajo juegan en contra de la sostenibilidad del sistema de pensiones.

En 2017 incluso el Fondo Monetario Internacional (FMI) reconocía que los beneficios del desempleo y los sistemas de pensiones de la mayoría de las naciones están más orientados a las economías posteriores a la Segunda Guerra Mundial, donde se trabajaba a tiempo completo o se estaba desempleado, que a la realidad actual. El informe del FMI concluye que «puede ser necesario un replanteamiento más amplio de la naturaleza del seguro social».

En la edición de 2019 del informe anual «Pensions at a Glance», de la OCDE, hay dos apartados completos dedicados a las formas no estándares de empleo y su impacto en los sistemas de pensiones.

Para empezar, una persona tendrá una mayor o menor pensión en función de lo que haya contribuido a lo largo de su vida laboral. Tanto aportas, tanto recibes. Los trabajadores no estándares tienen, en promedio, ingresos más bajos que los empleados a tiempo completo con contratos permanentes. Los trabajadores a jornada parcial y temporales ganan alrededor de un 50% menos por año que los asalariados a tiempo completo. La gran diferencia se debe a un menor pago por hora, una inferior cantidad de horas trabajadas (en el caso de los trabajadores a tiempo parcial) y a las épocas de desempleo (en el caso de los trabajadores temporales). Por todo ello estos contribuyen menos al sistema de pensiones y acumulan menos derechos.

Además, los autónomos contribuyen al sistema en menor medida que los empleados. A diferencia del asalariado, en España el autónomo tiene la capacidad de elegir la base por la que cotiza. La gran mayoría lo hacen por la base mínima, los famosos 286 euros mensuales que corresponden al 30% de la base mínima, que en 2020 fue de 944,40 euros. Por eso los autónomos de los países de la OCDE reciben de media un 22% menos de pensión pública que los exempleados. La brecha es menor, generalmente inferior al 10%, en países con pensiones básicas sustanciales, como la República Checa, Dinamarca, Israel y Suiza. Por el contrario, los jubilados que fueron trabajadores por cuenta propia en Francia, Alemania, Italia, Luxemburgo y Polonia tienen pensiones medias que son más de un 30% más bajas que las de los exempleados. España se sitúa justo en la media del 20-22%.

Los trabajadores no estándares también tienen una participación inferior en los planes de pensiones ocupacionales que suelen ser parte de los beneficios ofrecidos por algunos empleadores. Los trabajadores temporales o a tiempo parcial a menudo no llegan a unos mínimos necesarios para tener acceso al plan. Y los independientes quedan directamente excluidos. Incluso cuando un empleado cambia de trabajo, los planes de pensiones ocupacionales no son fáciles de transferir entre empleadores. La OCDE recomienda pensar en esquemas de beneficios portátiles entre múltiples empleadores, más adecuados a la realidad de las formas de trabajo actuales.

El informe reconoce que la mejora de las pensiones para trabajadores no estándares es un reto de difícil solución:

> Si bien el debate sobre las pensiones para los trabajadores no estándares no es nuevo, la forma en que los trabajadores no estándares están cubiertos por los sistemas de pensiones podría convertirse

en un tema de creciente importancia. Como la mayoría de los sistemas de pensiones se construyeron sobre la premisa de carreras estables y lineales, el desarrollo de nuevas formas de trabajo plantea preocupaciones sobre los ingresos de vejez de las futuras generaciones de jubilados.

Se enfatiza mucho la necesidad de una mayor armonización entre los países en estos aspectos.

El WorkerTech puede ser un aliado para que los trabajadores de plataforma puedan contribuir a esquemas de ahorro a largo plazo. La División de Trabajo y Pensiones del Banco Interamericano de Desarrollo ha estado realizando algunos experimentos de economía del comportamiento con conductores de Cabify en América Latina. Desde la propia aplicación y de manera automática un porcentaje de los ingresos se destina a esquemas de ahorro a largo plazo y sistemas de pensiones. Los resultados de estos experimentos fueron muy positivos. Plataformas como Lyft o Uber han firmado acuerdos con HonestDollar y Betterment, respectivamente, para automatizar los planes de pensiones para sus conductores, aunque su uso sigue siendo limitado.

¿Vamos a trabajar hasta los ochenta años?

Hace una generación, la jubilación era un hito. Las compañías regalaban relojes de oro, las familias organizaban fiestas y las parejas se iban de crucero. Hoy la cosa pinta bastante diferente.

Si vamos a vivir cien años, trabajaremos fácilmente hasta los setenta u ochenta.

Edward Palmer, el «padre» del sistema sueco de pensiones, defiende en una entrevista que si vivimos más tiempo deberíamos trabajar más tiempo:

> Toda una generación pensaba que iba a ser pensionista a los sesenta y tres años, pero eso no va a ser posible. Los que se van a jubilar pronto quizá tengan que hacerse a la idea de trabajar hasta los sesenta

y ocho o los sesenta y nueve, y los que vienen por detrás van a tener que hacerlo más años después aún. Es posible convencer a la gente de que no tiene por qué jubilarse necesariamente a los sesenta y cinco y se puede diseñar el sistema de manera que pueda combinarse el trabajo a tiempo parcial con el cobro de una parte de la jubilación.

No es el único que piensa así. El Banco de España pide también más fórmulas para compatibilizar jubilación y empleo. Se trata de buscar y flexibilizar el acceso a más vías como la jubilación parcial (una solución existente pero poco usada), que permite a los trabajadores que han llegado a la sesentena seguir con un empleo por horas y cobrar parte de la prestación por retiro.

La propuesta, en principio, es buena tanto para el trabajador como para la seguridad social. Para el primero, porque verá incrementada su remuneración real durante el tiempo que desee, no solo por el extra derivado de la percepción de la mitad de la pensión que le correspondería cobrar si se jubilara, sino porque su sueldo se verá incrementado por la reducción de los conceptos por los que habrá de cotizar; y para la seguridad social, porque se ahorra la mitad de la pensión que tendría que pagar si el trabajador se jubilara y además continúa manteniendo activa una cuenta de cotización, lo cual apuntala las cuentas del sistema público.

El paso a la jubilación deja de ser un tema binario (el viernes trabajo, el lunes ya estoy jubilado) para pasar a ser una curva de actividad descendente. Aquí las nuevas formas de trabajo y las plataformas digitales laborales pueden ser buenos aliados.

Esto no es teoría, sino una realidad. La población de mayor edad se mantiene activa por más tiempo, a veces por voluntad propia y por ganas de sentirse útil, a veces por necesidad debido a unas pensiones insuficientes. Más de la mitad de las personas mayores de sesenta y cinco años en Alemania, Suecia y el Reino Unido generan ingresos a través de algún trabajo independiente. España, siendo uno de los países con menos séniors activos (tan solo el 2%), alcanzó en 2019 el máximo histórico de ocupados mayores de sesenta y cinco años. Se superaron las doscientas mil personas, un 40% más que hace solo una década. El trabajo no estándar es la norma para aquellos que siguen activos durante más años, entre ellos mi madre, que con setenta y cinco años tiene una consulta como terapeuta del lenguaje y sigue atendiendo a un número reducido de pacientes.

Las plataformas digitales permiten servir de manera específica a un nicho concreto, por lo que ya existen variedad de ellas orientadas a este talento sénior, como la suiza Seniors At Work.

En plataformas generales también se encuentra talento sénior. Hay personas mayores conduciendo para Uber, hospedando en Airbnb, cuidando a perros, siendo profesores en remoto o haciendo algunos turnos de trabajo por horas de cara al público, a menudo más por la interacción social que por el dinero.

Hay también quien ha sido expulsado del mercado de trabajo tradicional, a menudo por discriminación por edad, y que a sus más de cincuenta y cinco años encuentra mucho más fácilmente oportunidades freelance bien remuneradas que un trabajo tradicional.

No podemos olvidar que una población más envejecida requiere de más servicios de asistencia sanitaria. A esto dedico el siguiente apartado.

El futuro del trabajo es cuidarnos

Otro dato de los que se graban en la memoria. En Japón se venden más pañales de adulto que de niño. Desde 2012.

Desde los años noventa los trabajos relacionados con los cuidados y la salud han crecido de manera constante. Según la OIT, algo más del 10% de la fuerza laboral mundial está dedicada a los cuidados. Con una población aún más envejecida, el trabajo del futuro es y será cuidar de todas esas personas mayores.

¿Dejarías una máquina al cuidado de tus hijos, tus padres o tus mascotas? Las imágenes de robots cuidando a ancianos en Japón tienen un punto distópico, al menos para los que nacimos el siglo pasado. En realidad, se trata de un sector con menor riesgo de automatización ya que las cualidades humanas resultan esenciales.

En definitiva, el trabajo más importante y disponible para miles de millones de personas en el siglo XXI será el de los cuidados. En las proyecciones del futuro para los próximos años las profesiones de carácter asistencial son las que más crecen y con mucha mucha diferencia.

El sector de los cuidados puede resultar difícil de delimitar. Para mí incluye las actividades orientadas a las personas mayores como las de enfermería (p. ej., administración de medicinas, rehabilitación, etc.), cuidado a las personas en sus actividades diarias (alimentación, higiene personal, ocio, etc.), tareas del hogar (cocina, limpieza, compras, etc.). Creo que también es importante poder incluir todo el ámbito de cuidado de menores, así como el de mascotas. En algunos informes se añaden también temas de educación infantil, sobre todo en etapas muy iniciales, y la asistencia social de carácter más general.

A pesar de satisfacer necesidades humanas básicas, es un sector históricamente invisibilizado, mal remunerado e infravalorado.

«Como sociedad tenemos que revisar la valoración social y económica de los trabajos de cuidados. Además de aplausos, debemos garantizar estabilidad en el empleo y salarios razonables», afirma la profesora Luz Rodríguez hablando del confinamiento por el COVID-19. Y sigue:

> […] más de 3,2 millones de mujeres que cuidan de sus familias y que la Encuesta de Población Activa considera «inactivas» porque realizan «labores del hogar» […] ni siquiera tienen salario ni protección social porque «formalmente» no trabajan. […] En los demás casos, cuando el trabajo es remunerado formal, se trata casi siempre de trabajos temporales y con bajos salarios. Si la temporalidad de nuestro país, ya alta, se sitúa en el 26%, la temporalidad de las personas que trabajan en el hogar familiar es del 30%, y la de aquellas que lo hacen en las actividades sanitarias y de servicios sociales es del 32%.

Es un sector caracterizado por la feminización, la precariedad, el clasismo y el racismo. En España, del total de las mujeres extranjeras empleadas, una cuarta parte se dedican a la economía de los cuidados. En su mayoría (tres de cada cuatro) son latinoamericanas, y las nacionalidades más presentes son la hondureña y la boliviana. Una categoría especialmente dura es el régimen de empleadas internas. En este caso son todas mujeres extranjeras que apuestan por ello como una vía de supervivencia. Muchos colectivos piden su abolición puesto que lo consideran una situación de esclavitud. Ellas mismas cuentan que es una forma de tener techo garantizado, aunque sea a cambio de sueldos irrisorios, por ejemplo, seiscientos euros mensuales por estar cuidando a una persona mayor día y noche siete días a la semana, lo que cronifica su vulnerabilidad y fomenta el aislamiento social.

En este contexto, la aparición de las plataformas digitales laborales especializadas en el sector de los cuidados, por la formalización y la trazabilidad que estas permiten, podría ser una buena noticia para las personas cuidadoras.

Es cierto que las plataformas están supliendo las funciones de las agencias de colocación, aportando más transparencia al proceso, automatizando trámites de gestión y nóminas, y casando oferta y demanda mediante algoritmos. Es cierto también que las cuidadoras, sin embargo, continúan denunciando situaciones de explotación laboral y condiciones precarias, especialmente en el caso de las internas.

Los datos que he compartido acerca del envejecimiento de la población y el crecimiento del sector de los cuidados son bien conocidos por los inversores. Esto facilita que, en España, y en muchos otros países, exista un boom de plataformas digitales laborales en este ámbito.

La madre de uno de los fundadores de la compañía barcelonesa Cuideo, una de las startups asistenciales españolas, padece alzhéimer y su familia no encontraba a un profesional que la atendiera unas horas determinadas del día. Ese fue el germen de este marketplace nacido en 2016 que pone en contacto a los familiares con cuidadores profesionales que ayudan al paciente de forma permanente o durante un período concreto a cambio de quedarse con una cantidad del precio pactado entre las partes. De forma similar funciona la valenciana Cuidum, una agencia de colocación nacida en 2015; Aiudo o CuoreCare, dos proyectos que permiten encontrar asistentes para mayores y niños; Familiados, una plataforma de cuidadores de ancianos, enfermos y personas con discapacidad especializada en servicios puntuales; Joyners, que permite solicitar a un profesional a través de una app, o Qida, una plataforma de orientación social que contrata a las cuidadoras: son algunas de las startups asistenciales orientadas a la búsqueda de profesionales del sector que han surgido en los últimos años.

Si aceptamos incluir el cuidado de menores y mascotas en esta lista debemos añadir Nannyfy, Babysits, Sitly o Yoopies para menores y propuestas como Rover (antigua DogBuddy) o Gudog para mascotas. Hay otras plataformas más orientadas a la asistencia en el hogar como MyPoppins, Clintu o Cleanzy.

Y aunque no han sido diseñadas para ello y no disponen de las funcionalidades que una plataforma digital pensada para el ámbito laboral aporta (identidad verificada, filtrado de la oferta, evaluaciones y reputación, certificaciones y/o currículum, seguros, pagos mediante fideicomiso, etc.), la verdad es que plataformas como Wallapop o MilAnuncios también son muy usadas. Los primeros días del confinamiento contra el coronavirus ambos portales se llenaron de ofertas de cuidadoras de niños y recaderos para hacer la compra.

Evidentemente, el statu quo, como la patronal de residencias y servicios de atención a la dependencia, se ha quejado por la existencia y el crecimiento de estas plataformas. Las han acusado de la «uberización del sector de los cuidados», pero, como ya comenté antes, realizar tal simplificación nos dificulta ver la complejidad real del sector. De entrada, son relaciones laborales de larga duración: ya que no quieres a una persona diferente cada día en casa. Muchas trabajadoras ya tienen otras dedicaciones principales y usan las plataformas para rellenar huecos en la agenda. La combinación de ambos factores hace que las plataformas tengan un alto riesgo de desintermediación, es decir, que una vez puestos en contacto la primera vez, cliente y trabajador/a dejen de usarlas. Por eso es importante que estas plataformas aporten un valor añadido en forma de certificación, formación y validación de profesionales. Lo mismo que con el acceso a seguros y la simplificación de los trámites burocráticos.

Además, como ya viste, cada plataforma es un mundo. De entrada, no es lo mismo la regulación para cuidar a una mascota, un bebé o una persona mayor, o para realizar tareas domésticas (con el régimen especial de empleadas del hogar). Además, el modelo laboral de algunas plataformas es el de las agencias de colocación (es decir, solo ponen en contacto y no gestionan nada laboral), mientras que otras usan el modelo de personal autónomo externo, como Glovo o Deliveroo (y por ello ya han sido objeto de inspecciones de trabajo), y en algunos casos, como Qida, se contrata en plantilla a todas las cuidadoras.

Para conocer de primera mano la opinión de las personas trabajadoras acerca de las plataformas, y dentro de la conferencia Reshaping Work Barcelona 2019, organizamos una mesa redonda moderada por la socióloga Liliana Arroyo donde reunimos a los fundadores de Cuideo y CronoShare con algunas personas trabajadoras de esas mismas plataformas. Las cuidadoras agradecen a las plataformas la inmediatez a la hora de encontrar trabajo, el acceso a nuevos clientes, los trámites resueltos a través de ellas, la obtención de ingresos complementarios y la no exclusividad entre plataformas. Pero, por otro lado, critican la publicación de ofertas de trabajo con sueldos inferiores al salario mínimo interprofesional, el poco control y filtrado de la demanda, la falta de protección en el lugar de trabajo y de apoyo de las plataformas en caso de impagos o despidos, así como la ausencia de una información clara respecto a las condiciones de empleo (los famosos términos y condiciones de las plataformas).

Yo añado a estas reflexiones que la plataformización de un sector tradicionalmente analógico crea una barrera de entrada importante por la brecha digital. Muchas personas que realizan este tipo de trabajos pueden quedar excluidas del acceso al mercado por no disponer de los dispositivos, la conectividad y/o la cultura digital que ya resultan imprescindibles.

En resumen, la formalización de las relaciones laborales tiene un gran potencial positivo, pero aún hay mucho camino que recorrer para que este último se haga realidad para un sector tan clave como este. El hecho de que las cuidadoras trabajen solas en los hogares de los clientes (y por lo tanto sean invisibles en el espacio público) conduce a una dispersión adicional y una falta de identidad compartida entre ellas que hace muy difícil su organización colectiva.

Recupero un dato que ya he compartido antes. Uber tiene casi cuatro millones de conductores. Care.com cuenta con más de doce millones de cuidadoras en todo el mundo en un sector en rápido crecimiento. Es importante poner este sector y estas plataformas en el centro del debate acerca del futuro del trabajo.

El futuro del trabajo es cuidarnos: ¿sabremos hacerlo bien? Para profundizar en este punto recomiendo el trabajo de la National Domestic Workers Alliance (NDWA) en Estados Unidos. En 2019 consiguieron la aprobación de una innovadora y ambiciosa carta de derechos de las trabajadoras domésticas y han desarrollado soluciones innovadoras como MyAlia, para que las cuidadoras puedan tener seguros y días de descanso pagados.

Sindicatos y políticas públicas

He repasado a lo largo de este capítulo cómo la fragmentación del trabajo tiene impacto en las personas trabajadoras, las empresas y organizaciones, la educación, las pensiones, etc., y cómo todo el mundo debe ir pensando de qué forma adaptarse e incluso revisar algunos principios básicos.

Todo esto es un ejemplo de pensamiento sistémico, es decir, de ser consciente de que cuando mueves una pieza esto va a tener impactos directos e indirectos, previstos e imprevistos, en muchos otros ámbitos del sistema. Como el trabajo es la pieza central de nuestra sociedad, su fragmentación mueve el resto de ellas.

En este último apartado del capítulo haré un breve repaso de algunas partes del sistema que no he comentado hasta el momento pero que resultan importantes: los sindicatos y la negociación colectiva, las políticas públicas de empleo y las estadísticas, así como las políticas de promoción económica y territorial.

Los sindicatos y la negociación colectiva

Los sindicatos nacieron y prosperaron bajo un modelo de trabajo y de relaciones laborales muy concretas que ahora está en claro retroceso. La fragmentación del trabajo lleva a que este actor clave deba hacer una reflexión profunda. Y me consta que es así, tanto de manera pública (con numerosos informes y reflexiones) como a puerta cerrada. Está en juego su relevancia social y su supervivencia como organizaciones.

Por un lado, los trabajadores no estándares, con o sin plataformas digitales de por medio, son menos propensos a pagar las cuotas para estar sindicalizados. Los trabajadores independientes, al no ser empleados, no tienen derecho a crear un sindicato al modo tradicional. También hay un efecto generacional, ya que los trabajadores jóvenes (incluso en el caso de los empleados tradicionales) viven en un mercado laboral con una menor sindicalización.

Por otro lado, los sindicatos tampoco tienen muy claro cómo relacionarse y cómo organizar a estos trabajadores fragmentados y dispersos. Para ello deberían hacer una inversión fuerte en tiempo, dinero y flexibilización de su operativa para adaptarse a este tipo de trabajadores. El retorno de esta inversión en forma de cuotas sindicales es más que dudoso, por lo que tampoco es una urgencia real para los sindicatos de toda la vida.

Así que, en esta situación, los trabajadores independientes han empezado a organizarse por su cuenta en colectivos de independientes de carácter sindical, como ya has podido ver. Algunos de estos grupos tienen apoyo y contactos con organizaciones sindicales tradicionales, aunque tiende a ser con aquellas de carácter más alternativo.

Los sindicatos tradicionales también plantean sus dudas acerca de algunos de los métodos de acción de estos nuevos colectivos y recuerdan que estos a menudo tampoco tienen reconocimiento formal ni capacidad de interlocución con otros agentes sociales. Una buena observación que me hizo Carlos del Barrio de CCOO es que, al igual que el trabajo, se está fragmentando la negociación en grupos más pequeños que pueden ejercer menos presión colectiva. ¿Es mejor que se hayan organizado las kellys o sería mejor poder coordinar a todo el sector de la limpieza en España?

UGT desarrolló el portal «Tu respuesta sindical ya» y CCOO ha publicado algunos estudios al respecto del tamaño de la economía de plataformas en Cataluña. UGT editó una extensa guía sobre *Los riesgos laborales de la economía colaborativa*. Todo muy centrado, demasiado para mi gusto, en el caso de los riders, por su visibilidad mediática. Espero que tras leer este libro u otros textos puedan ampliar la mirada sobre los trabajadores de plataformas en muchos otros sectores.

Fuera de España destacan las actividades del sindicato del metal alemán, que ha promovido el portal FairCrowd.Work y el Crowdsourcing Code of Conduct para los microtrabajadores. Esta misma organización ha sido la que ha creado el primer grupo sindicalizado de youtubers, que ya ha obtenido algunas victorias judiciales.

Por su tradición negociadora destaca el trabajo de los sindicatos escandinavos, que han sido los primeros en establecer un diálogo, acuerdos y pilotos con plataformas digitales laborales. Estos convenios colectivos firmados entre sindicatos y plataformas son un mecanismo ágil para mejorar las condiciones de trabajo de los trabajadores de estas, independientemente de los debates acerca de su estatus laboral. En 2018, la plataforma de limpieza Hilfr y el sindicato danés 3F llegaron a un acuerdo pionero colectivo que incluye un pago mínimo de diecinueve euros la hora, contribución a un sistema de pensiones, días de vacaciones y seguros de enfermedad, entre otros. En Noruega, tras una huelga de cinco semanas, los trabajadores de la plataforma Foodora firmaron un convenio colectivo con apoyo del sindicato Fellesforbundet. Unionen, el sindicato laboral más grande de Suecia, ha llegado también a acuerdos colectivos con otras plataformas.

En el Reino Unido, GMB negoció un acuerdo con la plataforma

de entregas Hermes. Los quince mil trabajadores de la compañía pueden elegir ahora entre seguir trabajando por cuenta propia u optar por un nuevo estatus de autoempleado plus, que ofrece garantías de salario mínimo, pago de vacaciones y representación sindical. El acuerdo ha generado reacciones encontradas, ya que ha planteado la cuestión de si un sindicato debe aceptar la idea de que los trabajadores pueden optar por entrar o salir de los derechos laborales tradicionales.

Tiempos interesantes para el sindicalismo y la organización colectiva.

POLÍTICAS PÚBLICAS

Está claro que las Administraciones públicas a todos los niveles tienen todo el sistema diseñado y optimizado alrededor del modelo de trabajo tradicional. Esta fuerte inversión histórica en «lo de toda la vida» está creando cada vez más desajustes con la realidad de un mercado laboral más diverso y fragmentado.

Sin querer ser exhaustivo, comparto algunos aspectos que creo que deben evolucionar para adaptarse:

* No sabemos medir bien las nuevas formas de trabajo. La estadística más fiable acerca del empleo es la de los afiliados a la seguridad social, aunque incluso en ese caso perdemos algo de detalle acerca de la realidad de personas con varios trabajos o empleadores a la vez. Los datos de población activa también se centran mucho en el ingreso principal. Como me dijo Pau Hortal, creador de la Fundación Ergon: «Es importante seguir midiendo igual algunas de las cosas para tener el histórico de esos datos. A la vez deberíamos pensar en añadir nuevas métricas que hagan una foto más cercana a la realidad». Y, por pedir que no quede, yo añado que los datos deberían ser diarios y no mensuales. Inspiraciones como The Online Labour Index (Oxford) o Gig Economy Data Hub (Aspen Institute) pueden ser unos primeros ejemplos. En Es-

tados Unidos el Bureau of Labour Statistics ya ha añadido algunas nuevas preguntas para capturar esta mayor diversidad. A nivel municipal, Nueva York y San Francisco también han intentado obtener datos acerca de las nuevas formas de trabajo.

- Necesitamos que las políticas de empleo y ocupabilidad, así como las políticas de protección social, reconozcan que estar desempleado durante un tiempo será habitual y que los ingresos van a tener una alta volatilidad. El gráfico del ciclo vital (página 164) debería ser el mapa que habría que tener colgado en la pared. El acceso al sistema de protecciones (salud, pensiones, etc.), así como a la formación, debería ser más fácil para cualquier tipo de trabajador. Ya has visto que en las pensiones no es así. Aunque no exentas de críticas, las propuestas de flexiseguridad, que intentan conciliar la necesidad de los empleadores de una fuerza laboral flexible con la necesidad de seguridad de los trabajadores, pueden ser un punto de partida. Creo que el mercado laboral fragmentado nos obliga a centrar el foco más en la seguridad económica de las personas y menos en la del empleo. Cambiar el sujeto de las preguntas nos conducirá a nuevas respuestas. Recomiendo mucho el trabajo del think tank londinense RSA en el ámbito de la seguridad económica para demostrar cómo la tecnología (WorkerTech, IA para la orientación laboral, etc.) puede ser una aliada.
- Reducir hasta eliminar la discriminación de las opciones de trabajo no estándares. ¿Te acuerdas de la metáfora de las familias no tradicionales hace cuarenta años? Pues eso mismo ocurre con las formas no estándares de trabajo hoy en día. En los centros formativos, en las políticas activas de empleo, en las subvenciones públicas, etc., solo se observa como deseable (y por lo tanto susceptible de recibir ayudas) el trabajo tradicional. Será como ir a hablar del matrimonio homosexual a la Iglesia católica. Seguramente esto generará conflictos con varios interlocutores sociales con interés en mantener su statu

quo. Pero esto sería un primer paso para un mayor reconocimiento social de estas alternativas laborales. También ayudará a que desde el sector privado no se discrimine a los no estándares al pedir un crédito y buscar un piso de alquiler.

- La famosa revisión del Estatuto de los Trabajadores para adaptarlo al siglo XXI. Esta ley de hace cuarenta años (¡sí, cuarenta años!) se ha reformado hasta cincuenta y siete veces. Esta viejita ya no aguanta más parches, sino que necesita una reformulación completa para adaptarla a la realidad que he intentado describir en este ensayo. El Estatuto de los Trabajadores es un tema muy socorrido y las últimas ministras de Trabajo en España han dicho que su reforma era necesaria y urgente. También es una patata caliente de tal dimensión que nadie quiere tocarla y mucho menos para reconocer la fragmentación del mercado laboral.

- Regulaciones supranacionales que puedan responder al incremento del trabajo transnacional facilitado por las plataformas. ¿Cómo regular una relación en la que una persona en Francia trabaja con un cliente en Canadá a través de una plataforma con sede en Estados Unidos? Como no tenemos nada mejor, la OIT propone una estructura global de regulación inspirada en el convenio sobre el trabajo marítimo. Está bien como punto de partida, pero creo que se puede aspirar a más.

La mayor digitalización de todo lo relativo al trabajo y al mercado laboral debería ayudar a avanzar en estos temas con cierta urgencia.

Antes de cerrar, pido, incluso me atrevo a exigir, que los grupos de trabajo que traten cómo avanzar en la regulación de las nuevas formas de trabajo no estén integrados solo por personas asalariadas (p. ej., políticos profesionales, funcionarios, sindicalistas, empresarios, etc.). Se necesitan las voces y las ideas de los trabajadores atípicos, trabajadores de plataforma, fundadores de startups, neosindicatos, etc.

Del mismo modo que los comités integrados solo por hombres que debatían acerca de los derechos de las mujeres ya pasaron a la historia, no podemos dejar a los asalariados discutir acerca de las nuevas formas de trabajo que no han vivido.

Promoción económica y territorial

Todas estas nuevas maneras de trabajar tienen impacto también en lo territorial y abren una serie de preguntas que explorar. La experiencia del confinamiento durante la crisis del COVID-19 ha evidenciado esto aún más.

¿Qué impacto tiene en la movilidad urbana y metropolitana más trabajo remoto y horarios más flexibles? ¿Pueden rebajarse de verdad la hora punta y los colapsos en las infraestructuras si todos dejamos de ir/volver de la oficina a la misma hora los mismos días? ¿Cómo se combina esto con los horarios y las dinámicas industriales de los centros educativos?

¿Cómo afectará la distancia social al futuro de los espacios de coworking? ¿Habrá más espacios en los barrios populares para evitar desplazamientos y facilitar que la gente teletrabaje desde fuera de casa? ¿Debería ofrecerse un tíquet coworking del mismo modo que se ofrece el tíquet restaurante? ¿Deberían las Administraciones públicas promover más los «terceros espacios» como herramienta de cohesión territorial?

Si la gente puede trabajar de manera más flexible, se amplían sus elecciones acerca de dónde vivir. ¿Qué impacto tiene esto en el mercado inmobiliario de las áreas metropolitanas? ¿Y en el de las áreas rurales donde tanta gente decidió que era mejor pasar el confinamiento? Esto desarrolla la economía local de servicios (compras, educación, sanidad, etc.), a la vez que crea tensiones en algunas infraestructuras no adaptadas. ¿Hiciste alguna videoconferencia con alguien que estaba en una zona rural durante el confinamiento? Se ha visto que la conectividad a lo largo y ancho del territorio es más desigual de lo que pensábamos.

¿Qué se puede aprender de programas como Tenerife Work &

Play y/o de las políticas de promoción de Tulsa (EE.UU.) para atraer personas con talento? ¿Es una opción sostenible a nivel fiscal? ¿Tienen futuro los nómadas digitales tras el COVID-19? ¿Es todo esto una propuesta realista para la España vacía y/o como alternativa a la industria del turismo? Rural Citizen es una buena iniciativa surgida desde el País Vasco y que toca algunos de estos puntos.

«El futuro del trabajo, el futuro de la sociedad» es el título de un informe del Grupo Europeo de Ética en Ciencia y Nuevas Tecnologías. No podría estar más de acuerdo con ellos.

Hasta aquí he repasado lo que he venido observando para intentar dibujar ese mapa (incompleto e imperfecto) que todo explorador necesita para orientarse. Más allá del mapa (visión de alto nivel) he intentado también bajar al terreno (realidades concretas) para observar de cerca la complejidad y la diversidad de todos los fenómenos que se están dando a la vez y que se interrelacionan.

Ahora que conoces mejor lo que está ocurriendo en el mundo hoy en día, es hora cerrar el libro con una mirada centrada en construir futuros del trabajo deseables.

Como decía el inventor Charles Kettering: «Todos deberíamos estar preocupados por el futuro porque tendremos que pasar allí el resto de nuestras vidas».

5

El futuro ya no es lo que era

La mejor manera de predecir el futuro es creándolo.

PETER DRUCKER

El mundo del trabajo ya ha cambiado. Recupero un párrafo del inicio del libro:

> Hoy en día seguir pensando solo en los términos tradicionales del trabajo ignora a millones de personas, como mi amigo Josep, que combinan diferentes fuentes de ingresos y conforman su vida a través de una amplia variedad de relaciones laborales no convencionales. La realidad del trabajo es mucho más dispar de lo que nos pintan los informes y las estadísticas oficiales. No hace falta aguardar al futuro, el concepto de empleo ya explotó hace tiempo atomizándose en numerosos modelos.

Has aprendido a lo largo del libro con ejemplos y datos la complejidad de toda esta atomización de modelos laborales.

Para la mayoría de estas nuevas formas de relación laboral, el contrato fordista se ha roto o, como mínimo, ha sufrido fisuras importantes. En muchos casos, las organizaciones quieren mantener el control organizativo del modelo asalariado, pero sin ofrecer a las personas trabajadoras un sistema de protección a cambio de esa subordinación.

La fragmentación de las relaciones laborales requiere repensar nuestras definiciones básicas de empleo. Este ya no es la relación clara entre un empleador bien definido y un trabajador. Los términos básicos de empleo (contratación, evaluación, pago, supervisión, capacitación, coordinación) son ahora el resultado de la coordinación entre múltiples organizaciones. Las responsabilidades sobre las personas trabajadoras se han vuelto borrosas. Si el modelo tradicional de trabajo ya era difícil de regular y controlar, una economía que ha desplazado fuera de los límites tradicionales de las organizaciones la mayor parte de la actividad productiva es aún más difícil de regular, controlar e incluso de definir.

Yo no creo que hacer evolucionar el modelo de trabajo sea un error ni que las plataformas digitales laborales tengan intenciones intrínsecamente diabólicas. Nuestro modelo actual laboral tampoco funciona bien para muchos trabajadores y es necesario un espíritu de experimentación e innovación. Pero todos estos cambios, sin arreglar las estructuras de soporte que rodean al empleo, no pueden considerarse ningún progreso. En revoluciones industriales anteriores, el ajuste tampoco fue inmediatamente maravilloso.

A todo ello, incluso antes del COVID-19, ya había que sumarle los impactos de las crisis demográficas y medioambientales para una combinación altamente explosiva. Sin duda, *it's complicated*.

Esto no funciona. Tenemos que hablar

Yo soy optimista, a veces incluso demasiado, pero mirando hoy en día la situación del mercado laboral en muchos frentes resulta difícil mantener ese optimismo.

Has visto que hay un creciente número de personas sujetas a relaciones laborales no tradicionales. Tener uno de estos vínculos es comprar números de la lotería para ser una persona trabajadora pobre y/o con riesgo de exclusión social: individuos y familias enteras que no llegan a fin de mes incluso haciendo malabares con cuatro trabajos a la vez. Un tercio de los españoles no pueden tomarse ni una semana de vacaciones al año ni tienen la capacidad para afrontar gastos imprevistos. No disponen de tiempo, ni de energía, para pensar en cómo poder mejorar su situación.

Por primera vez en muchos años, los jóvenes viven y vivirán peor que sus padres. A las viejas grietas sociales hay que sumar ahora la brecha generacional. El ascensor social se ha detenido y la precariedad del trabajo condiciona la vida de los jóvenes a pesar de su mejor preparación. Pensar en desarrollar una carrera laboral se ha convertido en una quimera.

El mercado laboral y la sociedad en general se ha ido polarizando: en un extremo, trabajos de baja cualificación, manuales y mal pagados; en el otro, trabajos de alta cualificación, digitales y con salarios muy altos. Por el camino nos estamos dejando la clase media y los empleos propios de ella están en claro retroceso. Llevado al extremo, se dibuja una «economía de la servidumbre» (*servant economy*): trabajadores con mucho dinero y poco tiempo que recurren a las aplicaciones de «Uber para X» para resolver todas sus necesidades.

Una dificultad añadida es que la sociedad y sus instituciones están pensando aún en las carreras laborales lineales y predecibles de antaño. Hay un fuerte sesgo social hacia el empleo tradicional. Desde la educación y las estadísticas de empleo, que menosprecian cuando no ignoran estas otras formas laborales, pasando por un acceso más difícil a los sistemas de protección social, llegando hasta la situación de alquilar un piso o pedir un crédito, donde sin un contrato de trabajo lo tienes muy complicado. No se trata de culpar a nadie. Muchas de estas políticas se elaboraron hace décadas, en un momento en que el trabajo era un lugar en el que uno aparecía cinco días a la semana en el transcurso de muchos años.

Esto hace que, por falta de adecuación a la nueva realidad laboral, la asunción y la gestión de los riesgos y las responsabilidades relativas al ejercicio de una actividad profesional hayan migrado desde la empresa hacia el trabajador independiente o no tradicional. A menudo es la espalda de este último la que debe hacerse cargo de todo (seguridad económica, desarrollo de habilidades, protección social, etc.) a título individual.

No se ha sabido encontrar un equilibrio entre la flexibilidad laboral (que puede ser buena para ambas partes) y la seguridad económica de los trabajadores. Esto no es ni razonable, ni ético, ni sostenible en el tiempo.

Un último indicador alarmante es la creciente desigualdad. La redistribución de la riqueza ha quedado truncada desde hace décadas. A pesar de que la capacidad productiva ha aumentado significativamente, los salarios se han estancado. De hecho, desde 1973 hasta ahora la distancia no ha hecho más que ampliarse. Las causas son múltiples: narrativas y regulaciones que debilitaron a los sindicatos y a los trabajadores, la globalización, la financiarización, la servitización de la economía y las nuevas tecnologías. La productividad ha crecido un 246% desde entonces, mientras que los salarios han llegado solo al 114% en 2020.

Esta disociación se explica en parte porque solo el 51,4% de los ingresos mundiales se generan a partir del empleo (según datos de la OIT). El resto, el 48,6% de la riqueza producida, va a los propietarios del capital, lo que significa que los rendimientos provienen de inversiones (de capital riesgo, por ejemplo) y la alta rentabilidad alimenta la economía especulativa. Así que solo la mitad de la riqueza proviene de sueldos y, además, estos se reparten de forma muy desequilibrada. La OIT estima que, de cada diez euros, cinco van al 10% de los trabajadores y el resto se reparte entre el 90% restante.

En 2020 es fácil culpar a la digitalización, las plataformas digitales, los robots y la inteligencia artificial de muchos de estos males del sistema laboral. Siendo honestos, viendo el recorrido histórico y el impacto limitado de estas tecnologías en el global del mercado laboral, hay que reconocer que se trata de un problema más profundo y estructural. Se ha permitido que el capital sea más rentable que la mano de obra y que el trabajador sea un coste a minimizar en la cadena de producción.

Es hora de repensar qué debemos permitir y cómo reorganizar el reparto de las responsabilidades para que el trabajo y los trabajadores tengan un futuro deseable dentro de un escenario laboral fragmentado.

No es la primera revolución tecnológica de la historia de la humanidad

No estamos frente de la primera revolución tecnológica de la historia de la humanidad. Por algo se describe a menudo como «la Revolución industrial 4.0».

La economista venezolana Carlota Pérez describe en *Revoluciones tecnológicas y capital financiero* cómo en las revoluciones tecnológicas hay unas fases iniciales de irrupción y frenesí (crisis, especulación, polarización, desigualdades, etc.), luego un intervalo de reacomodo más o menos largo, para llegar a una fase de madurez y estabilización. En esta última etapa se consigue que los beneficios de las nuevas tecnologías se distribuyan de manera más uniforme y coherente en toda la sociedad.

Carlota Pérez también incide en que la revolución no es solo productiva, sino también cultural: «Cada revolución tecnológica trae consigo, no solo una renovación completa de la estructura productiva, sino finalmente una transformación de las instituciones de gobierno, de la sociedad e incluso de la ideología y la cultura». En un sentido similar, el profesor de comunicación John Culkin escribió: «Nosotros damos forma a nuestras herramientas y luego nuestras herramientas nos dan forma a nosotros».

En el caso de la economía de plataformas laborales (y de las nuevas formas de trabajo en general) estamos en una fase adolescente, con rebeldía e incomprensión por ambas partes. No es una etapa fácil, pero tampoco hay otra alternativa que navegarla. No es realista pensar en volver a la niñez ni en pasar directamente a la fase adulta.

Como viste al inicio del libro, la respuesta a las tensiones generadas por la primera y la segunda Revolución industrial no fue devolver a la gente de las fábricas a los campos. La respuesta fue el diálogo entre los movimientos laborales, el gobierno y la industria privada para ir regulando aspectos como las horas de trabajo, el empleo infantil, la seguridad y la representación colectiva de los trabajadores, etc.

Se tardó hasta la década de 1930, con la legislación del New Deal, en crear programas como la seguridad social, el seguro de desempleo, el salario mínimo y el seguro de invalidez.

Hacia un nuevo contrato social para el siglo XXI

«El contrato social y el estado del bienestar que surgieron tras la segunda Revolución industrial fueron cruciales para asegurar la prosperidad de la mayor parte de las sociedades en las economías avanzadas y propiciar la Gran Nivelación. Con la revolución digital es necesario repensar y rediseñar ambos. A la Revolución industrial 4.0 le corresponde un estado del bienestar 4.0 acorde a las nuevas necesidades sociales», escriben Javier Andrés y Rafael Doménech en su libro *La era de la disrupción digital*.

Javier y Rafael no son ni mucho menos los únicos en reclamar un nuevo contrato social para el siglo XXI. La OCDE con el Global Deal, la OIT con el contrato social en el centro de su Declaración del Centenario en 2019, el Banco Mundial con varios estudios, la Unión Europea con el Green New Deal, la consultora McKinsey & Company con su extenso trabajo sobre «The social contract in the 21st century» o la empresa de trabajo temporal Adecco con la publicación de «A New Social Contract For The Changing World Of Work».

¿Qué tienen en común todos estos estudios y declaraciones? Por un lado, más análisis de las causas del problema que propuestas acerca de cómo seguir adelante: un 80% de análisis y un 20% de propuestas en el mejor de los casos. Por otro lado, un reconocimiento de la alta complejidad del reto y de la necesidad de un trabajo conjunto entre Administraciones, sector privado y sociedad civil, tanto a nivel colectivo como a título individual. Finalmente, también se identifica que, debido a las desigualdades y a los populismos, este diálogo regenerativo, más necesario que nunca, es también más difícil que nunca. Hoy en día estamos más acostumbrados a la confrontación destructiva que al diálogo constructivo.

Sea como sea, no hay vuelta atrás. Nos toca, te toca, reimaginar los sistemas de protección para que encajen mejor con las nuevas formas de trabajo, tanto desde un punto de vista de políticas públicas y regulación (visión macro) como desde los esfuerzos individuales de trabajadores y empresas (visión micro). Una responsabilidad transversal y compartida.

Como dice el informe «El futuro del trabajo, el futuro de la sociedad», del Grupo Europeo de Ética en Ciencia y Nuevas Tecnologías de la Comisión Europea, «debemos asumir la responsabilidad de hacer realidad la justicia social [...] un proceso de mejora social, entendido como un deber colectivo y un compromiso para encontrar soluciones que garanticen medios de vida dignos para todas las personas, dispongan o no de un empleo remunerado [...] bajo los valores europeos de dignidad, libertad, autonomía, privacidad, igualdad social y solidaridad».

Es bueno recordar en todo momento que no hay nada inevitable ni inexorable en la revolución tecnológica. Tim O'Reilly, autor de *WTF: What's The Future and why it's up to us*, lo resume diciendo: «El curso de las cosas no es inevitable, nosotros damos forma al futuro. Hemos construido estas nuevas herramientas y es nuestra responsabilidad y nuestro deber usarlas correctamente».

Algunos ejemplos notables

En esto del nuevo contrato social se dice más que no se hace. Por suerte, existen pioneros que están explorando, desde diversos puntos de vista, qué forma podría tener.

Plataformas digitales laborales. El camino más directo para encajar a un trabajador de plataforma dentro del sistema de protecciones es determinar que se trata de un empleado de la plataforma. La mayoría de los debates acerca del trabajo mediante plataformas digitales, sobre todo en los casos de la economía bajo demanda y específicamente en los riders, se centran en este aspecto. Se busca demostrar que el nivel de autonomía y libertad de acción de las personas que usan aplicaciones como Glovo o Deliveroo es muy bajo y por lo tanto están subordinados a estas empresas. La disparidad de resultados en las sentencias en el mundo (unas dicen que son empleados, otras que son autónomos) es un indicador de la complejidad del asunto.

Parece bastante claro que el perfil del trabajador monoplataforma que genera la mayoría de sus ingresos a través de ella se acerca a una relación de empleado, aunque con una mayor libertad para decidir cuándo trabaja que en otros tipos de empleo. Como comenté al explicar que el trabajador de plataforma no existe, este tipo de perfil suele representar el 20% de los trabajadores en estas plataformas. Para la mayoría, una plataforma concreta es una fuente de ingresos adicionales y el trabajador está activo en múltiples a la vez. ¿Qué ocurre con los intereses de todas estas personas que no buscan una relación de empleo tradicional con las plataformas? No es fácil equilibrar los intereses y las necesidades de un colectivo tan diverso como el de los trabajadores de plataforma cuando se les quiere tratar a todos por igual.

Para buscar la mejora de la protección de los trabajadores de plataforma algunos países han desarrollado nuevas leyes: o bien han intentado que sea muy difícil clasificarlos como independientes (de manera que reciban las protecciones de un asalariado), o bien les han garantizado más derechos sin llegar a crear un vínculo de empleado tradicional. Son normativas recientes y con un impacto aún difícil de evaluar.

La Ley AB5 entró en vigor en el estado de California en enero de 2020. La solución pensada para las necesidades de los trabajadores de plataformas bajo demanda ha resultado tener efectos secundarios en otros trabajadores independientes como periodistas o artistas, que se han visto perjudicados. Otro efecto no previsto de la ley es que ha hecho que plataformas como Uber modifiquen algunos aspectos operativos de las aplicaciones (p. ej., informar sobre el destino final del pasajero) para reducir la subordinación de los trabajadores y, con ello, los indicios de laboralidad. Los inversores tienen claro que esta ley presenta un riesgo existencial para sus modelos de negocio y las plataformas, de manera individual y también agrupada, han organizado fuertes campañas de lobby en contra de la Ley AB5.

En Francia, la Loi d'Orientation des Mobilités (LOM) se aprobó el 24 de diciembre de 2019. En lugar de clasificar a los conductores como empleados de las plataformas, la ley confirma que los conductores de aplicaciones tipo Uber son autónomos, pero se les garantizan derechos y beneficios adicionales. En Francia destaca también la figura del *autoentrepreneur*, activa desde 2008, bajo la cual operan muchos trabajadores de plataforma.

La propuesta italiana se aproxima mucho a la francesa. La conocida como Ley 128, de noviembre de 2019, opta por una solución de compromiso bajo una de las formas atípicas de trabajo conocidas como «relaciones de colaboración hetero-organizadas» (*etero-organizzato*) e indicando explícitamente que se aplica a cualquier prestación de trabajo en el marco de las plataformas digitales. De esta manera, la ley no parte del reconocimiento directo de la laboralidad, pero sí establece una serie de protecciones laborales avanzadas. Para mí, lo más interesante es que delega la regulación de la relación salarial en los convenios colectivos sectoriales y da un año de margen para el acuerdo entre plataformas y sindicatos.

Todas estas dificultades son indicadores de que la relación triangular entre trabajador, cliente final y plataformas ha desdibujado las relaciones laborales tradicionales (entre empleado y empleador). Las leyes y las sentencias que se les aplican son muy binarias y no ofrecen instrumentos flexibles para adaptarse a la multitud de situaciones que se están dando hoy en día.

Fuera de los juicios, existen casos de acuerdos de negociación colectiva entre plataformas digitales laborales y sus trabajadores. Los pioneros han sido Escandinavia y el Reino Unido. Bajo mi punto de vista, estos acuerdos son una vía interesante.

También quiero recordarte que proyectos como Fairwork (Universidad de Oxford) o Crowdsourcing Code of Conduct (sindicato del metal alemán) son proyectos para evaluar y poder comparar las condiciones de trabajo en las diversas plataformas. El trabajo de Fairwork en países como Sudáfrica o la India ya ha tenido efectos en la mejora de las condiciones de los trabajadores.

Otros tipos de trabajadores no estándares. ¿Qué podemos

aprender desde otros ámbitos para este nuevo contrato social del siglo XXI? Siempre ha habido personas que no estaban bien protegidas por las políticas de empleo y seguridad social convencionales. Son colectivos que han tenido que buscar sus propios mecanismos de protección.

Durante mi exploración del futuro del trabajo he observado varias veces que los artistas ya hace años que viven en un mundo laboral fragmentado. No es nada sorprendente que las cooperativas tipo Smart, CoopArt o DocServizi se hayan creado para dar cobertura al sector artístico. Los músicos de clase media viven en un limbo jurídico y en España han creado la PLAM (Plataforma Estatal por la Música). Esta organización, integrada por asociaciones que representan a más de ocho mil músicos, trabaja en la elaboración de unos textos comunes, junto con promotores, festivales, ayuntamientos y agrupaciones de salas. La idea es crear un marco ordenado para acabar con la precariedad de los músicos y también con la de los espacios que los acogen.

En Francia existe una cobertura social para los profesionales de la cultura que trabajen al menos 507 horas actuando ante el público a lo largo de doce meses consecutivos, un estatus conocido como «intermitente del espectáculo». Cumplidos estos requisitos, el trabajador obtiene una ayuda económica para que pueda mantenerse entre contrato y contrato. El sistema de seguro de artistas en Alemania aborda retos similares. También sirve de inspiración el conjunto de gremios de actores, escritores, directores, etc., de la industria del cine en Hollywood. Ya comenté que el futuro de los trabajadores independientes pasa por los colectivos de independientes.

Otro modelo que se menciona a menudo es la llamada «mochila austríaca», que ha sido tema de debates en diversas campañas electorales. ¿En qué consiste? Básicamente, se trata de eliminar la indemnización por despido y sustituirla por una aportación mensual desde la empresa a una cuenta a nombre del trabajador, que puede disponer de esas cantidades en caso de despido, de traslado o de necesitarlas para su formación, además de tener acceso a ellas al jubilarse. Se la llama «mochila» porque el asalariado no pierde ese dinero si cambia de trabajo, sino que mantiene la cuenta. Lo único que resulta distinto es el empresario que efectúa las aportaciones. Y se apellida «austríaca» porque el modelo se implantó en ese país en 2003, con una cuantía mensual del 1,53 % del salario. Otros modelos cercanos son el seguro voluntario de desempleo para trabajadores por cuenta propia en Suecia o el régimen social de los independientes en Francia.

El concepto de beneficios portátiles, en los que estos están asociados al individuo en vez de al contrato de trabajo, ha despertado interés tanto en Estados Unidos como en Europa. El Pilar de Derechos Sociales de la UE sugiere explorar los beneficios portátiles como una forma para construir una mejor protección social para los trabajadores de la economía de plataformas.

En resumen, cada vez está más claro que no se puede aproximar a la diversidad de relaciones laborales únicamente con las gafas, instituciones e ideas del pasado. El hecho de no poder salir del marco de referencia actual nos limita a la hora de pensar opciones para abordar los retos que tenemos entre manos. Para que no se malinterprete lo explícito: no se trata de olvidarnos ni de descartar lo bueno que nos ofrece el sistema actual (que es mucho y debe ser conservado), sino de ampliar la mirada con nuevos horizontes.

«Hay derechos como la protección de la salud, la prohibición de discriminación, la protección de datos o el derecho a organizarse y defenderse colectivamente, por poner solo algunos ejemplos, que deben estar por encima del estatuto jurídico y que, por tanto, deben protegerse con independencia de que la persona sea un trabajador o un autónomo», escribía de manera pionera la profesora Luz Rodríguez en marzo de 2018.

Me atrevo a afirmar que hoy en día existe un consenso para ir dejando de lado el debate centrado en las «cajitas», que tanto gusta a los juristas (tipo de contrato, tipo de relación laboral, etc.), en pro de ir avanzando hacia escenarios de una protección de carácter más universal para todas las personas trabajadoras, independientemente del tipo de contrato. Por ejemplo, el Pilar Europeo de los Derechos Sociales ya establece un conjunto de principios y derechos de los trabajadores, advirtiendo de que «concierne a todas las personas con empleo, independientemente de su situación laboral». El informe del grupo de expertos de la Unión Europea acerca de la transformación digital y el mercado de trabajo también reclama una «protección social neutra independiente de la situación laboral».

Y de repente el COVID-19

Y en medio de todos estos debates, sentencias, propuestas y previsiones de futuro llegó el COVID-19 a nuestras vidas. Este momento histórico nos recordó que los eventos más influyentes e importantes son los que surgen de manera espontánea y sin previo aviso.

De hecho, la crisis del COVID-19 simplemente revela y potencia tendencias, oportunidades o amenazas que ya existían antes. Distorsiona el tiempo y acelera los eventos, pero la mayoría de los temas que se han puesto sobre la mesa no son nuevos.

También se ha dicho que el COVID-19 ha sido como uno de esos exámenes sorpresa que el profesor o la profesora te ponía el día menos pensado. Y, además, uno por partida doble. Por un lado, un examen de digital para las organizaciones, la ciudadanía y los gobiernos. Por otro, un examen al Estado de derecho y a los sistemas de protección social.

Ha sido también un proceso de *reskilling/upskilling* personal y social por fuerza mayor. Aprendimos más en los tres meses de confinamiento que en los últimos tres años. Si una cosa queda clara es que, en una época de cambios repentinos, aprender es más importante que saber mucho sobre algo o ser capaz de planificar al detalle.

CUATRO APRENDIZAJES SOBRE EL MERCADO DE TRABAJO Y EL COVID-19

Cuando se trata del futuro del trabajo, la crisis ha sido un amplificador y un acelerador de oportunidades y amenazas que ya se estaban gestando. Se puede incluso seguir el esquema del libro para ver los impactos del COVID-19.

1. Alta temporalidad y externalización. La excesiva temporalidad del mercado de trabajo en España ha sido una vez más puesta en evidencia.

El paro aumentó en más de trescientas mil personas en marzo de 2020 y la afiliación a la seguridad social cayó en casi novecientas mil entre los días 12 y 31 de marzo. La razón de esta fuerte destrucción de empleo es el excesivo peso que existe en nuestro país de la contratación temporal, lo que hace que el ajuste de las crisis se salde con la extinción y no renovación de miles de contratos temporales, sobre todo en el sector de los servicios de hostelería y turismo. En esos mismos días se denunció de manera pública que un gran número del personal sanitario lleva años y años encadenando contratos temporales, lo que dificulta la retención del talento.

Además de todo lo relacionado con el sector sanitario, hubo una gran solicitud en puestos como cajeras y reponedores de supermercado, operarios para fábricas alimentarias o de higiene personal y repartidores. Un titular de finales de abril decía: «Del paro a la furgoneta: Amazon rescata a los desempleados de la pandemia». Los desempleados encontraron una tabla de salvación en los centros logísticos y, sobre todo, como repartidores para la megatienda que se convirtió en el gran empleador de la crisis. Amazon mueve buena parte de su negocio en España de modo indirecto, a través de empresas subcontratadas o de su plataforma Flex, donde prácticamente cualquiera puede apuntarse para hacer repartos con su propio coche.

La mayoría de estos contratos son temporales, por obra y servicio o por horas, para reajustar la plantilla a las necesidades según evolucionen la situación y la demanda.

Está claro que una fuerza de trabajo flexible es lo que quieren las empresas en épocas de crisis e incertidumbre. Esto permite un mercado laboral más dinámico, pero a costa de una elevada inseguridad para las personas que trabajan en estas condiciones. ¿Qué mecanismos deberíamos activar o crear para un mejor equilibrio entre flexibilidad y seguridad?

La polarización del trabajo y el confinamiento han sido un privilegio de clase. Si has podido estar confinado en tu casa (teletrabajando o no) has tenido mucha suerte. Para muchas otras personas esto no era una opción a considerar: si no trabajan, no comen.

Ha habido personas trabajadoras en primera línea de fuego pero sin apoyos, sobre todo en el ámbito de los cuidados y de la limpieza. unas personas tan imprescindibles como precarias. La crisis puso aún más a la luz la precariedad, y la falta y vulneración de derechos en este colectivo. A algunas personas las despidieron por WhatsApp de los hoteles, escuelas, comedores o casas donde trabajaban. En el mejor de los casos, su convenio no incluye el derecho a la prestación por desempleo o, en muchos otros, simplemente se trataba de personas sin papeles ni contrato. También había personas sin más opción que ir a trabajar en condiciones inseguras. Siguiendo la actividad de colectivos como el sindicato Sindillar o la asociación Mujeres Migrantes Diversas puedes aprender mucho y de manera directa acerca de la realidad de este colectivo de trabajadoras.

Los aplausos de las 20.00 horas de cada tarde al personal sanitario y a los servicios de primera necesidad fueron un recordatorio diario de la necesidad de revisar la valoración social del empleo de quienes nos cuidan. «Trabajos humanos que merecen algo más que aplausos», tituló *El País* esos días.

En el polo opuesto del mercado laboral vimos que por suerte hay personas que pueden teletrabajar, o mejor dicho, trabajar desde casa, haciendo lo que podían.

Trabajar en estado de alarma y confinados, con los niños en casa colándose en infinitas videoconferencias, sin un espacio adecuado para ello, con registro horario como si fuéramos a la oficina, etc., tiene poco o nada que ver con el trabajo en remoto bien entendido y ejecutado. El teletrabajo se basa en la confianza a priori en los empleados, en el trabajo asíncrono y en la flexibilidad horaria. Necesita de herramientas y cultura para compartir información, y de espacios de trabajo adecuados (¡por algo existen los espacios de coworking!).

Un aprendizaje durante el confinamiento, muy relacionado con los cuidados, fue experimentar la dificultad de la conciliación entre el trabajo productivo/remunerado (masculino) y el trabajo reproductivo/no remunerado en los hogares (femenino). En casa se trabaja mucho, aunque no sea de manera remunerada.

El COVID-19 ha acelerado la tendencia de trabajar desde casa, aunque solo un tercio de los trabajos en España pueden ser realizados enteramente en el hogar. España es uno de los países peor preparados de Europa para trabajar desde casa. No por razones tecnológicas, sino porque el modelo productivo tiene una clara inclinación hacia actividades en que se necesita la presencia física del trabajador en su empresa.

Este acelerón del teletrabajo también ha permitido ver factores que aumentan la desigualdad y la polarización. Como cabría esperar de forma intuitiva, los trabajadores a tiempo parcial o con contratos temporales presentan probabilidades de teletrabajar mucho menores que sus compañeros a jornada completa o con contratos indefinidos. Existe también una fuerte correlación positiva entre el nivel educativo y la probabilidad de teletrabajar. A mayor formación, más teletrabajo. Algo similar ocurre entre el nivel salarial y el teletrabajo. Los sueldos más elevados son menos vulnerables al distanciamiento físico.

Con todos estos días encerrados en casa, algunas personas reflexionaron, en voz alta o en silencio, acerca de la utilidad o inutilidad de sus empleos. ¿Es mi trabajo merecedor de algún aplauso? ¿O está más cerca de ser un *bullshit job*? Yo tuve ese pensamiento durante el confinamiento y también durante la escritura de este libro. No fui el único. Leí esos días en el LinkedIn de un alto directivo: «Durante años hemos confundido el ser con el hacer. Ser el director o el jefe de o trabajar en ese puestazo nos podía hacer sentir poderosos o, lo que es peor, superiores». Cada vez más gente ha empezado a preguntarse: más allá de unos ingresos para mí, ¿qué aporta en realidad mi trabajo a la sociedad?

Finalmente, la crisis también dejó entrever lo necesarios que son otros trabajadores invisibles: los microtrabajadores que se encargan de la moderación de las redes sociales. Facebook, Twitter y You-Tube anunciaron al inicio de la crisis que a miles de moderadores de contenido se les envió a casa y se dejó la mayor parte de ese trabajo en manos de la inteligencia artificial. Los usuarios lo notaron tanto por un aumento del spam y las noticias falsas como por las dificultades para compartir contenidos legítimos en sus redes. Todas estas manos invisibles y mal pagadas de la economía digital se echan en falta cuando no están. Son el personal de la limpieza de nuestros espacios digitales. Mis aplausos de las 20.00 horas también fueron para ellos y ellas.

2. ¿Seguimos esperando a los robots y la inteligencia artificial? ¿O ya han llegado? Si te acuerdas, mencioné el minidocumental *Mi empleo, mi futuro* de la Fundación COTEC. En el mismo se describe a la perfección en qué ámbitos los robots y la inteligencia artificial son imbatibles: «tareas especializadas, repetitivas y predecibles. También en la gestión de grandes volúmenes de [buenos] datos». Justo lo contrario de lo que ocurre en una pandemia, donde todo es caótico, impredecible y los datos disponibles son inconexos e incompletos.

«Si los robots nos tienen que robar tantos trabajos, ¿por qué no nos salvan ahora? —tituló la revista *Wired*—. Nos hicieron creer que los robots y la IA están reemplazando a los humanos en masa, pero esta catástrofe económica está haciendo volar por los aires este mito.» Hubo robots y drones que se usaron para hacer entregas de comida o de material sanitario en hospitales y hoteles evitando el contacto entre personas. También se usaron estas máquinas para desinfectar, para vigilar el cumplimiento de la distancia de seguridad, para tomar la temperatura y para decir a la gente, mediante altavoces, que se fuera a casa. Los vídeos nos llegaron sobre todo desde países asiáticos. Incluso ahí su uso parecía ser más anecdótico que generalizado. Además, en las fotos y vídeos siempre hay humanos recargando el combustible, el desinfectante y/o ayudando al robot en las situaciones que no sabe resolver por sí solo.

Los sistemas de IA capaces de detectar ciertas enfermedades a través de fotos del iris del ojo, y que fueron entrenados con fotos de alta calidad en el laboratorio, fallaron estrepitosamente cuando tuvieron que usarse con imágenes reales de menor calidad, tomadas como se podía en los hospitales saturados.

¿Dónde fueron útiles de verdad los robots? En automatizar los análisis de pruebas masivas de test de COVID-19. Rocío Martínez, investigadora española que trabaja en el King's College de Londres, fue quien descubrió a un grupo de cuatro conocidos (Andreu Veà, Javier Colàs, Sandra Figaredo y Maria Parga) los robots de Opentrons, que pueden hacer dos mil cuatrocientos test PCR diarios. La gran ventaja diferencial que ofrecen frente al resto es la siguiente: son abiertos (funcionan por *opensource*) y por tanto resultan válidos para los kits de test de cualquier marca comercial, además de adaptables a cualquier protocolo, algo crítico, si se tiene en cuenta que estos varían de un hospital al otro. Tras remover cielo y tierra, con un guion digno de una película de acción, el grupo consiguió comprar, traer a España y programar varios de estos robots.

El otro ámbito donde sobre todo la IA se ha puesto a trabajar ha sido alrededor de la datificación del trabajo, los trabajadores y los futuros espacios laborales en las oficinas. Los jefes recurrieron a software de televigilancia (control de pulsaciones, pantallazos aleatorios, etc.) y cámaras web permanentemente encendidas para garantizar que los empleados estuviesen (de verdad) trabajando desde casa. Los diseños de muchas oficinas post-COVID se inspiran en un estado de vigilancia constante, con sensores de movimiento y de distancia de seguridad, tracking de las personas en los edificios, cámaras térmicas y análisis del aire, entre otras novedades. Las empresas siempre han querido controlar más a los empleados y el virus les ha dado la excusa perfecta. Es obvio que esto abre un debate acerca de la privacidad de los datos y los derechos laborales. «Cuando se introducen nuevas tecnologías, hay que buscar un equilibrio entre lo que es factible, lo legalmente definido y lo éticamente justificable —dijo Michael Weinhold, el CTO de Siemens Smart Infrastructure—. Es un debate moral y social.»

Por la necesidad de gestionar grandes volúmenes de despidos, entrevistas de trabajo y nuevas altas, los sistemas de Robotic Process Automation (RPA) se han popularizado en los departamentos de recursos humanos. Esto incluye el uso de sistemas de IA para el filtrado y la selección de candidatos e incluso para el análisis de videoentrevistas.

Al igual que con el teletrabajo, el COVID-19 también puede causar un auge de la automatización y el uso de la IA en las organizaciones que han aprendido la posibilidad de nuevos riesgos y nuevas necesidades. La pandemia ha enviado a millones de trabajadores a casa y/o los ha dejado temporalmente sin empleo. Algunos de esos trabajos, o mejor dicho, algunas de las tareas de estos trabajadores, más pronto que tarde se delegarán en robots y sistemas de IA. Yo sigo apostando por la combinación de fuerzas e inteligencias de hombre más máquina. Un buen ejemplo de cobot fue el del uso de exoesqueletos por parte de repartidores (humanos) en China para aumentar su capacidad de carga.

Con una mirada macro, la irrupción de las máquinas y los algoritmos en una economía de intangibles acelera la concentración de capital y devalúa la capacidad productiva de las personas. Ojo con este detalle.

3. Las plataformas digitales son los intermediarios para encontrar trabajo en la nueva normalidad. Otra observación obvia durante la crisis del COVID-19 ha sido nuestra alta, altísima, dependencia de las plataformas digitales para que nuestras ciudades y nuestras vidas siguieran funcionando. ¿Te imaginas por un momento cómo hubiera sido gestionar esta crisis con la tecnología del año 2000 mandando SMS que costaban dinero?, ¿sin tu teléfono móvil, tu conectividad permanente y todas las aplicaciones?

En el ámbito de la gestión de la oferta y la demanda de empleo, las plataformas también desempeñaron un papel importante. Se han convertido en la «nueva normalidad» para buscar y encontrar trabajo.

Los primeros días del confinamiento, las ofertas de niñeras y gente para ir a hacer la compra a personas mayores inundaron apps como Wallapop o MilAnuncios. A inicios de 2020 ya hemos normalizado buscar trabajo a través de plataformas digitales, aunque de entrada se usen plataformas inadecuadas para ello. Wallapop, MilAnuncios, Vibbo y similares, pensadas para la segunda mano, no ofrecen todas las funcionalidades que aporta una plataforma digital diseñada para el ámbito laboral (identidad verificada, filtrado de la oferta, evaluaciones y reputación, certificaciones y/o currículum, seguros varios, pagos a través de la plataforma con fideicomiso, etc.).

Justamente Nannyfy fue muy rápida al reorientar su negocio por el coronavirus. La startup de canguros pasó a ofrecer en ese momento clases por videollamada y televigilancia de menores. Solo en marzo facturaron lo mismo que en todo 2019. No fue la única plataforma en reinventarse en pocos días. Cabify y Uber ofrecieron servicios de paquetería en sus coches sin pasajeros. Uber Eats y Deliveroo expandieron su foco más allá del delivery de comida (pues la gente cocinaba en casa y los restaurantes estaban cerrados) hacia también todo tipo de encargos logísticos. En EE.UU., Uber lanzó el portal Work Hub para facilitar la reubicación de sus conductores en otros trabajos con mayor demanda. Incluso Airbnb, que en mayo despidió a un cuarto de sus empleados de todo el mundo, creó el portal Airbnb Talent Directory, con los perfiles de sus exempleados para facilitar que encontrasen otros empleos.

El mundo del trabajo online, tras una fuerte bajada las primeras semanas de parón y pánico, subió con fuerza. El Online Labour Index de la Universidad de Oxford anunció a primeros de mayo que se había alcanzado un máximo histórico. Esto significa que había más proyectos de trabajo independiente remoto publicados en plataformas laborales que nunca antes en la historia. El rápido crecimiento de la demanda laboral online parecía estar ligado a la contratación de especialistas técnicos independientes para ayudar a las empresas a realizar la transición a operaciones remotas. Otros estudios arrojaron conclusiones similares. Esto no tiene marcha atrás, por lo que parece incluso más urgente que antes la necesidad de acomodar estas formas laborales para garantizar un trabajo decente.

Creo que todo este dinamismo que se ha podido observar en las plataformas digitales laborales, los trabajadores de plataforma y los trabajadores no estándares en general (que pasan de servir en un bar a repartir paquetes en Amazon Flex en pocos días) demuestra que son las partes más «antifrágiles» del mercado laboral. Ser antifrágil significa que se sale reforzado y mejor preparado tras un shock o una situación de estrés. Por el contrario, las formas más tradicionales de organizar el trabajo salen bastante tocadas, ya que su rigidez les ha dificultado moverse. El cierre de la planta de Nissan en Barcelona es un indicador de ello.

Con las altas tasas de desempleo en los próximos meses y años es previsible que cada vez más trabajadores acudan a estas plataformas para encontrar uno o diversos pagadores por trabajos por horas, por días o por proyectos.

Lo que es obvio es que encontrar un pagador puntual será más fácil que hallar un empleador permanente en esta «nueva normalidad».

4. Aprendiendo rápido. Organizaciones más humanas, más porosas y coordinación a nivel de ecosistema. Toda esta situación también ha acelerado el cambio en la naturaleza de las organizaciones a varios niveles.

Vamos a tener organizaciones y relaciones laborales más humanas, más *teal*, en términos de Frederic Laloux. Las videollamadas nos han permitido ver a nuestros compañeros de trabajo en toda su humanidad, conocer sus hogares, hijos y mascotas. Además, estas siempre empiezan con un *check-in*: ¿qué tal?, ¿cómo lo llevas?, ¿cómo te sientes? A distancia hemos conectado a un nivel más profundo de lo que solíamos hacer en las oficinas.

A nivel tecnológico, muchas empresas no estaban listas para ello. Los empleados han usado lo que tenían a mano en sus casas tanto en hardware como en soluciones de software para seguir trabajando. Los departamentos de informática han tenido de dar su brazo a torcer, ya que no podían estar en todo. Esto abre la puerta a una mayor aceptación de las políticas de *bring your own device* (BYOD). Esta cultura de mayor flexibilidad será buena para desarrollar un teletrabajo bien entendido y para poner al día las políticas internas que podían limitar la incorporación del talento freelance externo.

Los empleados que han podido teletrabajar han visto que no solo tenían que poner su trabajo, sino que también han aportado sus propios recursos (mesa de trabajo, ordenador, internet, electricidad, etc.), es decir, que han experimentado lo que significa ser autónomo con un solo cliente (un TRADE [Trabajador Autónomo Económicamente Dependiente], vamos). Los que han perdido el trabajo han visto que tener una única fuente de ingresos les sitúa en una posición débil en caso de rotura de contrato. Mejor empezar a pensar en diversificar fuentes de ingresos y no poner todos los huevos en la misma cesta, ¿no?

Todo el mundo ha tenido que autocapacitarse y/o pedir ayuda en muchos frentes para ir resolviendo nuevos retos cada día. La idea del aprendizaje a lo largo de toda la vida ya no hará falta volver a explicarla. Frente a los cambios constantes, todos pasamos a ser eternos novatos.

Muchas empresas han tenido también sus primeras experiencias en la incorporación de nuevo talento directamente en remoto y para un uso puntual por la emergencia; por ejemplo, los expertos técnicos en las plataformas de freelance.

Si recuerdas, la coordinación a nivel de ecosistema es útil para afrontar retos complejos. El sector médico y sanitario, así como los *makers*, fueron los primeros en entender la complejidad del COVID-19 y han demostrado cómo se trabaja en un ecosistema: colaborando, compartiendo y aprendiendo juntos lo más rápido posible. Luego, para hacer frente a la necesidad de reinventarse a marchas forzadas, los productores del Pirineo catalán, el comercio de barrio en Granada o las librerías en Sant Jordi han trabajado unidos y han creado iniciativas digitales conjuntas. No hay mal que por bien no venga, tirando de refranero.

Todos estos cambios, experiencias y aprendizajes son el abono perfecto para avanzar hacia nuevas formas de trabajar y otras maneras de vivir.

CINCO APRENDIZAJES SOBRE LAS PROTECCIONES SOCIALES
Y EL COVID-19

Si las nuevas formas de trabajo avanzan deberemos ajustar también los sistemas de protección social a estas nuevas realidades.

En pocos días nos hicimos conscientes de que somos colectivamente vulnerables. Que el contrato social actual no respalda de manera suficiente nuestra resiliencia, ni individual ni colectiva. El virus ha puesto al descubierto la fragilidad del contrato social.

En esos días se vio más que nunca la brecha entre un sistema de protecciones diseñado para otra época y la realidad laboral actual. ¿Qué hemos aprendido?

1. Los trabajadores atípicos: muy numerosos y los más desprotegidos. Cuando se paró la actividad económica pudimos ver una polarización entre los trabajadores tradicionales y los atípicos.

Para los primeros ya existían mecanismos de protección bien definidos como los ERTE, un procedimiento temporal por el que los trabajadores pasan a estar en el paro cobrando el 70% de su salario habitual. El trabajador no tiene que hacer nada. La empresa informa sobre la aplicación del ERTE a los trabajadores afectados y el Servicio Público de Empleo (SEPE) tramita sus prestaciones. Con la legislación previa era necesario tener un mínimo de tiempo cotizado, pero en el conjunto de medidas laborales de emergencia que aprobó el gobierno se eliminó ese requisito.

Para los segundos (aquellos con contratos temporales, por obra y servicio, autónomos, trabajadoras del hogar e incluso informales), el acceso a las protecciones fue mucho menos automático y la caída de su nivel de ingresos, mucho más abrupta.

El gobierno tuvo que desarrollar una serie de medidas urgentes y extraordinarias (sobre todo relajando criterios de inclusividad en el acceso a las protecciones por cese de actividad) para que estos trabajadores no quedaran a la intemperie. En general hubo una cierta confusión y demoras en relación con los beneficios de desempleo para los trabajadores por cuenta propia e independientes. Además, dentro de este colectivo de trabajadores atípicos los trabajadores de salarios más bajos tienen más probabilidades de quedar desempleados y menos de recibir una compensación por desempleo. Por ejemplo, no fue hasta inicios de mayo, casi dos meses después del inicio del confinamiento, que las empleadas del hogar pudieron solicitar el subsidio extraordinario por cese de actividad. ¿Crees que son personas y/o unidades familiares con capacidad de ahorro para dos meses?

Como dijo por Twitter la profesora Luz Rodríguez:

> Las medidas sobre protección por desempleo adoptadas en los decretos-leyes #COVID19 (cese actividad autónomos, desempleo especial empleadas de hogar y para contratos temporales de corta duración) muestran que tenemos un sistema de protección por desempleo que ha quedado desfasado.

Por suerte, en España tenemos un sistema de salud universal, pero no es así en muchos otros países donde los trabajadores atípicos también experimentaron enormes dificultades para acceder a la asistencia sanitaria. Los titulares en la prensa, las organizaciones laborales y los centros de pensamiento de medio mundo parecían estar todos de acuerdo: «Coronavirus puts worker rights and protections top of the agenda» (*Financial Times*), «COVID-19: Social protection systems failing vulnerable groups» (OIT), «Coronavirus highlights sick pay void for platform workers» (EuroFound), «Coronavirus is revealing the gig economy's sharp inequalities» (MIT), «Coronavirus Highlights Broken Safety Net for Millions of Workers» (Aspen Institute).

Las redes de seguridad social demostraron tener agujeros muy grandes por los que cayeron muchos trabajadores no tradicionales porque el alcance del empleo y la regulación social es demasiado limitado. Se generó un mayor consenso para reclamar que todos los derechos laborales y de seguridad social se aplicasen a todos los trabajadores, independientemente del tipo de relación laboral que tuvieran.

Otro aprendizaje muy claro fue que la mayoría de los trabajadores no tradicionales (incluso aquellos con ingresos medios o altos) no tienen una planificación económica suficiente para afrontar momentos de bajada abrupta de sus ingresos.

Todos estos elementos pusieron encima de la mesa la necesidad de focalizarse más en políticas de seguridad económica y menos en políticas de empleo. Todos los debates que se generaron alrededor de la renta mínima vital o los mecanismos de renta básica universal apuntan en esa dirección.

2. Las plataformas laborales pueden y deben tener una mayor responsabilidad hacia sus trabajadores y hacia la sociedad. En un mundo de relaciones laborales fragmentadas, las responsabilidades en relación con las personas trabajadoras también quedan fragmentadas (seguridad laboral, protección social, formación, etc.).

La primera reacción de muchas plataformas fue la de lavarse las manos alegando que sus trabajadores eran autónomos o trabajadores independientes, pero esa no era una posición sostenible con el desarrollo de la pandemia y sus efectos.

Poco a poco, las apps tomaron diversas medidas para apoyar a sus trabajadores frente a los desafíos del COVID-19. En muchos casos, los asesores legales de estas plataformas tuvieron que aceptar que fueran más allá de lo habitual en el vínculo con sus trabajadores, entrando en terrenos que podrían determinar una relación de laboralidad en el futuro.

- Un caso en varias plataformas (Uber, Cabify, etc.) fue la transferencia de los trabajadores hacia servicios con demanda de personal (logística, almacenes, supermercados, etc.), ya fuera adaptando sus operaciones o fomentando el movimiento de trabajadores entre plataformas.
- La provisión de kits para disminuir el riesgo de contagio también se puso en práctica, pero los trabajadores reclamaron que el alcance fue insuficiente y lento. Muchos trabajaron sin sistemas de protección o teniendo que comprar ellos mismos

estos sistemas. Muchas apps facilitaron formación directa o acceso a puntos de información a través de seguros acerca de los mecanismos de protección.

- En caso de contagio (y entrada en cuarentena) se determinaba que se trataba de un accidente de trabajo y se podía acceder a algún tipo de garantía de los ingresos. Con muy pocas excepciones, todo lo relativo a la garantía de ingresos y acceso a los sistemas de salud (cuando este no era universal) se dejó en manos de los gobiernos y las plataformas tomaron pocas o ninguna responsabilidad.

En abril de 2020, la Fairwork Foundation publicó el informe «The Gig Economy and Covid-19: Fairwork Report on Platform Policies», donde recopilaba las reacciones de más de ciento veinte plataformas en más de veinte países. Una de sus conclusiones fue la brecha existente entre la retórica y la realidad: las plataformas fueron mucho mejores en publicitar sus respuestas que en entregarlas a los trabajadores. Destacaron también cómo el lenguaje se usa con mucho cuidado para evitar futuras reclamaciones de laboralidad a partir de estos precedentes. Cuando se ofrecía un apoyo financiero durante la cuarentena no se describía como un pago por enfermedad, sino como «un ajuste de pago único» o como «un pago de apoyo».

Más allá de sus trabajadores, muchas plataformas, sobre todo en los servicios esenciales de logística y transporte de pasajeros, se volcaron en ayudar al personal sanitario (con transporte gratuito de personal, material y comidas). Algunas plataformas de freelance también crearon equipos de voluntarios para ayudar allá donde fuera necesario, asimismo abrieron a todo el mundo sus *webinars* para formarse y aprender como una manera de aprovechar el tiempo disponible durante la cuarentena.

3. WorkerTech y los colectivos de independientes demuestran su utilidad. En paralelo a las reacciones de gobiernos y plataformas, las propias personas trabajadoras también se organizaron colectivamente para darse apoyo mutuo y para ello usaron tecnología, es decir, soluciones WorkerTech de todo tipo.

Coworker.org y Change.org se inundaron de campañas de trabajadores reclamando sus derechos y mayores protecciones frente al COVID-19. Espacios informativos y formativos como Freelancers-Hub, Independent Drivers Guild o The Ride Share Guy fueron puntos donde conocer las últimas novedades para cada tipo de trabajador y cómo acceder a las ayudas de los gobiernos. En Francia el neosindicato Independants.co agrupó las reacciones y las protestas de este colectivo por la falta de ayudas públicas. Sobre todo en Estados Unidos se crearon numerosos fondos de ayuda para todo tipo de colectivos de trabajadores independientes (artistas, artesanos, camareros, agricultores, trabajadoras domésticas, etc.). Los neosindicatos también convocaron paros mediante redes y grupos de WhatsApp en el ámbito del delivery en varios continentes. Nada de esto hubiera sido posible a esta escala, velocidad y bajo coste de no ser por el nuevo poder de coordinación y participación masiva que nos aportan las plataformas digitales.

Toda esta situación también dejó en evidencia el poco nivel de digitalización de las Administraciones respecto a la gestión de los temas laborales. Muchos funcionarios y funcionarias, teletrabajando como podían, tuvieron que hacer numerosas horas extra para validar y acelerar al máximo los ERTE y las ayudas a las personas desempleadas, y para resolver dudas de todo tipo en un momento de altísima incertidumbre.

¿Hubiera sido más fácil de gestionar esta situación con sistemas más digitalizados y contando con ayudas de asistentes virtuales y chatbots para resolver dudas y/o aplicaciones para la tramitación de las solicitudes de ayuda? Si, para no colapsar los centros sanitarios, se hizo una digitalización masiva y acelerada del sector sanitario (telemedicina, chatbots, apps sobre el COVID, etc.), ¿por qué no se puede plantear lo mismo en el ámbito de las Administraciones y los trabajadores? Si existe la app miDGT con «toda tu información y gestiones con la DGT en tu teléfono», ¿por qué no hacer lo mismo para el SEPE y la seguridad social? Si tenemos datos diarios y en abierto acerca del COVID-19, ¿por qué solo disponemos de datos mensuales y sin acceso abierto a las bases de datos respecto al empleo? Queda mucho que recorrer en este frente.

4. ¡Qué suerte vivir y trabajar en Europa! Quiero destacar la suerte que tenemos de vivir en Europa, con un estado del bienestar sólido y unas instituciones públicas fuertes. A veces una mirada externa ayuda a darse cuenta de ciertos privilegios que damos por garantizados.

«Paid to Stay Home: Europe's Safety Net Could Ease Toll of Coronavirus», tituló el *New York Times* para explicar a los lectores norteamericanos cómo funcionan los sistemas de protección social en Europa, una lectura cercana a la ciencia ficción para ellos. Un especial también del *New York Times*, «The America We Need», describía la fragilidad del sistema democrático, económico y sanitario advirtiendo que Estados Unidos ya se encontraba enfermo mucho antes de la llegada del coronavirus: «La magnitud de una crisis está determinada no solo por el impacto de los eventos precipitantes, sino también por la fragilidad del sistema al que ataca. Nuestra sociedad fue especialmente vulnerable a esta pandemia porque muchos estadounidenses carecen de la libertad esencial para proteger sus propias vidas y las de sus familias».

Ante una crisis como la del COVID-19 es cuando podemos ser más conscientes de todo lo que tenemos y pensar cómo conservarlo frente a propuestas políticas y modelos económicos que proponen un retroceso en estos aspectos clave.

Esto toma especial relevancia en un contexto de desarrollo de la tecnología para el futuro del trabajo y el futuro de los trabajadores. Las tecnologías y las empresas que la crean absorben los valores, las creencias y las narrativas imperantes de las sociedades donde nacen. Como europeos debemos fomentar el desarrollo de soluciones tecnológicas más cercanas a nuestro sistema de valores, especialmente en un ámbito tan crítico y central como el mercado laboral. Esto es importante no solo para Europa, sino también para que el resto del mundo vea que otros modelos son posibles (¡y deseables!).

5. Mayores brechas digitales de lo que creíamos. Otro aprendizaje o evidencia de los impactos del COVID-19 fue el drama de las brechas digitales.

En toda esta digitalización por fuerza mayor y acelerada, muchas personas se han quedado fuera de juego. Por no disponer de conectividad suficiente, de equipos adecuados y/o de conocimientos directos o en su entorno próximo acerca de cómo usar esos dispositivos y servicios. Como siempre, los más marginalizados son además los que sufren más directamente estas brechas.

Con el cierre de los centros educativos, el ámbito de la formación a distancia, de la primaria a la universitaria con un total de casi diez millones de estudiantes españoles afectados, ha sido la punta de lanza donde estas brechas se hicieron más evidentes y dramáticas.

Estas brechas también afectan y afectarán más a los trabajadores con menores capacidades digitales. Para el ejercicio de una amplia mayoría de trabajos se requiere hoy en día de habilidades digitales básicas que muchas personas no tienen. Si, además, el acceso a estos puestos de trabajo se realiza a través de plataformas digitales estamos generando nuevas barreras. Incluso para trabajos poco digitales, por ejemplo, las empleadas del hogar, que hasta ahora no necesitaban usar aplicaciones para encontrar oportunidades de trabajo, si el mercado se hace más digital, aquellas personas que sufran de una mayor brecha digital dentro del propio colectivo estarán sujetas a una doble problemática. Lo mismo ocurre con el uso de los servicios WorkerTech, que por su naturaleza eminentemente digital son generadores de exclusión social.

Estos retos recuerdan a los planteamientos del autor de *Homo Deus*, Yuval Noah Harari, acerca de «la clase inútil». El término se usa para definir a un nuevo grupo humano que queda fuera de la comprensión o la participación en el dominio de estas nuevas técnicas frente al avance constante y cada vez más acelerado de estas.

No sabemos exactamente cómo será la sociedad post-COVID-19, pero sí conocemos que será más digital. No podemos olvidarnos de las brechas que ello genera.

UNA PRIMAVERA IDEAL PARA CONSTRUIR NUEVAS NARRATIVAS

Al principio del libro, al explicar los mitos y narrativas acerca del trabajo y el futuro del trabajo, y tomando prestadas palabras de la especialista en identidad narrativa Diana Orero, escribía: «Somos las historias que nos contamos. Las que nos contamos sobre el mundo, las que nos contamos sobre los demás y las que nos contamos sobre nosotros mismos».

Durante las semanas iniciales de la pandemia y la fase del confinamiento muchas de esas historias que nos definían (y nos limitaban) han sido puestas patas arriba. «Hay décadas en las que no pasa nada y semanas donde pasan décadas», escribió el profesor Tyler Cowen.

Fuimos capaces de suspender el sistema capitalista para promulgar lo que parecía una socialdemocracia temporal. Artículos de opinión y editoriales en la prensa económica más influyente a nivel mundial no tuvieron miedo en defender que la baja por enfermedad y la asistencia sanitaria deben ser derechos universales. En promulgar la necesidad de proteger a las personas antes que al trabajo. En plantear políticas laborales de inspiración danesa como la «flexiseguridad» e incluso afirmar que «políticas públicas hasta hace poco consideradas excéntricas, como la renta básica y los impuestos sobre el patrimonio, tendrán que formar parte de la mezcla. [...] Será necesario poner sobre la mesa reformas radicales, que inviertan la dirección política predominante de las últimas cuatro décadas». Leído en el *Financial Times*. Las medidas de emergencia (y temporales) por parte de los gobiernos demostraron que esto se puede hacer.

Frente a narrativas individualistas, hemos visto que lo fundamental es la colectividad. Nos hicimos conscientes como nunca de la interdependencia de los unos con los otros. Nuestra vida depende de una enfermera y de un reponedor de alimentos, de esos servicios básicos que no ponemos en valor. Para hacer frente a un virus que se propagó por todo el mundo a través de las redes de viaje globalizadas hemos tenido que actuar de manera colectiva sin diferencias de clases, orígenes o fronteras. Un segmento de la población o un territorio irresponsable pone en riesgo al resto. Si alguien albergaba aún dudas acerca de la necesidad de un pensamiento sistémico, se le disiparon de golpe. Circuló en esos días una broma por WhatsApp que decía: «Un tío se come una sopa de murciélago en China» y, cuatro etapas (unas fichas de dominó de tamaño creciente) más tarde, «Xavier García Albiol es elegido alcalde de Badalona». Una manera nada científica de explicar el efecto mariposa en un mundo globalizado y digitalizado.

Hemos experimentado la necesidad de unos gobiernos fuertes (protecciones sociales, limitación de precios, etc.) y una sociedad activa y empoderada. Las famosas frases «el gobierno no es la solución a nuestro problema, el gobierno es el problema» de Ronald Reagan o «no hay tal cosa que se llame sociedad» de Margaret Thatcher fueron muy criticadas. Se ha «reivindicado el sentido común, el bien público y el interés general. Es decir: soluciones de todos, para todos y con todos o no hay salida», escribía Antoni Gutiérrez-Rubí. «La actuación en esta crisis ha demostrado que es la combinación de la garantía institucional, la iniciativa empresarial y la cooperación ciudadana la que es capaz de cumplir misiones críticas para la sociedad. Se ha demostrado también la capacidad de reinvención colectiva», apuntaba Javier Creus. Esta crisis señala que los mejores caminos de salida son los comunes.

Otro mito que murió esos días fue el del solucionismo tecnológico, la creencia de que para cada problema hay una respuesta tecnológica. Hubo mucho debate alrededor de las aplicaciones de trazabilidad de las personas infectadas por el COVID-19 y su entorno. «Las soluciones tecnológicas a menudo hacen tanto daño como bien, por ejemplo, al aumentar la creciente exclusión social, carecer de responsabilidad y no lograr avances reales en el problema que supuestamente están abordando», escribió el profesor John Naughton. Los avances reales durante la crisis del COVID-19 se han dado por las relaciones y las colaboraciones entre personas, por la responsabilidad en los comportamientos. El rol de los sociólogos expertos en comunicación de masas no fue suficientemente valorado. Una tribuna en el suplemento «Retina» de El País decía: «El Homo deus ha muerto. [...] Decían que la tecnología nos permitiría dominar la naturaleza, eliminar las enfermedades, ser inmortales. El COVID-19 ha demostrado que mentían. ¿Dónde están ahora los transhumanistas y su vida eterna, los que prometían que la inteligencia artificial anticiparía el futuro?». No les falta razón.

En el permanente debate acerca de los datos en una sociedad digital también quedó clarísimo que estos son absolutamente críticos. Deben orientarse sí o sí al bien común, no pueden quedar solo en manos de organizaciones privadas. «Los datos son la materia prima del siglo XXI. La respuesta a la pregunta de quién es el propietario de estos datos decidirá en última instancia si la democracia, la participación, la soberanía en la era digital y el éxito económico pueden ir de la mano.» Palabras de Angela Merkel en el Foro de Davos en 2018. Lo mismo se puede aplicar a los diseños industriales de las mascarillas, los respiradores o las vacunas para el COVID-19.

Agregando todos estos cambios, la única certeza con la que nos quedamos es que podemos estar seguros de no poder estar seguros de nada. «Todos nos hemos vuelto novatos. Seremos novatos para siempre. No importa cuál sea el estado de tu experiencia. [...] Eso debería mantenernos humildes», en palabras de Kevin Kelly. En una época de cambios aprender es más importante que saber. Te suena de algo eso del aprendizaje a lo largo de toda la vida, ¿no? Aceptemos que vivimos en una sociedad en beta permanente donde lo más importante es ensayar, medir, aprender y volver a empezar el ciclo. Dejemos de obsesionarnos en controlar y prever los acontecimientos. La ambigüedad y la incertidumbre no solo no van a desaparecer, sino que van a aumentar.

«El coronavirus ha reescrito nuestras imaginaciones —afirmó el autor de ciencia ficción Kim Stanley Robinson en *The New Yorker*—. Lo que parecía imposible se ha vuelto pensable. La primavera de 2020 nos enseñó cuánto y lo rápido que podemos cambiar como civilización.» Otros decían: «Han cambiado nuestras capacidades. El marco de lo posible se ha ampliado» o «Pensar lo impensable es un desafío imprescindible». Nuestras expectativas personales y colectivas se han transformado. Sabemos que podemos hacer mucho más de lo que creíamos que podíamos. La crisis ha sido un recordatorio útil, aunque de una manera trágica, de lo que podemos hacer si tenemos la voluntad de llevarlo a cabo.

En el diseño de la «nueva normalidad» sabemos que no se trata de recuperar y reconstruir, manteniendo partes defectuosas de sistemas anteriores, sino de crear soluciones regeneradoras con sistemas universales de sanidad, educación y seguridad económica. «Sería suicida no corregir los errores de diseño que ahora hemos visto que tenía la sociedad en la que vivíamos», escribió Mar Abad, cofundadora de la revista *Yorokobu*. Debemos poder ofrecer un futuro a todas las personas y garantizar la capacidad de los sistemas básicos para el desarrollo económico y social.

La transición es estratégica. Las decisiones que tomemos ahora nos llevarán a situaciones muy diferentes en unos meses o años. Tras el COVID-19, el mundo será un lugar diferente. Asegurémonos de que sea uno mejor. No debemos desperdiciar una crisis como esta.

LO BUENO ES QUE AQUÍ YA HEMOS ESTADO ANTES

Me niego a aceptar eso de que lo que aprendemos de la historia es que no aprendemos de la historia. Esta no es la primera pandemia ni la primera crisis a gran escala de la historia de la humanidad.

«No estamos entrando en un territorio desconocido. Desde que el ser humano apareció sobre la Tierra, hemos padecido epidemias: peste negra y bubónica, cólera, encefalitis virales… Y hemos salido adelante. Como especie, sabemos de qué va esto», afirma en una entrevista Boris Cyrulnik, neurólogo y psiquiatra, reconocido experto mundial en resiliencia.

Durante el confinamiento se hizo referencia a menudo a la peste negra. En pocos años murieron la mitad de los europeos. No se podía cultivar, pues no había suficiente mano de obra. Desaparecieron viñedos y campos de cereal. Pues incluso algo tan terrible como aquello tuvo efectos insospechados. La peste contribuyó al debilitamiento del feudalismo, propició la acumulación de capitales en manos de la burguesía y proyectó sobre la sensibilidad colectiva un sentido laico de la muerte que debilitó el mito cristiano del Paraíso, que inclinó a los hombres hacia el bienestar y la prosperidad terrenal. El nuevo hombre que surgió de la peste exhibió, además, una capacidad de observación y una inclinación científica que le llevaron a mostrarse más cuidadoso con la prevención de epidemias, poniendo en marcha los primeros rudimentos de la epidemiología moderna. El círculo de causas y efectos provocados por la peste fue el germen del Renacimiento y el pensamiento humanista.

A nivel económico, la comparación habitual es con la crisis del 29 o la Gran Depresión que se prolongó durante la década de 1930. En varios países de Occidente, el Estado se hizo más fuerte y más presente, pero el resultado fue muy distinto en unos y otros. Alemania acabó dominada por la dictadura feroz del nazismo. En Estados Unidos, en cambio, las políticas de Roosevelt llevaron al New Deal y al desarrollo del estado del bienestar. Los elementos clave de este último han definido nuestro modelo laboral, incluida la regulación de salarios y horas de trabajo, y los derechos de negociación colectiva, así como el sistema de seguridad social.

«Después de cada crisis hay cambios culturales. Luego, vistos en perspectiva, los consideramos inevitables, aunque ahora lo que nos llega es confusión y desconcierto», decía en la misma entrevista Boris Cyrulnik.

Después del coronavirus habrá cambios profundos, nuevas leyes y valores. Es la regla.

Diseñar un futuro laboral al que valga la pena volver

A nivel del futuro del trabajo también hemos estado aquí antes. Nos hemos encontrado en un punto de inflexión en términos de cómo la tecnología, la demografía, las políticas y las actitudes se unen para impactar en el mundo del trabajo.

En general, las tres primeras revoluciones industriales crearon escenarios bastante positivos para los trabajadores. También puede ser el caso esta vez. Como ya alerté al inicio del libro, este es un camino con baches, curvas y un tiempo de reacomodo en que las desigualdades se pueden convertir en un problema importante.

No estamos indefensos. Podemos y debemos dar una forma deseable a nuestro futuro. Hacerlo requiere de un pensamiento innovador y darse cuenta de que aferrarse al pasado ya no es una opción viable, ni deseable.

Diseñar futuros no es una tarea sencilla

Aunque no eran conscientes de ello, los postmedievales fueron los prerrenacentistas. Los post-crisis del 29 fueron los pre-New Deal. Siguiendo la misma lógica, se habla y se escribe sobre el post-COVID-19 cuando a mí me parece mucho más interesante explorar el pre-«lo que venga después».

Para despejar la incógnita de este «lo que venga después» debemos entrar en el diseño de futuros.

Acerca del diseño de futuros

Disto mucho de ser un conocedor del diseño de futuros. Soy un aficionado novato interesado en el tema y con la fortuna de estar en contacto con gente como Jordi Serra del Pino, Elisabet Roselló o Monika Bielskyte, verdaderos expertos y expertas en diseño de futuros y prospectiva.

¿Qué he aprendido gracias a estos amigos acerca del diseño de futuros?

- Siempre hay que hablar de futuros en plural. Si solo existiera uno predeterminado e ineludible no sería necesario diseñarlo ni debatirlo. Existen muchos futuros posibles: algunos más probables que otros, algunos más deseables que otros, pero todos posibles.
- Los futuros no ocurren en otro lado, sino aquí. Los futuros no ocurren por sí solos, se construyen. Nuestras decisiones, individuales y colectivas, importan. Los futuros no existen,

solo nuestras decisiones existen. Las decisiones que tomamos y las que dejamos de tomar.

- Los futuros los diseñas o te los diseñan para ti. Mejor siempre ser parte activa del proceso.
- Poder diseñar y dar forma a futuros posibles implica descartar muchas de las ideas del presente, desprenderse de conceptos y modelos mentales que aparecen como naturales e inevitables. A menudo aquello que sabemos, las certezas (valores, normas, instituciones, etc.) con las que evaluamos nuestra realidad, es también el mayor lastre para poder considerar otras alternativas.
- El diseño estratégico de futuros y la construcción de narrativas es un arma extremadamente poderosa en tiempos de cosas imposibles. Algunos futuros, sobre todo los distópicos, pueden convertirse en las hojas de ruta de nuevos productos y estructuras sociales.
- El futuro, los futuros, no son el destino final, sino un lugar para la oportunidad.

Para ver esta teoría aplicada en la práctica en el ámbito de futuros del trabajo, recomiendo la consulta de «Four Futures of Work», a cargo del Future Work Centre en la RSA (Royal Society for the Encouragement of Arts, Manufactures and Commerce). En este proyecto, la RSA define cuatro posibles futuros del trabajo para el Reino Unido en el año 2035, que exploran los impactos de diversos grados de avance de la tecnología, el desarrollo de la regulación y las políticas públicas en diferentes direcciones, así como una variedad de escenarios económicos, incluida una fuerte crisis como la actual.

¿Seremos capaces de usar la tecnología y el momento actual para construir un mejor futuro del trabajo y de los trabajadores? ¿Seremos capaces de ir más allá de las obvias mejoras en eficiencia y los nuevos modelos de negocio para que sea una tecnología realmente transformativa para la sociedad?

Seamos osados. Seamos valientes. Diseñemos futuros del trabajo deseables.

TIEMPOS CONVULSOS QUE REQUIEREN DE GENTE ATREVIDA

De manera natural, frente a la incertidumbre tendemos a pensar más en lo que podemos perder (en negativo) que en lo que podemos ganar o mejorar (positivo). El filósofo italiano Antonio Francesco Gramsci describió esto diciendo: «El viejo mundo se muere. El nuevo tarda en aparecer. Y en ese claroscuro surgen los monstruos».

Hay que luchar contra esos monstruos promotores de futuros distópicos. Para hacerlo, el primer consejo es, como tantas veces he repetido durante este libro, ir acompañado. Apaga la televisión y mira a tu alrededor. Hay más gente de la que te imaginas buscando el bien común. Un segundo consejo es tener una piel bien gruesa. Si queremos cambiar el mundo, debemos ser poco realistas, irrazonables e imposibles. Aquellos que pidieron la abolición de la esclavitud, el sufragio para las mujeres y el matrimonio entre personas del mismo sexo también fueron en su día catalogados como locos de remate. Hasta que la historia les dio la razón.

«Cuando las formas de una cultura vieja van muriendo, la nueva cultura es creada por las pocas personas que no temen a la inseguridad», dijo Rudolf Bahro, filósofo y activista verde alemán.

La innovación y el atrevimiento se pueden canalizar a través de la formulación de nuevas preguntas del tipo «¿qué pasaría si...?». Escenarios hipotéticos. Preguntas catalíticas. Buenas preguntas. Kevin Kelly sugiere una lista de condiciones para una buena pregunta: 1) no se preocupa de la respuesta correcta; 2) no se puede responder de inmediato; 3) pone en tela de juicio las actuales respuestas; 4) abre un nuevo territorio de pensamiento, y 5) origina otras buenas preguntas. Por ejemplo: ¿cómo prosperar en un mundo sin trabajo?

Para explorar posibles respuestas no te servirán el conocimiento y la experiencia directa en ese campo. Deberás usar la ciencia ficción, aplicar analogías, explorar adyacencias, así como reexaminar los principios básicos. Nada fácil y a la vez muy divertido.

«Cuestionar las premisas aparentemente incuestionables de

nuestra forma de vida es sin duda el servicio más urgente que debemos a nuestros semejantes y a nosotros mismos.» Una provocación del sociólogo Zygmunt Bauman.

La ventana de Overton y la necesidad de nuevas utopías

En 1982 Milton Friedman escribió: «Solo una crisis, real o percibida, produce un cambio real. Cuando se produce esa crisis, las acciones que se toman dependen de las ideas que están por ahí en ese momento. Esa, creo, es nuestra función básica: desarrollar alternativas a las políticas existentes, mantenerlas vivas y disponibles hasta que lo políticamente imposible se convierta en lo políticamente inevitable».

Ahora estamos en uno de esos momentos donde algunas de las «ideas que están por ahí» van a convertirse en políticamente inevitables. Se ha abierto la extraña oportunidad para que ideas forjadas durante años pasen de la oscuridad de la academia a los medios internacionales, se introduzcan en la agenda política y puedan transformar el mundo. Todo el debate acerca de la renta básica y sus múltiples variantes se puede enmarcar en este contexto.

Pero ¿qué ideas se pueden llegar a debatir?

A mediados de los años noventa, Joe Overton, el entonces vicepresidente del think tank Mackinac Center, dijo que el conjunto de ideas que tolera una sociedad en cada momento marcan su «ventana de discurso». La opinión pública solo admite los mensajes que tienen cabida dentro de esa franja de pensamiento. Todo lo que se sale de ahí es radical (malo), ridículo (peor aún) e impensable (lo peor).

Pero esa ventana de opinión por donde se interpreta el mundo no es fija: el marco se va moviendo continuamente. A principios del siglo XXI se fue desplazando hacia posiciones progresistas (el matrimonio de personas del mismo género, la libertad sexual, la condena de expresiones racistas...). La defensa de la diversidad y el feminismo y el rechazo del maltrato animal han sido hasta hace muy poco lo políticamente correcto. Pero, de pronto, en 2018 se produjo una sacudida. Alentados por los exabruptos de Donald Trump, algunos políticos españoles están empujando el marco de la ventana de discurso hacia el otro lado para normalizar los mensajes de la extrema derecha.

Arrastrar a la opinión pública tiene una receta: primero, decir lo impensable. La población se queda boquiabierta, pero se ve obligada a pensar en algo que hasta el momento ni siquiera pasaba por su cabeza. Al escuchar varias veces lo impensable y lo ridículo, las ideas radicales empiezan a parecer moderadas. En comparación con lo impensable, lo radical se vuelve moderado y así se desplaza la ventana de discurso hacia posturas más extremas.

Esto es lo que hace Donald Trump como un maestro. Algunos analistas dicen que el presidente de EE.UU. lanza ideas tan salvajes para que la población acabe aceptando medidas que apenas unos años atrás hubieran resultado inadmisibles.

LA NECESIDAD DE NUEVAS UTOPÍAS

Conocido el mecanismo de la ventana de Overton, yo me autonomino para imaginar y defender ideas utópicas acerca del futuro del trabajo. A menudo el progreso tecnológico y social a lo largo de la historia ha sido la realización de las utopías de algunas personas.

Llamar a mis ideas «poco realistas» es simplemente una forma abreviada de decir que no se ajustan al statu quo. Es necesario que alguien las defienda. Tengo la piel suficientemente gruesa y me siento bien acompañado para poder hacerlo. Siempre puedo citar a José Ortega y Gasset: «Solo cabe progresar cuando se piensa en grande, solo es posible avanzar cuando se mira lejos».

La palabra «utopía» significa tanto «buen lugar» como «no-lugar». Necesitamos una nueva estrella polar, un nuevo mapa del mundo del trabajo (y la sociedad) que incluya un continente distante e inexplorado (Utopía).

Sin utopías (mejor en plural) estamos perdidos. No es que el presente sea tan malo comparado con otros momentos de la historia; sin embargo, es sombrío si no tenemos esperanza de algo mejor. «El hombre necesita, para su felicidad, no solo el disfrute de esto o aquello, sino también esperanza, acción y cambio», escribió una vez el filósofo británico Bertrand Russell. En otro lugar continuó: «No es una utopía terminada lo que deberíamos desear, sino un mundo donde la imaginación y la esperanza están vivas y activas». Las utopías no ofrecen respuestas concretas y mucho menos soluciones, pero hacen las preguntas correctas.

En palabras de Eduardo Galeano: «La utopía está en el horizonte. Me muevo dos pasos más cerca; se mueve dos pasos más lejos. Camino otros diez pasos y el horizonte corre diez pasos más lejos. Por mucho que pueda caminar, nunca lo alcanzaré. Entonces, ¿qué sentido tiene la utopía? El punto es este: seguir caminando».

Y para disfrutar del proceso debes relajarte. Reconocer que tu utopía será una distopía para otras personas. Saber que tu utopía es peligrosa cuando te la tomas demasiado en serio. «Uno debe ser capaz de creer apasionadamente y también ser capaz de ver lo absurdo de sus propias creencias y reírse de ellas», observa el filósofo y experto en utopías Lyman Tower Sargent.

Hechos todos los preámbulos, vamos a ello.

Siete utopías para realistas

Comparto contigo siete ideas, que se pueden calificar de utopías, acerca de cómo me gustaría ver evolucionar el futuro del trabajo y los debates relacionados.

PRIMERA UTOPÍA. UN NUEVO LENGUAJE PARA LOS FUTURO(S) DE LOS TRABAJO(S)

«El instrumento básico para la manipulación de la realidad es la manipulación de las palabras. Si puedes controlar el significado de las palabras puedes controlar a la gente que las utiliza», decía el escritor norteamericano Philip K. Dick años atrás.

Más recientemente, Andrés Ortega Klein, investigador del Real

Instituto Elcano, decía: «Se trata de crear un nuevo futuro para el que aún no tenemos realmente conceptos y palabras para pensarlo».

El lenguaje, las palabras, sus definiciones es lo que nos permite, a la vez que nos limita, imaginar futuros posibles. Es muy difícil imaginar aquello que no tenemos palabras para describir.

Aprendí acerca del poder del lenguaje en la innovación gracias a un taller de la metodología de investigación Sapiens de Ferran Adrià. La metodología se inicia explorando, y sobre todo cuestionando, las definiciones de las palabras en el ámbito que se quiere estudiar. Es una manera de asegurarse que se cuestiona el statu quo.

En el ámbito de un restaurante, como El Bulli, la definición del verbo «cocinar» (la propia palabra nos suscita referencias a cocer o guisar) implica el uso de calor, de fuego. ¿Seguro? Una ensalada o un pan con tomate ¡es cocinar! Elaborar, transformar, combinar, mezclar, preparar, ensamblar, procesar: ¡todo es cocinar! Si vamos a la idea de menú, enseguida pensamos en un primer plato, un segundo plato y un postre, ¿correcto? Pero el menú degustación de El Bulli estaba compuesto por treinta recetas con setenta elaboraciones. Si usamos la palabra «emplatar», damos por supuesto que necesitamos un plato. Pero ¿qué ocurre cuando sirvo la sopa en una copa? ¿Es «encopar» lo que estamos haciendo entonces? Estas y muchas otras ideas están en el libro *Qué es cocinar*, que forma parte de la Bullipedia.

El taller en el que participé versaba sobre el ámbito de la prensa escrita. ¿Qué implica que usemos la palabra catalana «diari», la castellana «periódico», la inglesa «newspaper» cuando, por ejemplo, estamos pensando en lo que es o podría ser el formato digital de la prensa escrita?

Este futuro del trabajo (o futuros de los trabajos) requiere de nuevas palabras y de definiciones revisadas. Si nos limitamos al vocabulario conocido y las definiciones tradicionales, nuestra capacidad de innovación será limitada.

A lo largo del libro ya he remarcado algunas definiciones que pueden ser algo sorprendentes. He tomado prestada la idea de Esko Kilpi de que «trabajar es resolver los problemas de otras personas». Aceptar esta definición hace que no tengamos que preocuparnos por el futuro del trabajo, ya que la gente siempre tendrá problemas. Facilita también que pongamos en valor el trabajo de los cuidados, a menudo fuera del ámbito del trabajo remunerado, del ámbito del empleo. ¿Sería más pertinente hablar de los futuros de los trabajadores y de los empleados?

Como escribió el siempre lúcido Ricardo Amasté en Twitter:

> ¿Vamos a seguir pensando en la redefinición del empleo o ponemos más atención en la redistribución del trabajo? ¿Nos centramos en aquello por lo que nos pagan o cuidamos lo que es necesario hacer?

Más allá de conceptos bastante autoexplicativos como trabajador de plataforma, uberización, gig economy o crowdsourcing, también he usado términos como «telemigrantes» o «cobots». Estas son nuevas palabras que Richard Baldwin introduce en su libro *La convulsión globótica*. Me gusta mucho también el concepto de libertariado que Denis Pennel desarrolla en su libro *Travail, la soif de liberté*. El libertariado, la superación del asalariado, como el nuevo estatus para los trabajadores del siglo XXI que garantiza los derechos habituales de un asalariado, pero sin la subordinación. Esto deriva en espacios de trabajo vistos como espacios de democratización y no de subordinación.

Denis Pennel también usa mucho el término inglés «slasher», que deriva del *slash* o / (la barra de separación), para denominar a la gente que mantiene varios trabajos e identidades profesionales. Yo soy uno de ellos.

Otros conceptos innovadores que he conocido durante la elaboración de este libro son las ideas de los contratos de carrera (en vez de un contrato de trabajo al uso, la empresa garantiza la carrera laboral) o contratos de grupos (un experimento de *CDI communautaire* que se propone desde La Myne en Francia).

En otras ocasiones usaremos prefijos como «neo» («neosindica-to», «neogremio») o «post» («post-COVID-19», «post-trabajo»). No es el lenguaje óptimo, pero permite que nos entendamos.

Finalmente, en el lenguaje del futuro del trabajo debemos también denunciar su uso perverso. Ya he comentado antes que algunas plataformas, especialmente de la economía bajo demanda, evitan el término «trabajador» en favor de «socio», «tasker» o simplemente «usuario». La sociedad se preocupa de los trabajadores y sus derechos, pero se preocupa mucho menos por los socios o los usuarios de una aplicación. A partir de ahí no hay contratos, sino «acuerdos de proveedor»; no hay uniformes, sino «ropa con la marca»; no hay despidos, sino «desconexiones», etc.

En mi utopía, ese uso retorcido del lenguaje no se permite. En mi utopía se cuida mucho el vocabulario.

En la medida que evolucionen las relaciones de trabajo, el lenguaje también deberá seguir haciéndolo. No es fijo, está en flujo. ¿Te animarías un día a hacer un ejercicio de co-construcción de un nuevo lenguaje para los futuros de los trabajos?

Segunda utopía. Aceptar y disfrutar la diversidad.
Todo es perfecto

Tendemos a ver y a juzgar las cosas desde nuestro punto de vista muy personal dentro del sistema de valores sociales en el que hemos crecido. Eso nos limita mucho. Aquello que no se ajusta bien a nuestras prácticas y a nuestra manera de pensar lo catalogamos rápidamente de raro, radical, indeseable o ilegal. ¿No te recuerda un poco a la ventana de Overton?

En 1933, durante la Segunda República española, se aprobó la Ley de vagos y maleantes, que fue modificada por la dictadura franquista para reprimir también a los homosexuales. En 1970 fue sustituida por la Ley sobre peligrosidad y rehabilitación social, que incluía penas de hasta cinco años de internamiento en cárceles o manicomios para los homosexuales y demás individuos considerados peligrosos sociales para que se «rehabilitaran». A pesar de que, durante el período democrático, esta ley no fue aplicada, continuó vigente hasta su total derogación en el año 1995.

Recupero en este punto la metáfora de las familias tradicionales en la época de la Transición. En ese período cualquier otra opción de familia o relación afectiva era rara y, como acabas de ver, castigada con penas de cárcel. En cualquier caso, también fue el momento de la Movida madrileña, de Alaska y los Pegamoides, de películas como *Pepi, Luci, Bom y otras chicas del montón*, de *La bola de cristal* en televisión o de El Muelle y sus grafitis. El fenómeno alimentó y coincidió con la despenalización de la homosexualidad, la venta de anticonceptivos, el resurgimiento del feminismo y el laicismo en la sociedad. ¿Cómo se percibía todo esto por parte de la sociedad católica tradicional? Como algo raro, radical, indeseable e ilegal.

En un momento en el que el concepto de trabajo y todo lo relacionado con él está explotando en mil direcciones distintas, ¿cuántas barreras mentales y legales tenemos que nos dificultan ver que «todo es perfecto», como dice siempre mi amigo Cristóbal Gracia?

En mi utopía se explora la diversidad de opciones sin apriorismos. Aclaro que no defiendo que si algo demuestra ser realmente perjudicial para las personas y/o la sociedad no deba ser regulado o prohibido. Defiendo que, para saber si algo puede resultar útil a alguien, hay que observarlo de la manera más neutra posible y, a poder ser, hacer alguna prueba con ello.

Empezando por lo más básico, ¿quién ha demostrado que realizar una misma actividad ocho horas al día de lunes a viernes tiene relación directa con la productividad y/o la felicidad de las personas? ¿Por qué un slasher con dos o tres trabajos no puede ser más feliz y productivo? ¿Por qué no normalizar poder tener múltiples identidades laborales a la vez? ¿Por qué no hay más empresas como la japonesa Asoblock, que, sin horarios fijos, obliga a sus empleados a tener trabajos secundarios para que puedan ser más creativos? Si nuestro trabajo es una inversión de nuestro tiempo, mejor diversificar un poco y no poner todos los huevos en una única cesta, ¿no?

¿Y trabajar menos? ¿Qué ventajas presenta una jornada laboral de cuatro días a la semana? Mercadona la implantó, con carácter excepcional, durante la crisis del coronavirus. Lo mismo hizo Buffer en Estados Unidos. En el Reino Unido han creado la campaña #4DayWeek. Entre otras cosas argumentan que, en la crisis del 29, para redistribuir el trabajo, se implementó el sistema de ocho horas y cinco días a la semana. Nueva Zelanda considera una jornada laboral de cuatro días para activar la economía. ¿Por qué para la recuperación post-COVID-19 implementar cuatro días de trabajo no puede ser una opción realista?

O ¿puedes imaginar a la gente empleada tres o cuatro horas al día y dedicando el resto del tiempo a trabajos culturales y sociales de cuidado de los suyos y sus comunidades? *La semana laboral de 4 horas* es el título de un best seller publicado hace más de diez años. Yendo al extremo, ¿qué te parece la idea de un mundo sin trabajo, o sin empleo, según la definición que usemos? Ciertamente radical, pero vale la pena explorarla, ¿no? ¿Qué puedes aprender leyendo *La abolición del trabajo*, del anarquista Bob Black, con sus ideas críticas hacia la sociedad basada en el trabajo? Termina con un «Proletarios del mundo... ¡descansad!».

¿Votarías a un partido político que en vez de prometer pleno empleo te prometiera más tiempo libre? «El tiempo libre es una condición esencial para la libertad, por lo que la expansión del tiempo libre debería convertirse en la principal promesa electoral de los partidos orientados al futuro», escribe Nick Srnicek, autor de *Inventar el futuro: postcapitalismo y un mundo sin trabajo*.

La posibilidad de vivir cien años también debería hacernos replantear algunos hábitos acerca de la organización de nuestro tiempo en el planeta Tierra. Con una carrera laboral de muchas décadas es posible que necesitemos ver el trabajo de manera más creativa de lo que lo hemos hecho hasta ahora. Dejar de pensar que es algo que hacemos intensamente durante varias décadas, sino que es algo en lo que nos metemos y salimos a lo largo de nuestras vidas. La doctora Laura Carstensen, del Stanford Center on Longevity, sugiere que tal vez para algunas personas el trabajo a tiempo completo debería comenzar a los cuarenta años. Intuyo que esa idea nos ayudaría con la crisis demográfica. ¿Y qué ocurre si eliminamos del todo o hacemos evolucionar de manera sustancial el concepto de la jubilación como algo que hacemos de manera abrupta a los sesenta y cinco años, sea cual sea tu condición?

¿Y si, mirando de frente a dos megatendencias de población envejecida y automatización, dejamos de lado la obsesión de enseñar a los niños a programar (y a los ordenadores a parecer humanos)? Deberíamos estar enseñando a los niños a cuidar y a saber hacer buenas preguntas, ¿no? En mi utopía, el movimiento para los recursos educativos abiertos ha triunfado y todo el conocimiento es libre y abierto.

Otro concepto presente a lo largo de todo el libro es que estamos en un momento de disolución de fronteras. Las existentes entre el tiempo de trabajo y el de ocio, entre ser empleado y ser trabajador independiente, entre el interior y el exterior de las organizaciones, entre las organizaciones y sus ecosistemas, entre los sistemas de protección social de carácter económico y los de carácter laboral, etc. Esta interpretación binaria del mundo resultante de la economía digital no nos ayuda. Más bien nos limita. Las sentencias son binarias y tienden a crear compartimentos estancos, la vida es continua y porosa.

Escribía Vitalik Buterin en un tuit:

> Uno de los aspectos (y beneficios) peor explicados de pensar como un economista es ver las cosas no en términos de categorías en blanco y negro, sino en términos de cantidades, pendientes y tasas de cambio. No se trata de comparar «todo A contra todo B», sino de comparar «1% más A contra 1% más B».

¿Qué quiero decir con todo esto? Que debemos explorar las escalas de grises entre los extremos conocidos y más obvios.

- El debate entre trabajar en casa o en la oficina es aburrido. ¿Qué hay de trabajar tres días en remoto y dos en la oficina, de un tíquet coworking como beneficio a los empleados (tipo tíquet restaurante), de una red de coworkings privados y pú-

blicos (al igual que hay aparcamientos, gimnasios y bibliotecas) en los barrios para el modelo de ciudad de diez minutos
y de usar las conferencias del sector como principal momento
de encuentro presencial?

- El debate entre empleado y trabajador independiente es aburrido. ¿Qué hay de una formalización incremental de la relación laboral y de usar esta como factor de innovación? ¿Te
acuerdas del concepto de fuerza laboral mixta que viste en el
apartado de adaptación de las empresas al nuevo escenario
laboral? ¿De poder tener talento interno y externo en diversos
grados de confianza e implicación?

- Pensar que vamos a trabajar con un único modelo toda nuestra vida es aburrido. ¿Qué tal aceptar que cambiar entre diferentes modelos de trabajo probablemente será la norma?
Ello hace que sea más importante que nunca que las personas
tomen el control de su propia seguridad económica.

No solo existen los puntos más extremos, sino que hay otros
intermedios. Además, estos pueden y deben coexistir sin problema.
El hecho de que una pareja de hombres homosexuales casados por
lo civil pueda adoptar a un bebé no impide que una pareja hetero-
sexual casada por la Iglesia pueda tener descendencia. El hecho de
que haya trabajadores en un entorno de alta fragmentación (como
yo) no impide que sigan existiendo funcionarios públicos o porteros
de una finca que lleven treinta años en el mismo sitio.

Aceptar y disfrutar toda esta diversidad de opciones crea un
entorno de futuros de los trabajos mucho más inclusivos. Mucha
más gente puede encajar y prosperar sea cual sea su situación personal permanente o transitoria. Acércate y aprende de los que trabajan de una manera diferente a la tuya. Incluso a «vagos y maleantes», que dejan de serlo si aceptas que trabajar menos o no hacerlo
es una opción igualmente válida. Seguir pensando en que todo el
mundo debe encajar en una sola manera de trabajar y diseñar un
único modelo de protecciones acorde con ella nos atrapa en debates
eternos y soluciones en la dirección equivocada.

Recuerda, aunque algo no se ajuste a tu manera de pensar y actuar: todo es perfecto. En otra parte del mundo la práctica opuesta será la habitual.

Para cerrar: ¿cuántas de estas ideas te han parecido raras o radicales? ¿Cuántas indeseables o que deberían ser ilegales? ¿Cuántas buenas o deseables?

Incluso cuando te hayan parecido buenas o deseables, no debes olvidar que cualquier idea, tecnología o invento tiene su lado oscuro. Como decía el filósofo francés Paul Virilio: «Cuando inventas el barco, también inventas el naufragio; cuando inventas el avión, también inventas el accidente aéreo; y cuando inventas electricidad, inventas la electrocución. Cada tecnología tiene su propia negatividad, que se inventa al mismo tiempo que el progreso técnico». Esa es mi única precaución en esta llamada de aceptar la diversidad. Sé honesto y no te hagas trampas al solitario ignorando la negatividad inherente en cada una de las ideas.

TERCERA UTOPÍA. LOS FUTUROS SON COLECTIVOS Y LOS COLECTIVOS SON EL FUTURO

Si algo ha quedado claro durante el confinamiento son los riesgos de la soledad y el aislamiento. Esas semanas fueron muy diferentes para las personas que viven solas y para las que viven acompañadas, para las que han podido usar los medios digitales para encontrarse y para aquellas que no. Los riesgos de la soledad y el aislamiento social son de sobra conocidos: una mayor incidencia de enfermedades físicas y mentales e incluso un mayor riesgo de muerte prematura.

Como dije al principio del libro: «El trabajo es el cordón umbilical que nos conecta a todos con la sociedad», en palabras de la socióloga Danièle Linhart. El trabajo tradicional ha sido un punto de conexiones y relaciones muy importante. Cuando el escenario del mercado laboral se fragmenta, distribuyendo el trabajo de una manera diferente en el tiempo y el espacio, ese punto de conexiones desaparece. Y entonces tenemos un problema.

La salud mental de los trabajadores freelance y de la economía bajo demanda ya ha sido sujeto de estudios, con resultados preocupantes. Los trabajadores atípicos experimentan nuevos riesgos de aislamiento por esta manera de trabajar. A la pérdida de relaciones laborales se suma el trabajo que implica ser un trabajador independiente, la inestabilidad de ingresos y la inseguridad laboral, el estrés o el tecnoestrés por estar sujeto a los designios de un algoritmo o un robot, unas jornadas poco estructuradas y la dificultad para proteger tiempo fuera del ámbito laboral, una menor capacidad para acceder a los mecanismos de protección social, una identidad laboral de mayor complejidad, etc. Con el teletrabajo forzado durante el confinamiento estoy casi seguro de que has experimentado varios de estos retos en tus propias carnes.

La solución está en la unión de los trabajadores independientes. Independientes sí, aislados no. Como decía Genís Roca en un texto publicado durante el confinamiento, «antes se decía divide y vencerás y ahora los tiempos han cambiado: júntate si quieres ganar».

Un gran reto es que, desde que nos desplazamos del campo a las fábricas de la ciudad, la narrativa general en el mundo del trabajo, desde la educación primaria con alumnos compitiendo para ser el mejor de la clase hasta llegar a los asalariados que a codazo limpio buscan escalar puestos en la jerarquía de la organización, se cimienta en un fuerte individualismo. Quiero además remarcar que muchas de las ideas, la literatura y las herramientas para el futuro del trabajo surgen desde una cultura altamente individualista como la norteamericana, donde la preocupación por los demás brilla por su ausencia. Cuidado con aceptar ciertas innovaciones sin aplicar una buena dosis de pensamiento crítico.

Por fortuna, en la cultura social española y catalana (la que conozco mejor) existen fuertes dosis de colectivismo. Asociaciones vecinales de todo tipo, clubes deportivos, grupos que organizan fiestas y decoran calles y plazas, *colles castelleres* en Cataluña, *txokos* en el País Vasco, etc. Es fácil que pienses que esto ocurre en todo el mundo, pero no es así; cuando se viaja no es fácil encontrar otras culturas con este nivel de tejido social de base. Si estamos acostumbrados a unirnos de esta manera en nuestros espacios de ocio y cultura, ¿por qué no trasladar la experiencia al campo laboral? ¿Los lunes serían menos dramáticos si el empleo se pareciera más a estas actividades? Porque trabajar se trabaja (¡y mucho!) en estos colectivos.

¡Trabajadores independientes del mundo, uníos! Ya he hablado largo y tendido, en el apartado de cómo adaptarse como trabajador, acerca de la necesidad vital de que los independientes se agrupen. Para pelearse con los algoritmos, para organizar huelgas y alcanzar representación colectiva, para mutualizar recursos administrativos y herramientas, así como por el simple hecho de formar parte de una o varias tribus. Mi propia vida laboral como independiente sería mucho peor si no formara parte de Ouishare y otras tribus laborales donde aprendo mucho, me siento acompañado y me permiten abordar proyectos de mayor complejidad y/o duración.

En mi utopía, los colectivos de independientes son el sujeto principal del futuro del trabajo. Las organizaciones no contratan a individuos, sino a grupos de personas y/o a los colectivos a los que estas pertenecen. Las personas, a su vez y de manera natural, forman parte de dos o tres de estos colectivos que les facilitan el desarrollo profesional y una identidad laboral rica y diversa.

Si todo esto te suena raro o improbable, fíjate en que los músicos, artistas y artesanos ya trabajan de esta manera desde hace años. Son los pioneros de la fragmentación del trabajo. Comparten recursos (p. ej., espacios creativos) y pertenecen a uno o varios colectivos de independientes (p. ej., un bajista puede estar en tres bandas de música). Toda esta colectividad no les impide actuar en solitario y mantener una identidad propia.

Ya hay grupos experimentando de formas diversas alrededor del mundo:

- En mi entorno próximo, una de las propuestas más interesantes son los *pods* o *livelihood pods*, que conocí a través del colectivo neozelandés Enspiral. Estos *pods* son pequeñas cooperativas con un máximo de 10-12 personas. Su propósito es generar ingresos, que comparten dentro del *pod* todos sus miembros. Se centran en ofrecer un producto o servicio y buscan la diversificación de la cartera de clientes para ser más resilientes. Se relacionan con otros *pods* dentro del ecosistema del colectivo de Enspiral y más allá. Se trata de una mezcla entre un grupo de amigos, una pyme con valores cooperativistas con un encaje como el de las microempresas de Haier (la empresa china de electrodomésticos sobre la que he hablado antes) en un ecosistema superior.

- Otro modelo de colectivo es el de la propuesta de ley The Cooperative Economy Act en California. En este caso, los proveedores se agrupan en una cooperativa especializada en cada tipo de trabajo. Una cooperativa de riders que usan Glovo, Deliveroo, Uber Eats; otra para trabajadoras domésticas que usan Cuideo, Familiados, Aiduo, etc. Con esta colectivización se dispone de mayor capacidad de negociación con las plataformas, se pueden ofrecer protecciones adicionales a los trabajadores y se garantiza una gobernanza democrática del proyecto. Una mezcla entre los neosindicatos y las CAE (Coopératives d'Activités et d'Emploi) a la francesa. Me atrevería a catalogarlo de neogremio si se añadiera algo de formación y gestión de la carrera laboral dentro de las actividades del colectivo.

- Es también muy relevante el movimiento de las plataformas cooperativistas, las *platform coops* en inglés. En este caso se llega a colectivizar la propia plataforma digital a través de la cual se organiza el trabajo y se accede al mercado; es decir, los repartidores son copropietarios del código de la aplicación que usan cada día. Este es el caso de Mensakas en Barcelona y La Pájara en Bici en Madrid. La creación de una aplicación no es nada sencilla, así que estas y otras iniciativas están aliadas mediante CoopCycle, una federación europea de cooperativas de repartidores en más de quince ciudades. A través de Coop-Cycle están uniendo sus recursos para desarrollar software compartido y coordinar esfuerzos de promoción. Alexandre Segura, un desarrollador web autodidacta, creó CoopCycle en 2016 después de ponerse en contacto con repartidores franceses que perdieron sus trabajos cuando la startup belga Take Eat Easy se declaró en bancarrota. «Yo no soy repartidor, apenas sé cómo ir en bicicleta. Pero nosotros, como desarrolladores, tenemos responsabilidad en el mundo de hoy. Las plataformas afectan a la vida de tantas personas —dijo Segura en una entrevista en la revista *Vice*—. La mayoría de nuestras cooperativas todavía son pequeñas, pero estamos ofreciendo a los consumidores una alternativa creíble.»

Más allá de los repartidores, el movimiento de las plataformas cooperativas abarca diversidad de sectores y ha ganado mucha atención mediática y académica en los últimos tiempos. Para profundizar en ello, el caso de Stocksy (sitio web fotográfico de propiedad cooperativa) y el de Eva.coop (una app cooperativa para conductores en Canadá que además está basada en tecnología blockchain) son de lo más interesante.

¡Trabajadores independientes del mundo, uníos!

CUARTA UTOPÍA. BUEN TRABAJO Y BUENAS EMPRESAS

Llevo todo el libro hablando de cambios, incertidumbre, innovación, etc., pero para hablar del buen trabajo y las buenas empresas empezaré por una anécdota que va en la dirección contraria.

Un periodista le preguntó a Jeff Bezos, CEO de Amazon: «Jeff, ¿qué crees que va a cambiar más en los próximos diez años?». Este respondió: «Esa es una buena pregunta. Pero una pregunta mejor es: ¿qué no va a cambiar en los próximos 10-20 años?». Continuó diciendo que, desde su perspectiva en Amazon, lo que no cambiará es el deseo de la gente de precios más bajos y entregas más rápidas. En consecuencia, Amazon está enfocada e invierte miles de millones en descubrir cómo bajar los precios y aumentar la velocidad con la que se le envían los artículos. «Cuando tienes algo que sabes que es verdad —dice Jeff—, incluso a largo plazo, puedes permitirte ponerle mucha energía.»

En el campo del trabajo creo que es bueno hacerse esta pregunta de «¿qué no va a cambiar en los próximos 10-20 años?». Yo creo que la gente seguirá deseando buenos trabajos y que estos solo son posibles en buenas empresas u organizaciones.

En mi utopía, la gente tiene oportunidades de empleo que les permiten el desarrollo personal y profesional. Estos trabajos se ofrecen desde organizaciones responsables que forman parte de un ecosistema con un propósito superior orientado al bien común de las personas y el planeta.

Lo del buen trabajo o trabajo decente es un mantra que permea por toda la sociedad. El Objetivo de Desarrollo Sostenible número 8 es «Trabajo decente y crecimiento económico». En la OIT, el trabajo decente ha sido el foco desde su fundación hace cien años. El gobierno del Reino Unido tiene el *Good Work Plan*. Incluso startups como Managed by Q se han guiado por la *Goods Jobs Strategy*. Está claro que tenemos que ir por ahí.

De distopías tecnológicas vamos sobrados y aquí estamos en busca de utopías. Interesa más explorar las narrativas que defienden que la tecnología puede ayudar a humanizar más el trabajo y que es una oportunidad para replantearse el concepto de trabajo.

Lo más obvio es usar la tecnología para automatizar las partes más anodinas del trabajo de muchas personas, sea mediante inteligencia artificial o el uso de robots. La siguiente oportunidad es dejar de competir con las máquinas en términos de eficiencia y fuerza bruta, pues esta carrera está perdida en el largo plazo. Mejor complementar inteligencias y fuerzas, humanas y artificiales, en forma de centauros y cobots. Para terminar, todo este uso de la tecnología debe hacernos preguntarnos qué es intrínsecamente humano y aporta valor al trabajo que desarrollan las organizaciones. Desde el Deloitte Center For The Edge su propuesta en Redefine Work incluye tres cambios principales:

1) Transformar la visión de cuál es el objetivo del trabajo: dejar de medir las cosas en términos de eficiencia y costes para medir la creación de valor para la organización y la sociedad en su conjunto.

2) Redefinir fundamentalmente el trabajo: dejar atrás la ejecución de tareas rutinarias para centrarse en abordar problemas y oportunidades invisibles.

3) Cultivar y usar nuestras cualidades humanas: no se trata de acumular habilidades (que caducan), sino de desarrollar capacidades gracias al trabajo.

Todo esto permite hablar de profesiones (actividades complejas, grupo de personas expertas en un mismo ámbito y con valores compartidos) y no de trabajo (ser una pieza intercambiable dentro de un sistema). Laetitia Vitaud, en su libro *Du labeur à l'ouvrage, l'artisanat est l'avenir du travail*, nos recomienda que fijemos nuestra mirada en recuperar las manualidades y en los artesanos de toda la vida para intuir el futuro del trabajo. Plantea pasar de hablar en términos de contratos de trabajo para hacerlo en términos de contrato de obra. También destaca a los nuevos artesanos digitales, los programadores, porque son ellos los que llevan años creando herramientas (Trello, Slack, Zoom, Telegram, Dropbox, etc.) para liberarse de la subordinación tradicional en el trabajo. Yo añado que, por tratarse de un talento escaso y en alta demanda, también pueden recibir una buena remuneración por su trabajo e incluso seleccionar con qué clientes quieren trabajar. ¿Podremos todos trabajar en el futuro como lo hacen los artesanos y los programadores hoy en día? ¿Ayudará esto a romper la frontera entre lo personal y lo profesional de una manera sana?

La contraparte de la utopía del buen trabajo es la utopía de las buenas organizaciones, sean plataformas digitales o cualquier otro tipo de organización.

Como en el caso anterior, este es un tema que ya está sobre la mesa con movimientos de capitalismo consciente, el rico ecosistema de empresas B o la declaración en 2019 del Business Roundtable (grupo de directores ejecutivos de casi doscientas grandes corporaciones estadounidenses) donde reconocían que el propósito de una corporación debe ir más allá que aportar valor a los accionistas.

Estos movimientos empresariales vienen acompañados de un

crecimiento de los inversores de impacto en todo el mundo. Incluso en el corazón del hipercapitalismo, en Silicon Valley, crecen las críticas a fondos como Sequoia Capital, Accel Partners o SoftBank. Estos son los que pusieron millones de dólares en rondas de inversión supergigantes en Facebook, Twitter, Airbnb, Uber, WeWork, etc., y obtuvieron retornos de su inversión inicial de hasta mil veces en menos de diez años. Ya hemos aprendido que esta aproximación solo genera grandes concentraciones de capital, a la vez que mucha miseria y otras externalidades negativas que no suelen ser parte de las preocupaciones de estos inversores.

El crecimiento del capital de riesgo alternativo va acompañado de nuevas ideas de propiedad por parte de las organizaciones. Tras tanta innovación tecnológica podemos también innovar en las formas de inversión y propiedad de las organizaciones, ¿no? El crowdfunding de inversión (equity crowdfunding) abrió la puerta a nuevos estilos de financiación de nuevas empresas y la creación de fondos de inversión de tamaño más razonable. Modelos como Permissionless Entrepreneurship (Indie.vc), Shared Earning Agreement (Earnest Capital) o Steward-ownership (Purpose) exploran nuevas dimensiones. Del ámbito del blockchain y las criptomonedas tenemos los Initial Coin Offering (ICO) como mecanismo de financiación comunitaria.

En estas buenas organizaciones, con buenos fundadores y buenos inversores, el trabajo se desmercantiliza. Se sigue el principio de la OIT de que el trabajo no es una mercancía. Los trabajadores no son un centro de coste a minimizar ni tampoco resultan intercambiables. En mi utopía, copiando una idea de Stowe Boyd, los trabajadores son inversores en la empresa, y no me refiero a solo inversores capitalistas, como puede ser el caso de una cooperativa. Los trabajadores invierten su tiempo y habilidades a la espera de un retorno económico y un potencial desarrollo personal. A la vez, estos trabajadores esperan tener acceso a la información relevante, además de voz y voto en la evolución de la organización. La brecha salarial entre trabajadores se reduce así de manera drástica.

Los estudios de Ouishare «Gouvernances» y «Diseñando plataformas positivas» analizan cómo estos elementos de democracia organizacional se trasladan al mundo de las plataformas digitales. Por ejemplo, mediante el diseño se pueden reducir los desequilibrios de poder entre las partes de la organización. ¿No sería recomendable que los mensajeros evaluasen a los restaurantes y a los clientes finales del mismo modo que ellos son evaluados?

En mi utopía, las organizaciones brindan altos grados de autonomía a las personas trabajadoras (sean empleados, freelance, contingentes, etc.) y combinan de manera inteligente la flexibilidad que le hace falta a la empresa con la previsibilidad acerca del trabajo que necesitan las personas para poder organizar su vida. Estas organizaciones se orientan al aprendizaje permanente, dan poca o nula importancia a los títulos de trabajo, fomentan la curiosidad y la resolución creativa de problemas, y aceptan que la innovación requiere de fracaso e iteración, así como de colaboración entre equipos.

Estas buenas organizaciones, que son capaces de innovar y asumir riesgos en sus modelos de negocio, también lo son a la hora de probar nuevas formas de proteger a los trabajadores en un mercado laboral fragmentado. En el libro he mencionado ejemplos como Wonolo (con su programa Up), Hogaru (con su programa Aporta) o Hyr (con los UPoints).

Al ser organizaciones que trabajan pensando en el ecosistema saben que el talento no les pertenece, sino que pertenece al ecosistema del sector. Los trabajadores son un recurso común y compartido entre las organizaciones y se establecen mecanismos de protección y formación continua dentro de un sector o un clúster de empresas. Cada trabajador dispone de mentores que le ayudan a progresar laboral y personalmente. En algunos casos incluso existen mecanismos para retener el talento en el sector cuando hay menos trabajo o cuando la persona está entre trabajos. Ya he contado antes que en un evento del European Institute for Industrial Leadership comentaron que a los ingenieros de plataformas petrolíferas se les llega a ofrecer un salario durante las épocas en que no están activos en ningún proyecto con tal de que no vayan a trabajar a otros sectores (p. ej., aeronáutica o naval).

Todos estos esfuerzos para cuidar el talento tienen recompensa. Daniel Coy, en su libro *El código de la cultura: El secreto de los equipos más exitosos del mundo*, argumenta que las personas conectan mejor cuando se sienten cuidadas y que ello revierte en una mayor productividad.

En caso de que la empresa u organización siga pensando que los trabajadores son un recurso, deberían recordar que estamos viviendo en un mundo de opiniones online instantáneas. Seguro que has consultado TripAdvisor antes de reservar una habitación de hotel o ir a un restaurante. En un entorno de trabajo fragmentado los trabajadores tienen mucha libertad para decidir, de manera informada, dónde quieren invertir. Hoy en día los freelance ya consultan sitios como Glassdoor o Indeed para conocer las condiciones laborales y las tarifas habituales en potenciales empleadores. De nuevo se trata de minimizar las desigualdades de poder en el mercado de trabajo.

Finalmente, una buena organización no solo cuida de lo suyo y de los suyos (mirada hacia el interior), sino que tiene un pensamiento sistémico. En palabras de José María Lassalle: «Se desarrollan liderazgos generosos que fomentan una estabilidad ecosistémica». Si al ecosistema le va mal, a la organización le irá mal. Si al ecosistema le va bien, a la organización (y a la sociedad) le irá bien. Durante la resolución de emergencias en la crisis del COVID-19 se han podido ver estos liderazgos tanto desde el ámbito médico como en otros sectores donde las empresas del mismo sector (p. ej., los productores del Pirineo catalán) han trabajado juntas para digitalizar sus negocios y seguir operando. Esto enlaza con la idea de que los futuros son colectivos.

Esta mirada hacia el exterior se traduce en que la organización busca un propósito superior (pasar de pensar en resolver mis problemas a pensar en resolver los de nuestra sociedad) y se apoya en un ecosistema donde encuentra otras organizaciones de propósito similar. «Elige un problema que sea más grande que tú y que requiera hacer uso de los ecosistemas. Los ecosistemas están ahí para resolver problemas perversos y difíciles», dijo el profesor Hal Gregersen de la Sloan School del MIT en el Drucker Forum de 2019. Este propósito superior atrae y retiene durante más tiempo al talento. Además, algunos estudios indican que nueve de cada diez personas están dispuestas a ganar menos dinero para desarrollar un trabajo más significativo.

Esta buena organización ejerce su responsabilidad social con sus empleados, con el ecosistema en el que opera y también en relación con el contrato social con la sociedad en general. Paso a desarrollar un poco más estos dos últimos puntos.

Recuerdo que Gunter Pauli, defensor y promotor de la economía azul basada en la biomímesis, dijo en el NESI Forum de Málaga: «En la naturaleza no existen árboles de 10 kilómetros de alto porque no dejarían crecer nada a su alrededor». En la naturaleza, un ecosistema necesita para prosperar de diversidad de especies, de simbiosis y de cooperación entre ellas, así como de actividades regenerativas. Los monocultivos, el parasitismo y la competencia extrema, así como la extracción de valor permanente, matan cualquier ecosistema. Las buenas organizaciones saben que en los negocios sucede exactamente lo mismo y son capaces de autolimitar su tamaño.

El coronavirus ha acelerado la «Amazonificación» del planeta. No solo eso, sino que también ha acelerado la digitalización de la economía en general. Sabemos por experiencia que la eficiencia de lo digital y los efectos de red acaban creando enormes oligopolios o monopsonios digitales (*winner takes it all*). ¿Sabes quién es el tercer buscador tras Google y Bing y qué porcentaje de uso tiene? ¿Sabes quién es el tercer sitio para alojamientos tras Booking y Airbnb? La alta eficiencia digital presenta varios riesgos desde el punto de vista de la resiliencia sistémica (un único punto de fallo), de la concentración del poder económico y político (con empresas de mayor capacidad económica que muchos países), por no hablar de la gestión masiva de datos. En mi utopía, los legisladores aplican criterios de antimonopolio en serio, también al mundo digital.

Los gestores de las organizaciones de mi utopía han leído y siguen los preceptos del libro *Lo pequeño es hermoso: Economía como si la gente importara* que el alemán E. F. Schumacher publicó en 1973. Los gestores de las buenas organizaciones saben que es mejor un mercado menos concentrado y con una larga cola de pequeños productores locales. El mercado global de la producción de vino es un buen ejemplo de ello. El mayor productor (E & J Gallo) no llega a concentrar ni el 3% del total. El top 30 de las empresas no llega a concentrar el 30% del total. Piensa en lo aburrido que sería que en el mundo solo una o dos empresas produjeran vino. En el mundo digital aceptamos que solo haya un par de productores. ¡Qué aburrido!

En mi utopía no hay unicornios (empresas irreales que valen más de mil millones de dólares aun cuando pierden dinero sin parar), sino que hay más cebras. Este último concepto no me lo he inventado. Existe un *Zebra Movement*, iniciado por cuatro mujeres fundadoras de startups. Las cebras son reales, son blancas y negras (son rentables a la vez que mejoran la sociedad), trabajan en grupo y desarrollan una alta resistencia gracias a un uso eficiente del capital.

Finalmente, las buenas organizaciones saben que cada vez necesitan menos trabajo humano para producir sus bienes y servicios. Como comenté, el COVID-19 ha sido un catalizador de, además de la digitalización, la automatización. Esta eficiencia genera el riesgo de altas concentraciones de capital que derivan en amplísimas desigualdades sociales. Las buenas organizaciones se adhieren a un sistema fiscal diseñado para compensar esa menor necesidad de trabajo humano.

La distopía ya está entre nosotros. Durante las primeras semanas de la pandemia, mientras veintidós millones de norteamericanos perdían su trabajo, sus compatriotas multimillonarios incrementaron sus fortunas algo entre 282.000 y 434.000 millones, dependiendo de la fuente de información. Alguien por Twitter reaccionó diciendo: «Sugiero que gravemos esto al 100% y usemos el dinero para luchar contra COVID-19». ¿Una utopía? ¿Una necesidad? El mismo informe también decía que los impuestos pagados por los multimillonarios han caído un 79% entre 1980 y 2018.

En mi utopía, las innovaciones técnicas van acompañadas de innovaciones organizacionales y sociales que revierten en mejoras para la subsistencia y el confort del conjunto de la población, y no solo de unos cuantos. Así como tengo claro que los futuros de los trabajos son para los colectivos de independientes, también tengo claro que el reto principal de los futuros de los trabajos no será tanto la distribución del trabajo como la distribución de la riqueza y el bienestar. Profundizaré en este punto en la siguiente utopía.

En la presentación de resultados de Intel de abril de 2020, su CEO actual, Bob Swan, recordó unas palabras de Andy Grove, su predecesor en el cargo: «Las malas compañías son destruidas por las crisis; las buenas compañías sobreviven a ellas; las grandes compañías salen mejoradas por ellas». Esperemos que tenga razón y más compañías se conviertan en buenas gracias al COVID-19.

Para que veas que no estamos solos en esto de explorar los buenos trabajos en buenas organizaciones cierro con dos referencias. El movimiento Democratizing Work, que se inició el 15 de mayo con la publicación de un artículo en más de treinta grandes medios internacionales con el apoyo de más de seiscientos académicos. El segundo es el DisCO Manifiesto, una serie de prácticas organizacionales y herramientas para grupos que desean trabajar en cooperativas orientadas hacia lo común y desde una perspectiva económica feminista. En él se incluyen temas relativos al blockchain, el cyberpunk y la inteligencia artificial.

QUINTA UTOPÍA. CON DERECHOS GARANTIZADOS POR SER,
NO POR HACER

Genís Roca, en su artículo «Tener trabajo ya no garantiza tener derechos», ya mencionado anteriormente, escribe: «El contrato social del siglo XX se ha construido alrededor del trabajo: si tienes un empleo cobras dinero, si tienes un empleo estás asegurado, si tienes un empleo tienes derecho a ponerte enfermo, si tienes un empleo podríamos concederte un crédito… si tienes un empleo estás dentro del contrato social y eres un ciudadano con derechos». Yendo más allá del ámbito económico, el doctor en Sociedad de la Información y el Conocimiento Ismael Peña-López escribió en un hilo de Twitter: «Hemos creado un sistema institucional muy centrado en la idea de ciudadanía = trabajador. Pensemos en quién paga el grueso de los impuestos y cómo, quién puede residir, votar...». También por Twitter la doctora en Sociología Liliana Arroyo propone: «El pacto del salario se rompe y es hora de replantear el sistema. ¿Cómo sería pasar de los derechos por "hacer" a los derechos por "ser"?». Me parece un buen punto de partida para mi utopía.

Comparto de entrada algunos puntos ciegos o relativamente poco conocidos respecto al mercado de trabajo y el contrato social de toda la vida:

- El trabajo a tiempo completo, con el que hemos asociado todas las reglas de protección y el trato justo a los trabajadores, está en claro retroceso. La comunidad de trabajadores no tradicionales a quienes se trata como ciudadanos de segunda clase, que no están protegidos por las mismas leyes y/o no tienen los mismos derechos, está creciendo rápidamente. El COVID-19 lo ha evidenciado.

- Las normativas laborales son de concepción estatal. En escenarios de trabajo transnacional (p. ej., un diseñador venezolano, nómada digital en Colombia, vende su trabajo a través de la empresa argentina Workana a un cliente en España) nadie tiene ni idea de cuál es el salario mínimo que debe aplicarse o qué regulación estatal prevalece en caso de conflicto entre el diseñador y su cliente.

- Los debates siguen anclados en la dicotomía heredada entre flexibilidad vs. seguridad. De hecho, en un mercado del trabajo fragmentado, la volatilidad de los ingresos, no el desempleo, es el mayor reto laboral. En mi utopía no hay que elegir entre una cosa o la otra. No es difícil entender que cualquier trabajador, cualquier persona, vive mejor si dispone de seguridad económica. Hay quienes sugieren que la inestabilidad de ingresos debería tratarse al mismo nivel de debate que la pobreza y la desigualdad en los ingresos.

- Para ofrecer mejores condiciones a las personas trabajadoras independientes se han abierto debates acerca de los criterios de clasificación, nueva legislación, conceptos como los beneficios portátiles, etc. Incluso, sobre todo en el contexto de la crisis del COVID-19, se ha promovido una especie de seguro de desempleo europeo (*short-time work*). Ya comenté anteriormente que en Francia y Alemania existe un tipo de seguros de desempleo para los artistas, por ejemplo.

- Hay parte de la población que, pese al esfuerzo que pueda hacerse en educación y/o formación, no logra adecuarse a las exigencias del trabajo tecnológico. Sea por las nuevas barreras de entrada digitales para el acceso a los trabajos y el ejercicio de los mismos, o bien por la automatización de procesos que disminuye la cantidad de trabajos disponibles. Son personas no empleables, la «clase inútil» según Yuval Noah Harari, que seguirá creciendo. Casi nadie integra en serio esta idea en los debates acerca de la evolución del mercado laboral.

Los sistemas de seguridad social nacieron para que la sociedad en su conjunto garantizase el sustento a los trabajadores cuando estos se enfrentaban a contingencias que los dejaban sin ingresos laborales. Esta concepción original perdura hasta nuestros días. Como has comprobado, las ideas y los conceptos siguen al cien por cien el paradigma de ser o no una persona productiva, con una concepción binaria de la situación de una persona (empleo vs. paro) y anclados a la idea del trabajo en un espacio físico y mayoritariamente para un único empleador.

Durante la crisis del COVID-19 se pudo comprobar, con las largas colas en los bancos de alimentos y los servicios de beneficencia, que cuando eres una persona que trabaja en la economía informal en barrios como el Raval en Barcelona o Aluche en Madrid simplemente no existes dentro del sistema de empleo, no tienes derechos ni acceso a las protecciones.

Cualquier sistema de seguridad es tan bueno como el eslabón más débil del mismo. El sistema de protecciones y derechos de nuestra sociedad es tan bueno como el eslabón más débil al que se protege. Visto lo visto, existe claramente margen de mejora.

En mi utopía, las personas, sin ningún adjetivo que las limite de modo alguno, tienen derechos garantizados para el acceso al sistema sanitario, a la formación permanente y a ingresos que garanticen su seguridad económica. Creo además que pensar esto a escala supranacional, como mínimo europea en nuestro contexto, puede ofrecer ventajas. En España y Europa, en términos generales, el acceso a la sanidad y a la educación es ya bastante universal, así que me centraré en el ámbito de la seguridad económica.

Ya he escrito varias veces que somos las historias que nos contamos. Ha llegado el momento de tirar la toalla sobre la idea de que todo el mundo puede ganar dinero en el mercado laboral tal como existe actualmente y como parece que va a evolucionar. Otros esquemas para que la gente disponga de ingresos resultan imprescindibles. Debemos dejar de poner el foco en la distribución del trabajo y centrarnos más en la distribución de la riqueza y el bienestar general.

Es obvio que con estas premisas mi utopía incluye algún tipo de ingreso mínimo vital, renta básica, mecanismos de estabilización de ingresos, etc.

¿Qué tipo de mecanismo es mejor? ¿Cómo debe financiarse e implementarse? ¿Dónde se ha probado y qué resultados ha tenido? Cada una de estas preguntas da para escribir otro libro entero. Yo no voy a entrar en responderlas porque hay gente que sabe mucho más del tema que yo. Si quieres informarte recomiendo seguir a personas como Rutger Bregman, Daniel Raventós o Lluís Torrens. El documental *En el mismo barco*, de Rudy Gnutti, es una buena introducción a la temática.

Yo tiendo a estar de acuerdo con los que defienden una aplicación universal de estos mecanismos. Los mecanismos diseñados para llegar solo a una parte de la población a menudo fallan a la hora de alcanzar su población objetivo. Se puede llegar a gastar más recursos en organizar la burocracia para limitar el acceso a los beneficios que en la propia entrega de estos. En inglés dicen con un juego de palabras que «targeted benefits often miss the target».

El enfoque de universalismo proporcional, que supone la provisión universal a toda la población mediante una escala e intensidad que sea proporcional a sus necesidades me parece también válido. Por ejemplo, durante el COVID-19 varios países han ofrecido ayudas de carácter más o menos universal. Lo interesante es poder responder rápido a la emergencia ofreciendo estos ingresos con la menor burocracia posible. Luego *ex post*, en la declaración de impuestos del año siguiente, se revisa si la persona o unidad familiar realmente lo necesitaba y se hacen los ajustes necesarios (proporcionalidad) en ese momento. La idea no es mía, sino del profesor de Economía en Harvard Greg Mankiw.

No planteo los ingresos con el objetivo de que la gente encuentre trabajo; no es una política laboral, sino social. La reciente experiencia de Finlandia con la renta básica concluyó que esta no impulsa la búsqueda de empleo, pero sí contribuye a aumentar la seguridad económica y el bienestar mental. Vista así, es un mecanismo de inversión en prevención de otros riesgos. Una sociedad con mayor seguridad económica para todo el mundo tendrá probablemente menos enfermos, menos delincuencia, etc. Los colectivos y los ecosistemas florecen mejor con seguridad económica.

Con el COVID-19, las voces a favor de estos ingresos universales se han multiplicado por todas partes. En cualquier caso, más allá de la emergencia y la excitación puntual, quiero compartir algunas reflexiones para argumentar por qué y cómo mi utopía contiene también esta idea:

- Fomenta los buenos trabajos y las buenas organizaciones. El ingreso universal puede hacer que el empleo sea opcional. Los empleadores deben hacer que el trabajo sea más atractivo, es decir, pagar más y ofrecer buenas condiciones. «La transformación de un mercado coercitivo en un mercado libre significa que los empleadores deben atraer a los empleados con mejores salarios y horarios más flexibles», dice incluso el Foro Económico Mundial. En este contexto, la gente podrá también ofrecer más parte de su tiempo para trabajos voluntarios.
- Nos obliga a buscar respuestas a la pregunta «¿Qué queremos que cuente como trabajo remunerado?». Durante el confinamiento se ha hecho evidente todo el trabajo doméstico que recae de manera desproporcionada en las mujeres. También

vimos cómo la ayuda mutua a nivel de barrios y ciudades es esencial para la sociedad. El capitalismo nos ha enredado en formas de pensar que priorizan la productividad económica por encima de todo. Hemos considerado el trabajo en términos de ganancias y no en términos de la sociedad. Debemos mirar nuevamente lo que valoramos y por qué. Poner en valor los cuidados, que además son el futuro del trabajo. En un mundo digital, donde los datos son la materia prima de los algoritmos, también hay que considerar la producción de estos como trabajo.

- Otra ventaja de poner sobre la mesa los ingresos universales es que nos obliga a hablar de macroeconomía. Como personas trabajadoras, tenemos el trabajo como el centro de nuestras vidas, pero ¿cuál es realmente el peso de las rentas laborales en el conjunto de la actividad económica del país? La respuesta es que menos de lo que te imaginas. Aunque los economistas no se ponen del todo de acuerdo acerca de las causas, la caída de la participación de las rentas del trabajo en el PIB tiene un alcance global y se produce desde la década de los ochenta. En España, según la OIT, el peso de los salarios, incluida la remuneración de los autónomos, ronda el 61%. El declive de las rentas del trabajo frente a las del capital ha sido más acusado desde el inicio de la crisis económica. Por lo tanto, en un escenario donde el trabajo y los salarios pierden peso dentro del conjunto de las actividades económicas, hablar de ingresos universales tiene todo el sentido.
- Bien, ¿y cómo se paga todo esto? ¿Y quién lo paga? Estas preguntas nos obligan a mirar otro aspecto macroeconómico, que es la estructura del sistema tributario, los impuestos. En España, algo más de la mitad de los impuestos recaen sobre las rentas del trabajo y las contribuciones a los sistemas de la seguridad social recaen íntegramente en los empleadores, los trabajadores asalariados y los trabajadores autónomos. Añade aquí las tendencias demográficas de gente que vivirá cien años y una tasa de natalidad por debajo de los niveles de reemplazo.

En mi utopía, el sistema tributario sabe que no se puede financiar algo que sube (las pensiones y las ayudas al desempleo) con algo que baja (las rentas del trabajo). El sistema tributario de mi utopía tiene mecanismos acordes a la realidad con impuestos a la acumulación de capital, a las empresas digitales (que ya no transfieren impuestos a paraísos fiscales), a los robots y automatizaciones que contribuyen a una mayor productividad, al consumo excesivo y a los productos insostenibles.

Asumiendo que ya tenemos estos ingresos universales, ¿cuál será el siguiente reto? ¿Estamos listos para una sociedad post-trabajo? ¿Cómo dar sentido a la vida sin un trabajo? Lo dejo en el aire para un próximo libro.

SEXTA UTOPÍA. TECNOLOGÍA MEJOR PARA UN MUNDO MEJOR

La tecnología está cambiando la forma en que vivimos, trabajamos, ¡incluso cómo nos enamoramos! La tecnología y los datos están impregnando todos los aspectos de nuestras vidas. Pero mientras la innovación en campos como la medicina o la alimentación sigue protocolos y se requiere probar su utilidad o impacto a través de estudios y procesos de evaluación, la innovación en la tecnología y los datos está llegando a nuestros hogares, calles, manos y bolsillos con muy poca supervisión. Amamos la tecnología, pero ese amor llega a expensas de un debate público saludable, de procesos de datos transparentes y de mecanismos de responsabilidad.

Se puede decir más alto, pero no más claro. El párrafo está extraído de la página de Éticas Foundation, una entidad liderada por Gemma Galdón y focalizada en la innovación responsable. «Innovación que se encuentra dentro de los marcos tecnológicos que abordan los desafíos sociales y económicos de una manera ética, responsable y proporcionada.»

Estoy al cien por cien de acuerdo con el profesor de Historia Melvin Kranzberg cuando afirma que «la tecnología no es ni buena ni mala, pero tampoco es neutra». La tecnología es una herramienta y, como tal, el propósito con el que se usa determina su impacto. Y tampoco es neutra, en el sentido de que absorbe la cultura de su entorno. Por ejemplo, un sistema de reputación digital será tan racista como la sociedad que lo usa.

Nuestra habilidad para inventar nuevos productos y servicios sobrepasa de largo nuestra capacidad de civilizarlos. Tardamos varios años en llegar a un consenso social acerca de lo que significan estos inventos y qué hacer con ellos. Durante bastantes años hemos sido muy poco críticos. El uso de palabras como «tecnología», «innovación» o «compañía tecnológica» ha sido una forma de poder ignorar o cortocircuitar las responsabilidades derivadas del contrato social. Hemos aceptado la *bro culture* en las startups tecnológicas. Hemos aceptado el «Move Fast and Break Things» de Mark Zuckerberg. Hemos aceptado el «don't ask for permission, ask for forgiveness later», que, leído en perspectiva, desprende un fuerte tufo a cultura de la violación. En el ámbito de las plataformas digitales laborales, Uber y, especialmente, su fundador Travis Kalanick han sido los máximos exponentes de disrupción innovadora capaz de ignorar las leyes locales.

«El mantra que ha inspirado las iniciativas digitales ha sido la agilidad y la disrupción, y eso es válido para las etapas de descubrimiento e ingeniería, pero ahora haremos bien en prestar más atención a los cambios que proponemos, porque ya estamos en una etapa de transformación y eso implica que nuestras propuestas ya afectan a nuestro orden social, y por tanto a nuestros valores y a nuestra ética», alerta el consultor Genís Roca.

Y las cosas han cambiado en los últimos años. El término «techlash» quedó en segundo lugar como Palabra del Año 2018 del *Diccionario Oxford*. «Techlash» hace referencia a la creciente oposición hacia las grandes empresas de tecnología (las llamadas Big Tech) y al cuestionamiento generalizado de la tecnología moderna en sí, particularmente a las innovaciones impulsadas por las tecnologías de la información (reconocimiento facial, geolocalización, patinetes eléctricos, robots repartidores, etc.). A medida que el *techlash* ha ganado recorrido social, ha aumentado el apoyo a las políticas públicas y las regulaciones diseñadas expresamente para frenar el ritmo de la innovación, incluidas las prohibiciones, los impuestos y las regulaciones más estrictas sobre ciertas tecnologías.

Los empleados (ingenieros) de las empresas tecnológicas se han convertido también en activistas y han llegado a organizar protestas con más de veinte mil trabajadores de Google preocupados por la cultura interna y el abuso de posición dominante, así como por la ética general de los proyectos. Tech Workers Coalition es el proyecto de carácter sindical que los agrupa.

A todo este conjunto de eventos hay que añadir las dificultades de empresas como Uber/Lyft en la bolsa y el sonado fracaso de WeWork al intentar salir a los mercados. El SoftBank Vision Fund, inversor de referencia en muchas de estas empresas, registró una pérdida de más de diecisiete mil millones en 2019. Con este panorama no es sorprendente que algunos inversores hayan reducido su interés en las startups y en las empresas que no son responsables, sobre todo las que se presentan como el «Uber para X». Algunos de los que aún invierten en ellas obligan a incorporar métricas críticas (KPI) sociales en los objetivos de las organizaciones. En paralelo a estos conflictos están apareciendo más y más plataformas laborales con un diseño y un propósito social a las que los inversores les están dando apoyo. Startups como Samasource (con una inversión de 14,8 millones de dólares norteamericanos) o Prolific (con una inversión de 1,2 millones de dólares norteamericanos) son versiones socialmente responsables de plataformas para microtrabajadores.

La digitalización ha sido descrita por el filósofo francés Bernard Stiegler como un *pharmakon*, con una doble naturaleza indivisible de veneno y de antídoto. La tecnología digital es la fuente (veneno) de muchos de los retos actuales y, a la vez, es la mejor herramienta que tenemos para hacerles frente (antídoto o vacuna).

Mi utopía de una mejor tecnología para un mundo mejor se acerca mucho a los preceptos del humanismo tecnológico propuesto por José María Lassalle. «El humanismo tecnológico invoca un pacto de equidad real entre el hombre y la técnica. Un humanismo que fortalezca el sentido ético de lo humano y que actúe como la herramienta educativa sobre la que formar la capacidad creativa de una humanidad que ha de dar sentido a las máquinas.» Barcelona se ha erigido como capital global del humanismo tecnológico con apoyos desde lo público, lo privado y lo académico.

Como dice Gemma Galdón,

> en otros ámbitos tenemos muy integrado que hay que hacer unas ciertas pruebas —el principio de precaución— antes de vender un producto; por ejemplo, en materiales químicos nadie te permitiría vender un nuevo producto sin demostrar que no tiene efectos negativos sobre la salud, en medicamentos nadie te permitiría vender un nuevo medicamento que solucionara un problema pero generase tres problemas más; y en cambio en tecnología no tenemos ningún tipo de sistema de validación ni de precaución antes de meter los productos al mercado.

Por sus impactos actual y futuro, las plataformas digitales están contribuyendo a fijar la brújula moral de nuestras sociedades en el ámbito del trabajo. En mi utopía, la tecnología y las plataformas son y se hacen responsables de sus actos.

De entrada se aplica el principio del *first, do no harm* («antes que nada, no hacer daño») que se aplica en la ética de la innovación social. Cada innovación produce un efecto desplazamiento: si tú generas un nuevo servicio, vas a desplazar otros ya existentes, y a veces puedes mejorar cosas, pero tal vez en ese efecto desplazamiento empeoras otras. A esto hay que sumarle la teoría del accidente integral de Paul Virilio: cada invento genera su propio accidente. Por ejemplo, durante el COVID-19 se habló mucho de las aplicaciones de seguimiento como un mecanismo para controlar la expansión del virus. Allá donde se desplegaron (como en Australia) se pudo comprobar que, al menos por sí solas, eran de dudosa eficacia: seis millones de descargas y un único caso detectado gracias a la app. Por el camino, al no aplicar el principio de precaución, se habían pisoteado temas de privacidad, propiedad de datos, dinero público para un código cerrado, etc. En mi utopía se aplica el principio de precaución, un análisis de los impactos negativos de la tecnología, así como el efecto desplazamiento de las ideas que estamos desplegando.

En mi utopía, robots y algoritmos tienen personalidad jurídica, se les puede llevar a juicio por sus actos y las consecuencias que se derivan de ellos. De hecho, en Italia, a finales de 2019, el sindicato CGIL llevó a juicio a «Frank». Este es el nombre del algoritmo de Deliveroo y ha sido demandado por discriminación colectiva en materia de salud y derechos sindicales. A nivel europeo, el debate acerca de la personalidad jurídica de los robots más autónomos y avanzados está muy abierto, con expertos a favor y en contra. No soy un experto legal y no sé si la fórmula de personalidad jurídica o «personalidad electrónica» es la más adecuada, pero en mi utopía hay un mecanismo para que se asuman responsabilidades por los resultados que produce la tecnología.

Hay otro cambio de paradigma importante: es pasar a entender el «Control como responsabilidad». Este es el título de un artículo de Vitalik Buterin, donde al hablar de Facebook y Google comentaba:

> El control y la posesión de los datos de los usuarios, así como el conocimiento de todas sus actividades digitales, se está moviendo rápidamente de ser un activo de la empresa a ser un riesgo para esta. Antes, cada punto de control que la empresa tenía era visto como bueno: le brindaba más flexibilidad para obtener ingresos. Ahora y en el futuro no. Ahora, cada parte de control que le empresa tiene sobre sus usuarios pasa a ser una responsabilidad y puede estar sujeta a regulación por eso.

Esta aproximación, por ejemplo, debería ayudar a garantizar mucho más la privacidad de los usuarios de las plataformas. En mi utopía, y lo verás más adelante cuando hable del diseño de la tecnología, las plataformas no son propietarias de los datos de los usuarios, sino que son usuarias (tras pedir permiso) de los datos que los usuarios les ofrecen para poder hacer que todo funcione. En mi utopía, los algoritmos que ejercen un fuerte control sobre los usuarios (p. ej., conductores de Uber) compensan este con la responsabilidad acerca de sus resultados.

David Heinemeier, autor de los libros *ReWork* y *Remote*, denuncia en un hilo de Twitter: «Ninguna aplicación laboral que no pueda hacer funcionar su modelo de negocio pagando quince dólares la hora (¡con los gastos ya descontados!), ofreciendo beneficios básicos y tiempo de vacaciones a los trabajadores simplemente no debería existir. Crear una economía de siervos modernos parapetado detrás de una bonita interfaz es vergonzoso». Ya he comentado antes que la tecnología per se no es la culpable de que uno u otro sector sean precarios, pero al modernizarlos sí se deben asumir responsabilidades para que la precariedad y/o explotación laboral no puedan continuar.

Finalmente, Paul Virilio nos pregunta: «¿Qué diferencia una bofetada de una caricia en la cara? La velocidad con la que la mano se aproxima al rostro». Concluye así que la velocidad se relaciona directamente con la violencia en muchos ámbitos de la vida. En mi utopía, la tecnología y la innovación son más lentas. La sociedad se toma el tiempo necesario para evaluar la conveniencia o no de cada idea. No debemos llegar al extremo de los amish, pero algo podemos aprender de su relajada manera de adoptar las innovaciones tecnológicas. Aunque todo lo digital busca eliminar fricciones en mi utopía, se añaden fricciones artificiales al uso y el despliegue de nuevas tecnologías hasta que se puedan evaluar todos sus impactos. No es lo mismo el escenario de despliegue del COVID-19 en un mundo globalizado y a toda prisa, que en un mundo localizado y con más calma. No es lo mismo el escenario donde Uber llega con diez mil coches de golpe a una ciudad que aquel donde el desplazamiento del sector tradicional puede gestionarse mediante un despliegue más prolongado en el tiempo, más lento.

¡Viva la tecnología digital lenta y responsable!

En mi utopía, la tecnología se pone al servicio de las necesidades del ser humano (las personas trabajadoras) y de la sociedad en su conjunto.

Siguiendo con la idea del *pharmakon*: del mismo modo que las plataformas laborales usan algoritmos para determinar las relaciones económicas y sociales posibles dentro de ellas, otros algoritmos «buenos» pueden estar evaluando en tiempo real cuáles son las condiciones laborales resultantes para las personas que trabajan a través de la plataforma. Vigilar el algoritmo que te vigila. Una IA que vigila lo que hace otra IA. Se pueden controlar los tiempos y horarios de trabajo y la cantidad de los pagos, la brecha salarial, la discriminación de todo tipo, etc. En mi utopía, todas las plataformas (y todas las organizaciones en general) están evaluadas de manera automática por los criterios de la Fairwork Foundation.

Ya he presentado antes el WorkerTech: las herramientas tecnológicas que garantizan los derechos y satisfacen las necesidades de las personas trabajadoras, de plataforma, independientes en general y de cualquier otro tipo. Es un poco como la idea de una medicina personalizada aplicada al mundo laboral. Aquí, como me dijo Joan Coscubiela, director de la Escuela del Trabajo de CCOO, hay que estar alerta para «no confundir la personalización de los servicios con la individualización de los trabajadores». Tiene toda la razón con respecto al riesgo de atomización de los trabajadores mediante la tecnología. Los colectivos de independientes son claves para el futuro del trabajo y estos grupos se organizan mejor usando tecnología. De nuevo el *pharmakon*.

También comenté cómo la IA puede servir para aumentar o facilitar el trabajo a los humanos. La suma de inteligencias y de fuerzas humanas y artificiales. En mi utopía eso ya hace tiempo que es así.

¿A ti te gustaría que te operaran en un quirófano con tecnología de los años ochenta? Probablemente no. Pues el mercado laboral, a grandes rasgos, sigue funcionando con paradigmas, tecnología añeja y mucha analogía. ¿Y si aplicamos la tecnología actual a los servicios públicos de empleo y al mercado laboral en general? Durante el confinamiento por el COVID-19 vimos los gráficos de los test, infectados y fallecidos. Separados por provincias, por ciudades y por barrios. Todo esto de manera diaria. En cambio, los datos de empleo se dieron una vez al mes, agregados a escala nacional, etc.

En mi utopía existen datos abiertos diarios acerca de un mercado laboral altamente digitalizado (como JobTech, del servicio de empleo en Suecia). Existen asistentes de carrera laboral basados en IA (como Bob Emploi en Francia o el Orientador Profesional Virtual de la Fundación Telefónica en España). Existen sistemas que te representan en varias plataformas y te mandan ofertas de trabajo filtradas según tu perfil (como Wisar). Queda claro que las plataformas actuales no son más que los primeros pasos hacia la digitalización del mercado laboral.

Lo mismo sucede con las leyes y la regulación. «Tenemos un marco legal y regulatorio construido a partir de correos, papeles y palabras que se enfrenta a un nuevo orden mundial que es digital, continuo, 24/7 y construido en bits y bytes. De alguna manera tenemos que acoplar estos dos mundos», dice Aaron Klein, *policy director* en la Brookings Institution. La tecnología también se puede poner al servicio de una mejor regulación de sí misma. Por el momento, las prácticas de RegTech (la regulación según la tecnología) están muy asociadas a servicios financieros y logísticos, pero son perfectamente aplicables al ámbito del mercado laboral. La caja de herramientas incluye sospechosos habituales como el internet de las cosas, el big data y la regulación a partir de datos, la certificación pública mediante blockchain, el *sandboxing*, etc. Todo este dinamismo no tiene por qué implicar inseguridad jurídica para nadie. Esta no implica la inmutabilidad de las normas, sino la previsibilidad de cómo estas funcionan en determinadas circunstancias. Por ejemplo, qué vehículos pueden circular y la velocidad máxima en las rondas de Barcelona dependen del nivel de contaminación del aire. Los sensores y los datos determinan la aplicación de una normativa de una manera o de otra. En mi utopía se puede medir en tiempo real el nivel de concentración de actividad en ciertas plataformas y tomar medidas para evitar el abuso de poder y/o los oligopolios. Seguro que a ti también se te ocurren otras ideas interesantes.

¿Y te imaginas que una IA simulase millones de veces la economía de un territorio para proponer un esquema de impuestos que minimizase las desigualdades y conservase la productividad al nivel requerido por las Administraciones? The AI Economist es el proyecto de la compañía Salesforce que hace justamente esto.

En general, todos los retos que produce el escenario de la fragmentación del trabajo, tanto los que afectan a los trabajadores independientes como a los empleadores y la sociedad en su conjunto, son más manejables si se pone tecnología al servicio de resolverlos o mitigarlos.

Aquí, las medidas son de carácter preventivo. La tecnología incluye ética, privacidad, responsabilidad, transparencia, etc., por diseño. Como una función de la propia tecnología.

Un ejemplo generalista ilustrativo. Para evitar que cuando un hacker entre en tu sistema pueda robar todos los datos de tus usuarios hay una solución simple: no los guardes en un mismo sitio. Diseña el sistema para que los usuarios sean propietarios de sus datos en un modelo descentralizado. Estos últimos podrían ser la reputación de la persona.

Existen otros ejemplos de diseño que benefician a los trabajadores. El sistema de pagos es una pieza central de cualquier plataforma digital laboral. El flujo habitual del dinero es que el cliente paga a la plataforma, esta retiene esa cantidad durante un tiempo y acaba abonándosela al cabo de unos días al usuario proveedor descontando un porcentaje de comisión. Este es el caso de Uber, por ejemplo. ¿Qué pasa si invertimos el flujo? El dinero va del pasajero al conductor directamente y es este quien al cabo de unos días paga el porcentaje correspondiente a Uber. (Nota: así es como funcionan las centrales de radio taxi de toda la vida.) Así, Uber no podría aplicar un incremento de precio (*surge pricing*) al pasajero sin que el conductor lo supiera (una práctica que el libro *Uberland* documenta) y también tendría mucho más difícil cambiar el porcentaje de comisión de manera unilateral. Probablemente las autoridades, coordinándose con los conductores, podrían tener una idea más precisa de los ingresos de Uber y de los impuestos que le corresponde pagar. Invertir el flujo del dinero da más poder a los conductores.

Otro reto que comenté al hablar de los freelance era el principio de Mateo. Los usuarios con mejor reputación en la plataforma obtienen la mayoría de los proyectos y, así, mejoran aún más su posición dominante. El algoritmo de búsqueda de la plataforma, por diseño, podría ofrecer en las primeras posiciones de resultados a los usuarios más nuevos, con menor reputación a la vez que menor precio. Esto es una práctica conocida de Airbnb, que además genera un efecto «¡Uau! ¡Esto funciona!» entre los novatos. La plataforma de freelance Fiverr, cuando empiezas, te promociona dentro de la plataforma y te ayuda en la indexación en Google durante lo que ellos llaman un «período de gracia». Este diseño ayuda a dar más oportunidades a los usuarios novatos.

Si quieres conocer qué ámbitos del diseño de una plataforma tienen mayor impacto en el bienestar de los trabajadores recupera el documento de la OIT «The architecture of digital labour platforms: Policy recommendations on platform design for worker wellbeing». Una auténtica maravilla y de lectura obligada en mi utopía.

Por diseño, una plataforma de delivery puede facilitar que los mensajeros evalúen a los restaurantes y a los clientes finales. Por diseño, una plataforma puede añadir mecanismos para ofrecer mejores protecciones y beneficios a sus trabajadores. Por diseño, una plataforma puede facilitar que los trabajadores se comuniquen y se coordinen entre ellos. Por diseño se puede dar a los trabajadores una silla en el comité de dirección para que participen de la toma de decisiones. Por diseño, una plataforma puede excluir de vender datos a terceros dentro de su modelo de negocio. Por diseño, una plataforma puede autolimitar su tamaño máximo dentro del ecosistema. Y así, un largo etcétera.

En mi utopía, el diseño de las plataformas laborales (y de la tecnología en general) equilibra el poder entre todos los usuarios y encaja con el contrato social vigente.

Otro tema que quedó claro durante la crisis del COVID-19 es el riesgo de la falta de soberanía en una situación de crisis. Desde los problemas con las cadenas de suministro globalizadas y la falta de capacidad de producción local (p. ej., material sanitario, medicinas, comida, etc.), hasta nuestra dependencia de herramientas (p. ej., videoconferencias, chats, videostreaming, etc.) en manos de empresas privadas con código y datos cerrados. Si alguna de estas partes falla, decide dejar de ofrecer el servicio o producto, o incrementa los precios de manera abusiva, nos enfrentaríamos a problemas serios en aspectos esenciales de nuestras vidas.

Hoy en día, las plataformas digitales se han convertido en una infraestructura básica y crítica en nuestras vidas y en nuestras ciudades, equivalentes a las calles o al alumbrado. Nuestra manera de vivir, y en algunos casos nuestra vida, depende de la existencia de estas infraestructuras básicas tanto en lo físico como en lo digital.

Seguro que recuerdas algún momento reciente en el que WhatsApp ha dejado de funcionar durante unas horas. ¡Qué frustración! ¡Qué dependencia! No hay otra alternativa que esperar a que alguien de la empresa haga los arreglos pertinentes para recuperar el servicio y el acceso a los datos.

En mi utopía, estas plataformas dejan de ser cajas negras misteriosas (no conocemos los algoritmos, no tenemos los datos, etc.) que se crean en otras partes del mundo y con las que resulta muy difícil establecer un diálogo. Frente al riesgo del colonialismo tecnológico, mi utopía se orienta a la soberanía tecnológica. Una soberanía ejercida a nivel personal mediante colectivos, así como con la sociedad en su conjunto. Nuestra vida laboral y nuestro mercado de trabajo deben estar diseñados, gestionados y controlados por nosotros mismos.

El colonialismo tecnológico también impacta en los valores que se integran en la propia tecnología y el enfoque de la regulación. Destaco la necesidad de reforzar los valores y las narrativas europeos en el campo del desarrollo tecnológico. En Europa se tiende a proteger a las personas y a desarrollar regulaciones más estrictas (p. ej., RGPD). En contraposición, en Estados Unidos la narrativa se centra en el empoderamiento de las personas con una regulación más ligera. En China, la tecnología está al servicio del Estado, un Estado muy vigilante que dicta su desarrollo y regulación. Como ya dije al escribir acerca de las protecciones sociales, ¡qué suerte vivir en Europa!

Las plataformas se presentan con su naturaleza de herramientas digitales ligeras, distantes y con un rol de intermediación mínimo, como quien no quiere la cosa. En realidad, sobre todo en las ciudades (por el turismo, la movilidad, el comercio, etc.) y en el ámbito laboral, su impacto es profundo en el espacio físico y en la vida de las personas. Como elementos que definen relaciones económicas y sociales a su alrededor, dan forma a nuestra realidad diaria. Son tan vitales, también en nuestro futuro laboral, que hay que buscarles otro encaje.

En mi utopía recuperamos las infraestructuras críticas de plataforma de manos cien por cien privadas y las hacemos funcionar con mentalidad de utilidad pública. La idea no es tan rara como te pueda sonar de entrada. Durante el confinamiento, a inicios de abril de 2020, *The Economist* escribía: «Las grandes empresas tecnológicas son ahora servicios públicos vitales. Una vez que esta crisis termine, los gobiernos podrán presionar por el control estatal de ellos como lo han hecho sobre las empresas de energía».

El autor norteamericano Stowe Boyd, en algunos de sus escritos acerca del futuro del trabajo, hace una analogía de las plataformas digitales con las vías de tren. Estas, desde el siglo XIX, han sido tratadas como de utilidad pública y reguladas como *common carrier* («transportista común»). Un transportista común brinda su servicio sin discriminación para la conveniencia y la necesidad del público. Además, debe demostrar al regulador que está en forma y dispuesto y de que es capaz de proporcionar aquellos servicios para los cuales se le otorga autoridad.

Estas plataformas digitales laborales de utilidad pública están sujetas a formas de control y regulación pública que van desde grupos comunitarios locales hasta monopolios estatales. Pueden ser de titularidad privada (como la mayoría de las que conocemos), públicas o comunitarias.

En el ámbito público, las experiencias por el momento son limitadas. En Finlandia conozco el experimento del Job Market Finland (Työmarkkinatori en finés) liderado por el Ministerio de Economía y Trabajo. En Rosario, Argentina, el municipio ha lanzado Mercado

Justo, una aplicación pública que busca unificar toda la oferta económica de bienes y servicios de la ciudad. Se trata de una contrapuesta a la plataforma privada Mercado Libre.

En mi utopía no es tanto el sector público como los colectivos los que lideran el desarrollo y las operaciones de estas plataformas laborales. Las cooperativas de plataforma gozan de una legislación favorable, una inversión suficiente y un desarrollo tecnológico puntero (todo en código abierto, ¡obvio!). A lo largo del texto he hablado acerca de las plataformas cooperativas como Mensakas (mensajeros, Barcelona), La Pájara en Bici (mensajeros, Madrid), Stocksy (fotógrafos, global), Up&Go (limpieza, Nueva York), Eva.coop (transporte urbano, Canadá), Obran (cuello azul, Estados Unidos), etc.

Las cooperativas de plataforma se basan en principios que incluyen: a) propiedad amplia y compartida de la plataforma, en la cual los trabajadores controlan las características tecnológicas, los procesos de producción, los algoritmos, los datos y las estructuras de trabajo; b) gobernanza democrática, en la cual todos los interesados que son copropietarios de la plataforma gobiernan colectivamente la plataforma; c) codiseño de la plataforma, con el que se asegura que el software crezca a partir de las necesidades, capacidades y aspiraciones de los usuarios/propietarios, y d) aspiración al desarrollo de código y datos abiertos, a partir de los cuales las cooperativas de plataforma existentes pueden sentar las bases para el nacimiento de otras nuevas.

Por el momento, este movimiento tiene un alcance limitado. La parte difícil no es tanto el código sino los aspectos sociales: reunir a los trabajadores para formar una cooperativa y establecer reglas para vender su trabajo y resolver desacuerdos. Una aplicación puede ayudar, pero son los humanos los que realmente cambian el mundo.

En mi utopía, el cooperativismo de plataforma ha madurado y ha tomado una posición central en la organización del mercado laboral.

La materia prima de la vida digital son los datos, el aceite que hace que todo funcione. Sin embargo, hemos aceptado durante años que los datos sean por defecto propiedad privada de las plataformas digitales que los usan. ¡Error! Hemos aprendido por el camino que la propiedad de la gestión de los datos es clave para la calidad democrática y la prosperidad económica en el siglo XXI.

Por un lado, los datos tienen un alto valor para el bien común. Por ejemplo, los datos de los viajes publicados en BlaBlaCar ayudan a la Dirección General de Tráfico a poder preparar mejor la operación salida en Semana Santa. Los datos de los coches de Uber en la ciudad permiten conocer la movilidad urbana. Como se ha visto durante la gestión del COVID-19 alrededor del mundo, abrir y compartir datos es fundamental para resolver problemas complejos. Citando de nuevo a Genís Roca:

> Los datos son el argumento del relato, la manera contemporánea de construir la versión oficial de las cosas. Por eso no se abren los datos, para poder tener controlado el relato. Normalmente no es por pereza o por problemas técnicos, sino que es una decisión política. Si das los datos quizá la versión de las cosas no sea la que tú quisieras. Abrir datos está reconocido como un síntoma de calidad y transparencia democrática, y aquí los tenemos cerrados.

En mi utopía, los datos de las plataformas digitales laborales son abiertos. Los de las ofertas y demandas de empleo son abiertos con un estándar tecnológico común. Todo esto es necesario para que en mi utopía los ecosistemas trabajen de manera coordinada.

Por otro lado, los datos a nivel personal, y sobre todo a nivel colectivo, también tienen mucho valor. En mi utopía, los derechos digitales y laborales convergen para garantizar que cada persona es titular de sus datos. Datos como la identidad y otros de carácter personal, como la reputación y los detalles de la actividad en la plataforma, los datos inferidos sobre mi persona mediante algoritmos, etc. Proyectos actuales como WorkerInfoExchange o Drivers Seat (en el ámbito de plataformas de conductores) o WorkerBird (trabajadores de cuello azul) apuntan en esta dirección.

Fuera del ámbito puramente laboral recomiendo el estudio «Mis datos, mis reglas: del extractivismo de datos al empoderamiento digital», publicado por el Instituto de Innovación Social de ESADE.

La iniciativa finlandesa MyData es imprescindible, y tampoco debes perder la pista a Wibson. Algunos de estos ejemplos y otros más exploran ideas de modelos descentralizados en los que los ciudadanos mantienen una copia de sus datos y garantizan el acceso a ciertas partes de ellos a las empresas que lo necesitan. Yendo un paso más allá, gracias al llamado *edge computing* (la realización de cálculos en los dispositivos y no en servidores centrales), en vez de transferir datos podemos enviar el resultado de un algoritmo. Por ejemplo, cuando una discoteca tiene que saber si puede dejarme pasar, no necesita saber mi edad (dato), solo que soy mayor de dieciocho años (resultado sí/no de un algoritmo)

De nuevo en mi utopía, el protagonista no es el individuo sino el colectivo. Mis datos tienen valor, pero los nuestros agregados poseen un valor muy superior. En este ámbito emergen cooperativas de datos como Salus.coop, centrada en aquellos de ámbito sanitario. Las personas de la cooperativa deciden colectivamente los tipos de licencia de uso de los datos y los ofrecen en diferentes condiciones a las organizaciones que los quieren (p. ej., gratis para el COVID-19 a cambio de la publicación en abierto de los resultados o con un pago si estos no serán públicos). La idea que mencioné de los datos como trabajo, combinada con cooperativas, gremios o incluso sindicatos de nuestros datos, puede abrir escenarios muy interesantes. ¡Trabajadores de datos del mundo, uníos!

He conseguido llegar hasta este punto del libro mencionando «blockchain» menos de lo que imaginaba. ¡Todo un logro en los tiempos que corren!

En mi utopía, las soluciones basadas en blockchain cumplen con lo que han venido prometiendo desde hace algunos años: propiedad colectiva, eficiencia y reducción de costes de infraestructura, trazabilidad y uso de *smart contracts*, descentralización con la reputación y la identidad digital propiedad de los usuarios, etc. Blockchain, por diseño, resuelve o limita varios de los retos de un mercado laboral fragmentado.

Tanto por el lado de las plataformas laborales como por el de los servicios WorkerTech ya existen proyectos basados en blockchain.

Por el lado de las plataformas laborales destacan Expand (una especie de Amazon Mechanical Turk), Eva (una especie de Uber), WurkNow (una especie de Job Today), Ethlance, BlockLancer o LaborX (como UpWork o Fiverr) o Experty (para independientes de alta especialización). Toda la pirámide laboral queda cubierta. En el momento de cerrar el libro pocos de estos proyectos se encuentran en fase operativa, y los que lo están, son versiones alpha o beta.

También hay servicios blockchain especializados en ámbitos del WorkerTech como la reputación y las credenciales (Tiiqu o Dock) y la resolución de disputas (a partir de *smart contracts* con Kleros). Hay quienes han centrado sus esfuerzos en la creación de una criptomoneda GlobalJobCoin, que ya se puede usar en JobsToday. World. Otras propuestas más holísticas estructuran protocolos abiertos y una capa de servicios (pagos, almacenamiento, reputación, etc.) pensados para la creación de marketplaces de economía de plataformas laborales. Bluewhale, ChronoBank o Canya son los más avanzados.

Aunque su impacto por el momento es muy modesto, habrá que seguir observando de cerca estos proyectos, ya que pueden dibujar un mapa del mercado laboral bastante diferente en unos años, uno muy cercano a mi utopía.

Si todo esto te ha sonado a chino, no te preocupes, no es lo más importante del libro. Si eres un apasionado de blockchain tienes pistas suficientes para seguir explorando.

SÉPTIMA UTOPÍA. TRABAJO BAJO EN CARBONO

«Si crees que la economía es más importante que el medio ambiente, intenta contener la respiración mientras cuentas todo tu dinero» es una conocida y provocadora frase del profesor Guy McPherson. Poco más se puede añadir.

Podemos desarrollar el mejor lenguaje del mundo, apreciar la diversidad en las formas de trabajo, hacerlo de manera colectiva, en buenas empresas que usan la mejor tecnología y ofrecen buenos trabajos a unos trabajadores protegidos por el hecho de ser, antes que nada, personas. Sí, podemos tener todo esto, pero si no podemos respirar y/o sufrimos fenómenos meteorológicos extremos cada quince días, de muy poco nos va a valer el resto de los avances.

Varias voces expertas advierten que, si seguimos por la misma senda, los trastornos climáticos serán más intensos que los vividos por la pandemia del COVID-19. Ya que nos hemos puesto a repensar la sociedad, que sea en torno a cuestiones ecológicas y considerando el legado que vamos a transmitir a las futuras generaciones.

En mi utopía, la actividad económica en general, y el trabajo dentro de ella, se estructura dentro de los límites ecológicos del planeta. Una economía y un trabajo bajos en carbono.

Desde un punto de vista macroeconómico, «la economía del dónut» que propone Kate Raworth está ganando popularidad. En la teoría de esta economista, el PIB, un índice finito y que sabemos que no es capaz de medir lo que realmente importa, es sustituido por un dónut que pone en relación las necesidades humanas con el impacto ambiental de la economía en la sociedad y la Tierra como ente vivo. La ciudad de Amsterdam ya ha declarado que tras el COVID-19 usará la economía del dónut para diseñar la reactivación económica.

En el ámbito del empleo se ha desarrollado el concepto de empleo verde. Según la OIT, este es aquel empleo que, creado en condiciones de trabajo decente, tiene el objetivo de producir bienes y servicios que ayuden a preservar y restaurar el medio ambiente: aumentar la eficiencia del consumo de energía y de las materias primas, limitar las emisiones de gases de efecto invernadero, minimizar los residuos y la contaminación, proteger y restaurar los ecosistemas, contribuir a la adaptación al cambio climático, etc. Ya que la gente seguirá trabajando durante bastantes años, mejor que sea en actividades de empleo verde, ¿no?

Otro aspecto a considerar es cómo trabajamos y sobre todo cómo vamos a hacerlo. La movilidad derivada de los desplazamientos diarios a la oficina (con sus atascos en las salidas y entradas de las grandes ciudades), los viajes de negocio, los congresos, etc., genera muchas emisiones de CO_2. Gracias al COVID-19, el teletrabajo ha ganado popularidad, se ha experimentado que las formaciones y las reuniones pueden hacerse a distancia e incluso se han organizado ferias cien por cien virtuales. A su vez, un problema post-confinamiento que ya se está experimentando es que los trabajadores usan menos el transporte público (el hecho de ser compartido implica un mayor riesgo) y vuelven a utilizar más su coche particular. En un mundo laboral más fragmentado, donde el tiempo y el espacio de trabajo son mucho más flexibles, es necesario buscar y adoptar aquellas prácticas que minimicen el consumo de energía y las emisiones de gases de efecto invernadero. El teletrabajo (mejor en espacios compartidos que en los hogares), acompañado de estrategias de reequilibrio territorial, pueden ser elementos beneficiosos a muchos niveles.

Como dijo el secretario general de las Naciones Unidas Ban Ki-moon: «No hay plan B porque no hay planeta B». En definitiva, todo lo presentado en este libro carece de importancia si no tenemos un planeta donde vivir y prosperar.

Nada de esto va a ocurrir por sí solo

A estas alturas del capítulo (y del libro) debes pensar que estoy bastante loco y que la mayoría de mis propuestas no van a desarrollarse nunca. Por eso son utopías. Seguro que fue el mismo tipo de pensamientos que tuvieron quienes oyeron por primera vez la idea de la abolición de la esclavitud, del sufragio femenino o de la prohibición de fumar en el interior de los bares en Italia o en España. Por eso no hay que tomarse nada de esto demasiado en serio, ¿o sí?

No nos hagamos ilusiones. Dejados a su suerte, la mayor parte de quienes aportan capital no se preocuparán ni de la dignidad de las personas que invierten su trabajo, ni de la lucha contra el colapso climático. Tenemos, en cambio, otro escenario mucho más esperanzador al alcance de la mano: democratizar la empresa y desmercantilizar el trabajo. Lo que nos permitirá descontaminar el planeta.

Estas son las palabras de cierre del artículo de presentación del movimiento Democratizing Work del 15 de mayo de 2020.

No debemos olvidar nuestro papel particular y colectivo en todo ello. Como ya dije en este mismo capítulo: los futuros no ocurren en otro lado, sino aquí. Los futuros no ocurren por sí solos, los futuros se construyen. Nuestras decisiones, individuales y colectivas, importan. Los futuros no existen, solo existen nuestras decisiones. Las decisiones que tomamos y las que dejamos de tomar. Los futuros los diseñas o te los diseñan.

En definitiva, el futuro no es lo que va a pasar, sino lo que vamos a hacer que pase. Para lograr que los futuros del trabajo y los trabajadores sean deseables hacen falta dos cosas: nuestra atención y nuestra acción.

Según Matthew Taylor, director del centro RSA en Londres, el cambio real y duradero tiende a requerir tres ingredientes:

- Potencial latente: un deseo subyacente para que las cosas sean distintas.
- Factores precipitantes: eventos que crean impulso para el cambio.
- Mecanismos viables: formas concretas de incorporar el cambio en las estructuras sociales.

De los dos primeros elementos, tras el COVID-19, vamos sobrados. Nos falta poner atención en el tercero. Además, si algo hemos aprendido durante el COVID-19 es que: a) han cambiado nuestras capacidades y el marco de lo posible se ha ampliado, y b) pensar lo impensable es un desafío imprescindible.

¿DÓNDE ESTAMOS?

Nos encontramos en un impasse, en una transición crítica. Vivimos en tiempos post-normales: «Un interregno donde las antiguas ortodoxias están muriendo y las nuevas no acaban de emerger, nada parece tener sentido», en palabras de Ziauddin Sardar. Lisa Gansky lo resume con un breve «between the "no more" and the "not yet"» («entre el "ya no más" y el "aún no"»).

En el mundo del trabajo y los trabajadores está en declive el propio trabajo y la carrera laboral tradicional, los empleos mecánicos, el paquete fordista que los acompaña, las empresas jerárquicas e inflexibles, la planificación de la vida en tres etapas, etc. Unas prácticas que están en declive, pero siguen siendo la realidad para la mayoría de la gente y que son la norma en el imaginario colectivo. Por el otro lado están emergiendo nuevas formas de trabajar, la fragmentación de las relaciones laborales y la carrera, los oficios creativos, la reinvención del sistema de derechos y protecciones, unas organizaciones diseñadas como parte de un ecosistema y otras maneras de planificar la vida porque vamos a vivir cien años. Nuevas prácticas y conceptos que emergen, pero aún no son la norma.

Lo mismo ocurre en nuestra manera de ordenar lo que nos rodea. Pasamos de una visión del mundo compartimentada en departamentos estancos (ministerios, países, etc.) y predictibilidad a un reconocimiento de la interdependencia global, la transnacionalidad y el pensamiento sistémico en el desarrollo de políticas públicas. Pasamos de la globalización, la eficiencia y la despersonalización a la relocalización, la resiliencia y la humanización. «Cuando cambiamos la manera en que miramos las cosas, las cosas que miramos cambian», decía el psicólogo y escritor americano Wayne Dyer.

Imagínate las dos orillas de un río con una corriente fuerte y peligrosa. En una de ellas, cada vez menos habitable, los *no more*, que son mayoría. En la otra orilla, donde el terreno es más fértil, los *not yet*, que son unos pocos. Quienes ya han cruzado son personas exploradoras que han tenido que atravesar el río mediante una tirolina no muy estable, con poco equipaje y sin saber muy bien qué podrían encontrarse al llegar al otro lado. Son las pioneras y pioneros capaces de tomar esos riesgos, pero no hay tanta gente así. Para que el resto de las personas puedan cruzar de manera cómoda hay que construir un campamento seguro para cuando lleguen, así como un sistema de gobernanza y unas instituciones que aporten un poco de orden cuando la población de la orilla del *not yet* aumente. También, con ayuda de ambos lados de la orilla, habrá que construir puentes que aporten mayor seguridad y confort que la tirolina inicial para cruzar.

Tendemos a idolatrar a las personas pioneras y disruptoras por los riesgos que asumen, pero para el éxito de un ejercicio de cambio social, todo el mundo es necesario y tiene un rol importante a jugar. Tomando como referencia algunos de los roles identificados por la activista Deepa Iyer necesitamos personas que sean visionarias, narradoras, guías, conectoras, constructoras, cuidadoras, sanadoras, etc. Yo añado a su lista la necesidad de gente que lleve la contraria o incluso sea un trol, un rol nada fácil pero muy necesario.

Un ecosistema de cambio social eficaz, saludable y sostenible requiere de diferentes actores desempeñando estos roles en diversos momentos. ¿Qué rol encaja mejor con tu personalidad? En mi caso está claro que ahora encajo con el papel de narrador y conector.

¿Hacia dónde queremos ir?

Yo he descrito mis utopías acerca de las nuevas formas de trabajar y otras maneras de vivir. Son algunas de las posibilidades de futuro, pero no son ni deberían ser las únicas. Seguro que más puntos de vista pueden ayudar a aportar nueva luz en partes del debate que yo conozco poco o incluso desconozco que desconozco. Imaginar las nuevas formas de trabajar y otras maneras de vivir supera de largo lo que una persona puede hacer por sí sola.

Ya has visto que me alejo de las tesis de ese supuesto final del trabajo. Me aferro a la definición de Esko Kilpi de que «trabajar es resolver problemas de otras personas». Con ello estoy convencido de que la humanidad seguirá trabajando. Posiblemente no todas las personas, y sin duda con una relación con esos trabajos completamente diferente a la que hemos tenido a lo largo del último período de la historia. «Trabajaremos sujetos a otro tipo de mentalidad: no tanto para la supervivencia, que muy posiblemente esté garantizada, sino para mejorar ese nivel, para permitirnos otras cosas, para posibilitar otras cuestiones. [...] habrá más trabajos dedicados a alcanzar un bienestar superior, artistas, gente dedicada a cuidar de los demás, a hacer que otros se sientan mejor», defiende Enrique Dans. Coincido en que es uno de los futuros deseables.

También habrás detectado mi obsesión por los colectivos, tanto de trabajadores independientes (neosindicatos, gremios, comunidades de prácticas, etc.) como de organizaciones y empresas (ecosistemas). En una sociedad en red la conexión es lo más importante. Es lo que permite pensar de otra manera y abordar retos complejos.

Las herramientas que usemos para el trabajo, la educación, la alimentación, la energía, el cuidado y el bienestar en nuestras comunidades no pueden ser cajas negras. La tecnología que nos posibilita y facilita estas nuevas formas de trabajar y de vivir debe estar en nuestras manos. Protocolos estandarizados, datos abiertos, código fuente disponible, etc., para construir unos comunes digitales descentralizados y resilientes.

A veces es difícil mirar hacia delante y definir aquello que uno cree que es deseable. Resulta más sencillo hacer el ejercicio al revés: identificar lo que uno quiere dejar atrás. A mí me gusta imaginarme que estoy en el «Museo del Trabajo» en el año 2050 viendo con mis hijos aquello que ya forma parte de la historia (p. ej., un trabajador que acudía cuarenta horas a la semana a un mismo sitio durante veinte años para hacer las mismas tareas). ¿Qué te gustaría dejar atrás de la manera actual de trabajar? ¿Qué te gustaría ver en este Museo del Trabajo?

¿Cómo avanzar?

Navegar en tiempos post-normales no resulta tarea fácil. Con el COVID-19 hemos practicado un poco.

Es necesario disponer de una visión colectiva y un cierto consenso social acerca de hacia dónde se quiere avanzar. El camino va a estar lleno de obstáculos y sorpresas, y debemos saber estar cómodos en la incertidumbre. Al mismo tiempo, ser capaces de desaprender y de soltar un poco de lastre (mitos, prácticas, sistemas, instituciones, etc.) nos ayudará a avanzar más ligeros, a poder ser algo más ágiles y adaptativos.

Se requieren liderazgos honestos que digan lo que necesitamos escuchar, no lo que queremos oír. Hace falta un pensamiento sistémico y crítico que abrace la complejidad de la transición. En este contexto, dudar está bien y, además, es imprescindible. Hay que tomar muchas pequeñas decisiones «en beta permanente» que nos permitan experimentar y aprender rápido a bajo coste. Debemos tomar las grandes decisiones (recuerda que el futuro del trabajo es el futuro de nuestra sociedad) sin prisa, recabando información que las avale y nos permita superar nuestros sesgos cognitivos. «Apresúrate lentamente», como parece que le gustaba decir al emperador Augusto. No avanzar, dejar de hacer algo, es también una decisión válida.

Cuando no sabes lo que va a ocurrir, debes prepararte para que suceda cualquier cosa, es decir, diseñar para la evolución constante y buscando la antifragilidad. El futuro del trabajo requiere menos planificación, más adaptación.

Y no hay que olvidar nunca que son las personas, no la tecnología, quienes decidirán los futuros del trabajo y las personas trabajadoras.

Sea como persona trabajadora, sea como persona dentro de una organización, sea como gestor público, mi principal recomendación para la transición es que experimentes de primera mano con las nuevas formas de trabajar y de vivir. Poco a poco, como un juego de rol. Teletrabajando, creando un perfil de freelance en una plataforma, contratando a un diseñador gráfico por internet, etc. Ya hay gente al otro lado del río. Conecta y conversa con aquellos y aquellas que tienen algo más de experiencia y te pueden guiar.

Piensa que nadie aprende a ir en bicicleta solo leyendo un libro de cómo ir en bicicleta. Ponte protecciones en las rodillas y un casco, pero súbete a la bicicleta.

Seguimos explorando

Hemos llegado al final. Espero que sientas que has aprendido algo y que ahora estás mejor equipado/a para tomar decisiones informadas acerca de tu futuro laboral.

Yo confieso que he aprendido mucho escribiendo este libro, este ensayo. Como ensayo que es, no pretende estar en posesión de la verdad absoluta ni aleccionar a nadie. Solo he querido compartir una opinión, unas experiencias juntamente con algunas dudas y reflexiones. Algunas las compartirás, otras no. No he tratado de refutar la opinión o la teoría de nadie. Tampoco creo que haya defendido una tesis concreta. El ejercicio no tiene otro fin que ampliar el conocimiento personal y colectivo, alejándonos en la medida de lo posible del dogmatismo, la ignorancia o el fanatismo.

Los futuros del trabajo y las personas trabajadoras es un tema de mucha actualidad. Te invito a seguir conversando mediante las redes sociales (Twitter y LinkedIn principalmente) usando etiquetas como #ElTrabajoYaNoEsLoQueEra o #FuturoDelTrabajo.

Conectarnos, reflexionar y actuar de manera colectiva es lo más importante para avanzar hacia futuros deseables.

Agradecimientos

No me acordaba de lo duro que es el proceso de escribir y editar un libro. Sí me acordaba de cómo se disfruta al concluir todo el proceso.

Esta obra no existiría si no fuera por la confianza depositada en mí por parte de los editores Joan Riambau y Carlos Martínez, del sello Conecta dentro de la editorial Penguin Random House Grupo Editorial. Me han acompañado, asesorado y guiado con mucha paciencia y sabiduría durante todo el viaje.

Hablando de libros, algunos que han tenido una fuerte influencia sobre mi propio texto han sido: *Gigged: The End of the Job and the Future of Work*, de Sarah Kessler; *Work Is Not a Place: Our Lives and Our Organizations in the Post-Jobs Economy*, de Linda Nazareth, y *The Gig Economy: A Critical Introduction*, de Jamie Woodcock y Mark Graham. Los escritos y esquemas por parte de Laetitia Vitaud, Paul Estes, Josh Bersin y Heather McGowan también han sido de mucha utilidad. Quiero dar gracias a todos y todas por el esfuerzo de publicar y compartir sus ideas.

Quiero expresar mi agradecimiento a todas las entidades que me han facilitado poder explorar el futuro del trabajo mediante la realización y participación en estudios, talleres, charlas y webinars. Entidades como la Fundación COTEC, el Banco Interamericano de Desarrollo (BID) con las divisiones de Mercados Laborales y BID-LAB, CIPPEC, Reshaping Work, Digital Future Society, Barcelona

Activa, Proyecto Digital Work, Escuela del Trabajo de CCOO, Fundación Bankinter, Fundación Ideograma, Dimmons UOC, Cloud-Works, Makers of Barcelona, PEMB, Fundación Wageindicator, Fundación ERGON, Future For Work Institute, NESI y IAM Weekend, entre otras.

Ya comenté que para aprender es mejor hacerlo acompañado: es más divertido y más eficiente. Tengo la enorme suerte de estar rodeado de muchos expertos y expertas a quienes les gusta compartir ideas, debatir y realizar proyectos de manera conjunta. Personas como Javier Creus, Genís Roca, Luz Rodríguez, Liliana Arroyo, Simone Cicero, Lisa Gansky, César Buenadicha, Carme Pagés-Serra, Miguel Ferrer, Lucía Velasco, María Luz Vega, Esther Paniagua, Mar Abad, Jovana Karanovic, Fabian Wallace-Stephens, Mary L. Gray, Samuel Durand, Arun Sundararajan, Martín Padulla, Pau Hortal, Joan Rosés, Julien Palier y muchas más con quienes he conversado, he debatido la estructura del libro y los títulos de los apartados, compartido fuentes de información, conceptos e ideas, visiones de futuros, etc. No siempre estamos de acuerdo, pero siempre nos enriquecernos mediante el intercambio de puntos de vista. La verdad está en la fricción.

Por otro lado, mi firme convencimiento de que el futuro del trabajo pasa por los colectivos de independientes es principalmente gracias a Ouishare. Sin esta comunidad-red, mi tribu de exploración de futuros, mi capacidad para aprender, contrastar, debatir, argumentar, etc., sería mucho más limitada. Gracias a todas las personas de Ouishare, especialmente de Ouishare Barcelona, por todos estos años compartiendo el vehículo que nos permite trabajar y vivir a nuestra manera.

También quiero dar las gracias a mis padres, Abili Cañigueral y Carme Bagó, por ayudarme a desarrollar el espíritu crítico y la actitud exploradora a lo largo de toda mi vida, aportando además la estabilidad y seguridad de «la casa de mis padres» en Mataró.

A mi compañera, Laia Albert, a toda su familia y a nuestra perra Lola, con quien comparto el día a día. Gracias por acompañarme y cuidar de mí en todo momento. Gracias por los ánimos y la paciencia.

¡Seguimos!

Fuentes y referencias de los gráficos

Gráfico 1 (pág. 56)

<https://joshbersin.com/2019/06/the-pixelated-workforce-a-job-for-almost-everyone/>.

<https://joshbersin.com/wp-content/uploads/2019/06/6-23-2019-1-44-45-PM.png>.

Fuente: joshbersin

Gráfico 2 (pág. 65)

<https://www.linkedin.com/pulse/el-trabajo-ya-es-lo-que-era-mercado-laboral-digital-canigueral-bag%C3%B3/>.

<https://media-exp1.licdn.com/dms/image/C4D12AQHuCFwPq5kyIg/article-inline_image-shrink_1000_1488/0?e=1604534400&v=beta&t=0cupaLQciRqABj2vRR3dai9VyEUd1gKZtKFSwUdGkrI>.

Fuente: A. Cañigueral

Gráfico 3 (pág. 107)

<https://ec.europa.eu/social/main.jsp?catId=738&langId=en&pubId=8280>, página 16.

Fuente: Unión Europea

Gráfico 4 (pág. 129)

<https://www.linkedin.com/pulse/el-trabajo-ya-es-lo-que-era-mercado-laboral-digital-canigueral-bag%C3%B3/>.

<https://media-exp1.licdn.com/dms/image/C4D12AQE-q5ca ErKzXw/article-inline_image-shrink_1000_1488/0?e=1604534400&v=beta&t=IsgliT0XAhwHxYstrnlDow7BiaijGV5MkN-9F4OcNsQ >.

Fuente: A. Cañigueral

Gráfico 5 (pág. 164)

<https://www.futureislearning.com/speaking>.

<https://images.squarespace-cdn.com/content/v1/57b102fcd482 e9e1c4d09a21/1510249921774-B8B354M43OVJG1K5IDU4/ke17ZwdGB ToddI8pDm48kBFv2X9nauCrjtfLxN1Tqo57gQa3H78H3Y0txjaiv_ 0fDoOvxcdMmMKkDsyUqMSsMWxHk725yiiHCCLfrh8O1z5QPOoh DIaIeljMHgDF5CVlOqpeNLcJ80NK65_fV7S1Ud15zJK_0y9_Vtb Qxoy-YBVrDCgfqyWTjx93mjsgC7pQEScPl68-HedYwuxfQyDbKQ/life. blocks.jpg?format=1000w.

Fuente: <https://www.futureislearning.com/speaking>.